KB091690

참 쉬운 토익

개정판

LC+RC

입문편

저자 **박혜영**

(현) 한국외국어대학교 외국어연수평가원 영어 전임 강사

(전) 세종대학교 국제 어학원 전임강사, 파고다 아카데미 연구원

박혜영 선생님은 미국 하와이 주립대에서 Second Language Studies(제2언어 습득론) 석사 과정을
마친 후에 토익, 청취, 문법 등의 영어 강의와 교재 집필 활동을 하고 있다.
영어를 배우고 가르치는 일이 좋아서 한국의 학습자에게 알맞은 강의와 교재 개발에 힘쓰고 있으며,
현재는 한국외국어대학교 외국어연수평가원 영어과 전임 강사로 재직 중이다.

저자 **전지원**

(현) 한국외국어대학교 외국어연수평가원 영어 전임 강사

(현) YBM 원격평생교육원 운영 교수

(전) 성균관대학교 토익 강사

전지원 선생님은 미국 오리건 주립대에서 언어학(Linguistics) 석사 학위를 마친 후
현재 한국외국어대학교 외국어연수평가원 영어과 전임 강사로 재직 중이다.
다양한 집필 활동과 영어 강의를 통하여 학습자들에게 실생활에 적용할 수 있는 살아 숨쉬는
영어 지식을 전달하고자 노력하고 있다.

개정판

참 쉬운 토익 LC+RC 입문편

지은이 박혜영, 전지원
펴낸이 정규도
펴낸곳 ㈜다락원

초판 발행 2016년 10월 13일
개정판 1쇄 발행 2024년 1월 15일

책임 편집 홍인표
디자인 구수정, 이승현

다락원 경기도 파주시 문발로 211
내용 문의 (02)736-2031 내선 500
구입 문의 (02)736-2031 내선 250~252
Fax (02)732-2037
출판 등록 1977년 9월 16일 제406-2008-000007호
Copyright © 2024 박혜영, 전지원

ISBN 978-89-277-8054-0 14740
ISBN 978-89-277-8053-3 14740 (set)

http://www.darakwon.co.kr
다락원 홈페이지를 방문하시면 상세한 출판 정보와 함께 MP3 자료 등의
다양한 어학 정보를 얻으실 수 있습니다.

참 쉬운 ^{개정판} 토익

참 쉬운

개정판

토익

LC+RC

입문편

2016년에 초판이 출판된 이후 여러분의 많은 관심에 힘입어 〈참쉬운 토익〉 시리즈의 개정판을 출간하게 되어 정말 기쁘게 생각합니다. 〈참쉬운 토익〉 시리즈는 영어 기초 실력이 부족한 학습자들이 영어의 전반적인 기본기를 다지면서 쉽고 편안하게 토익 준비를 할 수 있도록 개발된 교재입니다. 이러한 이유로 토익을 처음 시작하는 분들과 영어 학습에 대해 막연한 두려움을 갖고 계신 분들의 사랑을 받을 수 있었던 것 같습니다.

이 책은 토익을 공부하기 위해서 꼭 필요한 기본적인 어휘, 핵심 문법 사항, 다양한 듣기 연습 문제, 그리고 실제 토익 유형의 문제들을 담고 있습니다. 이번 개정에서는 토익의 최신 경향을 반영하기 위해 일부 문제들을 수정 및 추가하였고, 기존의 학습자들께서 지적해 주셨던 불편함들을 해소하기 위해서 편집이나 디자인 면에서도 많은 개선이 이루어졌습니다.

새로운 책을 만들고, 또 기존 책을 개정하는 과정은 저자와 편집자, 그리고 출판사 관계자 분들에게 힘들고 어려운 과정을 이겨내야 하는 일입니다. 특히 요즘과 같이 무수히 다양한 형태의 미디어가 책을 대체하고, 출판 시장을 위협할 수 있는 환경에서는 더더욱 그렇습니다. 그럼에도 불구하고, 늘 〈참쉬운 토익〉에 관심을 가져 주시고, 또 이번과 같이 개정의 기회를 제공해 주신 다락원 출판사 관계자 분들에게도 진심 어린 감사의 말씀을 전합니다.

마지막으로 옆에서 변함없는 애정과 지지를 아끼지 않는 가족에게도 사랑의 마음을 전합니다.

저자 박혜영, 전지원

목차

Listening Comprehension

PART 1

사진 묘사 Picture Description

PART 2

질의-응답 Questions & Responses

PART 3

대화문 Short Conversations

PART 4

담화문 Short Talks

Reading Comprehension

PARTS 5·6·7

단문 빈칸 채우기 Incomplete Sentences
장문 빈칸 채우기 Text Completion
독해 Reading Comprehension

정답 및 해설 (별책)

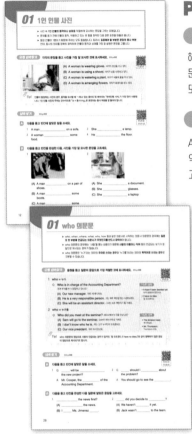

PART 1

유형 파악하기

해당 유형의 대표적인 사진이 주어지며, 사진과 관련된 네 개의 문장이 주어집니다.
문장을 보며 음원을 들으면서 사진을 잘 묘사하는 문장을 고르는 연습을 할 수 있습니다.
또한, 중요한 표현을 볼드로 표시해 두었습니다.

실력 쌓기

A에서는 문장을 듣고 받아 쓰는 연습을 하면서 자주 출제되는 표현을 자연스럽게
익힐 수 있습니다. B에서는 문장을 듣고 빈칸을 채운 다음 사진과 일치하는 문장을
고르면서 실전 문제에 익숙해질 수 있습니다.

PART 2

유형 파악하기

각 유닛에서 학습하게 되는 유형의 대표적인 문제와 보기가 주어집니다. 문제를 보면서
음원을 듣고 질문에 가장 적절한 응답을 선택하는 연습을 할 수 있습니다. 또한, 가능
한 답변'에는 질문에 대한 정답이 될 수 있는 다른 응답들이 제시되어 있습니다.

실력 쌓기

A에서는 질문과 응답을 듣고 받아 쓰는 연습을 통해 자주 출제되는 질문과 응답의 유
형을 익힐 수 있습니다. B에서는 질문과 이에 대한 세 가지 응답을 듣고 빈칸을 채운 다
음, 가장 적절한 응답을 고르는 연습을 하게 됩니다. 이를 통해 실제 문제 유형에 익숙
해질 수 있습니다.

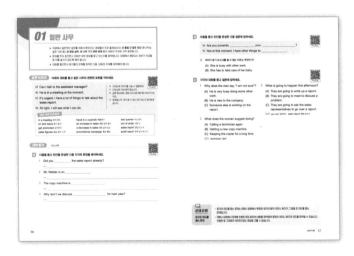

PART 3

표현 익히기

실전 문제보다 쉽고 길이도 짧은 대화와 그에 대한
해석이 제시되어 있으며, 중요한 표현들을 볼드로
표시해 두었습니다. 또한, 주제와 관련된 빈출 어휘
들도 정리되어 있습니다.

실력 쌓기

A에서는 주제와 관련된 문장들을 듣고 빈칸을 채
운 다음, 이를 해석하는 연습을 할 수 있으며, B에
서는 간단한 대화를 듣고 빈칸을 채운 다음 문제
를 풀어볼 수 있습니다. 또한, C에서는 대화당 한
문제씩을 풀 수 있습니다.

PART 4

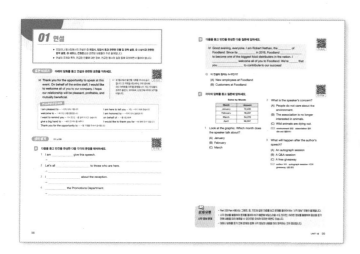

표현 익히기

짧은 담화와 그에 대한 해석이 제시되어 있습니다.
길이도 짧고 내용도 쉬워서 부담 없이 보고 들으면서
해당 유형과 관련된 내용에 익숙해질 수 있습니다.

실력 쌓기

A에서는 주제와 관련된 문장들을 듣고 빈칸을 채
운 다음, 이를 해석하는 연습을 할 수 있으며, B
에서는 담화를 듣고 빈칸을 채운 다음 문제를 풀
어볼 수 있습니다. C는 각각의 담화를 듣고, 담화
당 한 문제씩을 풀 수 있도록 구성되어 있습니다.

PARTS 5·6·7

문법정리

해당 유닛에서 학습하게 되는 핵심적인
문법 사항들이 간략하게 설명되어 있습니다.

실력 쌓기

A는 간단한 문제들을 풀면서 학습한 문법 사항들
을 확실히 이해할 수 있도록 구성되어 있으며, B에
서는 해당 문법 사항들과 관련된 Part 5의 문제를
풀어볼 수 있습니다.

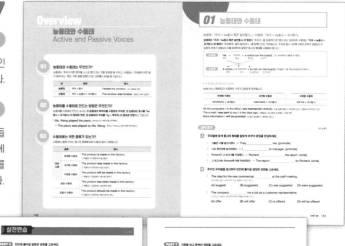

실전연습

실전 문제를 풀어 보면서, Part 5에서
학습한 내용을 얼마나 이해하고 있는지
를 알 수 있습니다. 또한, 다양한 유형의
Part 6과 Part 7의 문제들을 풀어 보면서
RC의 전 영역에 대비할 수 있습니다.

토익(TOEIC)은 Test of English for International Communication의 약자로서, 영어를 모국어로 사용하지 않는 사람이 국제 환경에서 생활을 하거나 업무를 수행할 때 필요한 실용 영어 능력을 평가하는 시험입니다. 현재 한국과 일본은 물론 전 세계 약 60개 국가에서 연간 4백만 명 이상의 수험생들이 토익에 응시하고 있으며, 수험 결과는 채용 및 승진, 해외 파견 근무자 선발 등 다양한 분야에서 활용되고 있습니다.

• 시험 구성

구성	PART	내용		문항 수	시간	배점
Listening Comprehension	1	사진 묘사		6	45분	495점
	2	질의-응답		25		
	3	대화문		39		
	4	담화문		30		
Reading Comprehension	5	단문 공란 채우기		30	75분	495점
	6	장문 공란 채우기		16		
	7	독해	단일 지문	29		
			복수 지문	25		
Total				200문제	120분	990점

• 출제 분야

토익의 목적은 일상 생활과 업무 수행에 필요한 영어 능력을 평가하는 것이기 때문에 출제 분야도 이를 벗어나지 않습니다. 비즈니스와 관련된 주제를 다루는 경우라도 전문적인 지식을 요구하지는 않으며, 아울러 특정 국가나 문화에 대한 이해도 요구하지 않습니다. 구체적인 출제 분야는 아래와 같습니다.

일반적인 비즈니스 (General Business)	계약, 협상, 마케팅, 영업, 기획, 콘퍼런스 관련
사무 (Office)	회의, 편지, 회람, 전화, 팩스 및 이메일, 사무 기기 및 사무 가구 관련
인사 (Personnel)	구직, 채용, 승진, 퇴직, 급여, 포상 관련
재무 (Finance and Budgeting)	투자, 세금, 회계, 은행 업무 관련
생산 (Manufacturing)	제조, 플랜트 운영, 품질 관리 관련
개발 (Corporate Development)	연구 조사, 실험, 신제품 개발 관련
구매 (Purchasing)	쇼핑, 주문, 선적, 결제 관련
외식 (Dining Out)	오찬, 만찬, 회식, 리셉션 관련
건강 (Health)	병원, 진찰, 의료 보험 관련
여행 (Travel)	교통 수단, 숙박 시설, 터미널 및 공항에서의 안내 사항, 예약 및 취소 관련
엔터테인먼트 (Entertainment)	영화, 연극, 음악, 미술, 전시 관련
주택 / 법인 재산 (Housing / Corporate Property)	건설, 부동산 매매 및 임대, 전기 및 가스 서비스 관련

PART 1

사진 묘사
Picture Description

PART 1

▶ Part 1은 사진 문제로서, 1번부터 6번까지 총 6문항을 차지합니다.

▶ 네 개의 보기를 듣고 사진을 가장 잘 묘사하는 문장을 선택해야 합니다.

▶ 다른 파트에 비하여 난이도가 낮은 편이지만, 최근에는 어려운 문제들도 출제되고 있습니다.

이것만은 꼭 알아두자!

1 사진을 유심히 관찰하자.

단순한 사진일지라도 사진에 있는 모든 사람과 사물들을 빠짐 없이 파악하고 있어야 합니다. 사진의 중심에 있지 않은 주변 사물이나 배경을 설명하는 문장이 정답이 될 수 있기 때문입니다.

2 사진에 없는 단어가 들리면 오답이다.

사진에 등장하지 않는 단어가 들리면 정답에서 제외합니다. 오른쪽 사진은 인물이 등장하지 않는 기차 사진인데, "passenger(승객)"와 같이 사람을 뜻하는 단어가 포함된 문장이 들리면 이는 오답입니다. 이와 같이 사진을 보고 연상되는 어휘를 사용하여 혼란을 일으키는 오답이 출제되므로 주의해야 합니다.

3 사진을 묘사할 수 있는 동사와 명사를 예측해보자.

사진에 등장하는 인물, 사물, 그리고 배경을 파악하면서 인물의 동작이나 상태, 사물의 이름, 그리고 장소를 영어로 어떻게 표현할 수 있는지 미리 생각한 상태에서 선택지를 들어야 합니다.

4 동사의 시제에 집중하자.

사진을 묘사할 때 사용할 수 있는 동사의 시제에 집중해야 합니다. 인물의 동작이나 사물의 상태를 묘사하는 문장이 출제되므로 현재진행 시제가 가장 많이 출제됩니다. 그밖에 현재 시제, 현재완료 시제도 출제되는데, 동사의 형태는 능동태뿐만 아니라 수동태 표현도 자주 출제됩니다.

01

인물 사진

▶ 인물 사진은 1인, 2인, 그리고 3인 이상의 인물이 등장하는 사진으로 구분할 수 있습니다.

▶ 사진 속의 인물이 중심이 되므로 인물의 동작과 상태를 먼저 파악해야 하며, 인물의 주변에 있는 사물과 배경 또한 놓치지 않고 확인해야 합니다.

▶ 인물의 동작이나 상태를 올바르게 묘사하는 문장을 선택해야 하기 때문에, 문장의 동사에 집중하면서 듣도록 합니다.

01 1인 인물 사진

▶ 사진 속 **1인 인물의 동작이나 상태**를 적절하게 묘사하는 문장을 고르는 유형입니다.

▶ 문제를 듣기 전에 인물의 동작, 착용하고 있는 옷 등을 파악한 다음 관련 표현을 떠올려 봅니다.

▶ 등장 인물이 1명이기 때문에 주어는 모두 동일합니다. 따라서, **집중해야 할 부분은 문장의 동사 부분**인데, 동사의 의미를 정확히 파악하여 인물의 동작과 상태를 가장 잘 설명한 문장을 고릅니다.

유형 파악하기 각각의 문장을 듣고 사진을 가장 잘 묘사한 것에 표시하세요. 정답 p.002

(A) A woman **is wearing** gloves. 여자가 장갑을 끼고 있다.

(B) A woman **is using** a shovel. 여자가 삽을 사용하고 있다.

(C) A woman **is watering** a plant. 여자가 식물에 물을 주고 있다.

(D) A woman **is arranging** flowers. 여자가 꽃꽂이를 하고 있다.

📎 **Tip!** 인물이 등장하는 사진의 경우, 동작을 묘사할 때 '~하고 있는 중이다'로 해석되는 「현재진행 시제」가 가장 많이 사용됩니다. 1인 인물 사진의 주어는 단수이므로 「is + 동사-ing」로 표현되는 동사 부분을 잘 들어야 합니다.

실력 쌓기 정답 p.002

🎧 01-02
🎧 01-03

A 다음을 듣고 빈칸에 알맞은 말을 쓰세요.

1 A man ＿＿＿＿＿＿＿ on a sofa.

2 A woman ＿＿＿＿＿＿＿ some food.

3 She ＿＿＿＿＿＿＿ a lamp.

4 He ＿＿＿＿＿＿＿ the floor.

B 다음을 듣고 빈칸을 완성한 다음, 사진을 가장 잘 묘사한 문장을 고르세요.

1

(A) A man ＿＿＿＿＿＿＿ on a pair of shoes.

(B) A man ＿＿＿＿＿＿＿ some boots.

(C) A man ＿＿＿＿＿＿＿ some items.

2

(A) She ＿＿＿＿＿＿＿ a document.

(B) She ＿＿＿＿＿＿＿ glasses.

(C) She ＿＿＿＿＿＿＿ a laptop

02 2인 인물 사진

▶ 각 인물의 동작이나 상태를 정확하게 파악하여 **서로 다른 점을 구분**해야 합니다.
▶ 두 사람의 **공통적인 동작이나 상태**를 묘사하는 보기가 정답인 경우도 있습니다.
▶ 각 인물의 복장이나 상태, 동작을 묘사하는 표현이나 단어를 미리 예측해 보도록 합니다.

유형 파악하기 각각의 문장을 듣고 사진을 가장 잘 묘사한 것에 표시하세요. 정답 p.002

🎧 01-04

(A) They **are sitting** next to each other.
그들은 나란히 앉아 있다.

(B) They **are signing** their names. 그들은 그들의 이름을 서명하고 있다.

(C) They **are fixing** a computer. 그들은 컴퓨터를 수리하고 있다.

(D) They **are looking at** a laptop. 그들은 노트북을 보고 있다.

Tip! 2인 이상 인물의 사진을 묘사하는 경우에는 the men이나 they와 같은 복수 주어가 등장할 수 있습니다. 이러한 경우에는 복수 동사의 현재진행형인 「are + 동사-ing」로 표현되는 부분을 잘 듣고 두 사람의 동작이나 상태를 올바르게 묘사하고 있는 문장을 선택해야 합니다.

실력 쌓기 정답 p.002

🎧 01-05
🎧 01-06

 A 다음을 듣고 빈칸에 알맞은 말을 쓰세요.

1 They ＿＿＿＿＿＿ some
packages into a truck.

2 The women ＿＿＿＿＿＿ trays
to a sink.

3 The men ＿＿＿＿＿＿ at each other.

4 The people ＿＿＿＿＿＿
a presentation.

B 다음을 듣고 빈칸을 완성한 다음, 사진을 가장 잘 묘사한 문장을 고르세요.

1

(A) They ＿＿＿＿＿＿ up some
vegetables.

(B) They ＿＿＿＿＿＿ aprons.

(C) They ＿＿＿＿＿＿ on a stove.

2

(A) The men are ＿＿＿＿＿＿.

(B) The men ＿＿＿＿＿＿
a fence.

(C) The men ＿＿＿＿＿＿
of the scenery.

03 3인 이상 인물 사진

▶ 각각의 인물들이 무엇을 하고 있는지 미리 자세히 살펴보아야 합니다.

▶ 여러 인물들 중 한 명의 동작이나 상태를 묻는 문제가 출제되기도 하므로 **다양한 주어가 등장**할 수 있습니다. 따라서 동사뿐만 아니라 **문장의 주어를 정확하게 파악**해야 합니다.

유형 파악하기 각각의 문장을 듣고 사진을 가장 잘 묘사한 것에 표시하세요. 정답 p.003

(A) They **are sitting** at an outdoor table.
그들은 야외 테이블 옆에 앉아 있다.

(B) The people **are hiking** in a park.
그들은 공원에서 하이킹을 하고 있다.

(C) One of the women **is holding** a basket.
여자들 중 한 명이 바구니를 들고 있다.

(D) Some women **are having** a picnic.
몇몇 여자들이 소풍을 즐기고 있다.

✎ **Tip!** 3인 이상 인물 사진의 경우에는 단수 주어와 복수 주어가 모두 제시될 수 있습니다. a woman, one of the men과 같은 단수 주어 표현과 the women, some of the people과 같은 복수 주어 표현을 정확히 구분해야 합니다.

실력 쌓기 정답 p.003

🎧 01-08
🎧 01-09

A 다음을 듣고 빈칸에 알맞은 말을 쓰세요.

1 The _____ are _____ some furniture.

2 _____ is _____ a painting

3 _____ is taking a book off the shelf.

4 Some of the shoppers _____ carts.

B 다음을 듣고 빈칸을 완성한 다음, 사진을 가장 잘 묘사한 문장을 고르세요.

1

(A) Some _____ are _____ on to the railing.

(B) Some _____ are _____ under a tree.

(C) One of the _____ is _____ his backpack.

2

(A) Some _____ are _____ on a computer.

(B) One of the _____ is _____ a pair of glasses.

(C) The _____ are _____ at each other.

다음을 듣고 밑줄 친 표현의 우리말 뜻을 고르세요.

1 The man is **installing** a projector.
남자는 프로젝터를 (ⓐ수리하고 ⓑ설치하고) 있다.

2 The doctor is **examining** a patient.
의사는 환자를 (ⓐ검진하고 ⓑ안내하고) 있다.

3 The woman is **lying on** the grass.
여자는 잔디에 (ⓐ누워 ⓑ앉아) 있다.

4 The men are **facing each other**.
남자들은 (ⓐ서로 마주보고 ⓑ서로 악수하고) 있다.

5 The man is **leafing through** his notebook.
남자는 공책을 (ⓐ포장하고 ⓑ훑어보고) 있다.

6 Some men are **unloading** packages.
남자들은 상자를 (ⓐ싣고 ⓑ내리고) 있다.

7 The man is **wheeling** the cart into the room.
남자는 방으로 카트를 (ⓐ세워 두고 ⓑ밀고) 있다.

8 He is **vacuuming** the stairs.
그는 계단을 (ⓐ진공청소기로 청소하고 ⓑ대걸레로 청소하고) 있다.

9 A lot of people are **boarding** a train.
많은 사람들이 기차에(서) (ⓐ탑승하고 ⓑ하차하고) 있다.

10 The woman is **watering** the flowers.
그녀는 꽃에 (ⓐ물을 주고 ⓑ손을 뻗고) 있다.

정답 | 1 ⓑ 2 ⓐ 3 ⓐ 4 ⓐ 5 ⓑ 6 ⓑ 7 ⓑ 8 ⓐ 9 ⓐ 10 ⓐ

PART 1　다음을 듣고 사진을 가장 잘 묘사한 문장을 고르세요.

1

(A)　　　(B)　　　(C)　　　(D)

2

(A)　　　(B)　　　(C)　　　(D)

3

(A)   (B)   (C)   (D)

4

(A)   (B)   (C)   (D)

UNIT

02

사물 및
배경 사진

▶ 사물 및 배경 사진은 사물이 중심에 위치하는 사진과 배경 및 풍경 위주의 사진으로 구분할 수 있습니다.

▶ 사진의 장소와 배경을 먼저 파악한 다음 중심이 되는 사물이 무엇인지를 파악합니다.

▶ 상대적으로 중요하지 않아 보이는 사물을 묘사하는 문장이 정답이 될 수도 있기 때문에, 모든 사물들을 놓치지 않고 관찰해야 합니다.

01 사물 묘사

▶ 사물 중심 사진이므로 특정 **사물의 상태를 가장 잘 묘사하고 있는 문장**을 골라야 합니다.

▶ 사진 속에서 중심이 되는 사물의 상태를 묻는 문제가 출제되는 경우도 있지만, 중요하지 않아 보이는 사물이나 주변의 배경들이 정답의 대상이 될 수도 있습니다.

▶ 사진에 등장하지 않는 단어가 언급되는 문장은 오답으로 처리해야 합니다.

유형 파악하기   각각의 문장을 듣고 사진을 가장 잘 묘사한 것에 표시하세요. 정답 p.004

(A) The curtains **are closed**. 커튼이 쳐져 있다.

(B) Lamps **are standing** on the floor. 전등이 바닥에 서 있다.

(C) A table **is surrounded** by chairs. 테이블이 의자에 둘러 쌓여 있다.

(D) Some pictures **are being hung** on the wall.
사진이 벽에 걸리고 있는 중이다.

Tip! 사물의 상태는 다양한 시제로 표현할 수 있지만, 현재수동태 「is/are + p.p.」가 자주 출제됩니다. 현재진행수동태 「is/are + being + p.p.」가 오답으로 빈번하게 사용되는데, 이는 '~가 되고 있는 중이다'라는 의미입니다. 현재진행 수동태는 사람이 어떠한 행위를 하고 있을 때 사용되는 시제이기 때문에, 사물 및 배경 사진에서 이러한 표현이 들릴 경우 이는 오답입니다.

실력 쌓기   정답 p.004

A 다음을 듣고 빈칸에 알맞은 말을 쓰세요.

1 Cars _____ on the road.

2 Food _____ on a plate.

3 Some suitcases _____ in the lobby.

4 A projector _____ to the ceiling.

B 다음을 듣고 빈칸을 완성한 다음, 사진을 가장 잘 묘사한 문장을 고르세요.

1

(A) A personal trainer _____
next to a treadmill.

(B) Some machines _____ in a row.

(C) A TV _____
from the wall.

2

(A) Trees are _____.

(B) People _____ a road.

(C) Cars _____ on one side
of the road.

02 배경 묘사

- 공원, 역, 바다, 거리 등의 배경 중심의 사진을 보고 이를 가장 잘 묘사한 문장을 고르는 유형입니다.
- 풍경 묘사의 경우에는 사물이 아닌 **배경 전체를 묘사**하거나 **배경을 구성하고 있는 작은 사물들을 묘사**하는 보기들이 등장할 수 있습니다.
- 문제를 듣기 전에 사진 속의 배경을 묘사할 수 있는 단어와 표현들을 미리 떠올리도록 합니다.

유형 파악하기 각각의 문장을 듣고 사진을 가장 잘 묘사한 것에 표시하세요. 정답 p.004

(A) Some passengers **are boarding** a train.
승객들이 기차에 탑승하는 중이다.

(B) A train **has stopped** at a station.
기차가 역에 정차했다.

(C) Some buildings **are located** near a bridge.
건물들이 다리 근처에 위치해 있다.

(D) Trees **have been planted** around the train tracks.
나무들이 기차 선로 주변에 심어져 있다.

Tip! 현재완료능동태는 「has/have + p.p.」, 현재완료수동태는 「has/have + been + p.p.」의 형태입니다. 둘 중에서 사물의 상태를 묘사하는 시제로 현재완료수동태가 자주 출제됩니다. 토익에서 현재완료수동태는 현재 시제의 수동태인 「be + p.p.」와 같은 의미로 볼 수 있습니다.

실력 쌓기 정답 p.004

A 다음을 듣고 빈칸에 알맞은 말을 쓰세요.

1 A door _____ open.

2 Some boxes _____ next to a chair.

3 Labels _____ to clothes.

4 Some people _____ in front of a building.

B 다음을 듣고 빈칸을 완성한 다음, 사진을 가장 잘 묘사한 문장을 고르세요.

1

(A) Beach towels _____ on a chair.

(B) Parasols _____ in a row.

(C) A group of people _____ on the beach.

2

(A) A boat _____ under the bridge.

(B) The houses have the _____.

(C) There are _____ planted near the houses.

다음을 듣고 밑줄 친 표현의 우리말 뜻을 고르세요.

1 The tourists are holding on to the **railing**.

관광객들은 (ⓐ난간을 ⓑ손잡이를) 붙잡고 있다.

2 The waiter is **sweeping the floor**.

그 웨이터는 (ⓐ바닥을 쓸고 ⓑ바닥을 걸레질하고) 있다.

3 A worker is painting the **pavement**.

일꾼이 (ⓐ울타리를 ⓑ도로를) 칠하고 있다.

4 A car is parked **next to a curb**.

차 한 대가 (ⓐ도로변에 ⓑ주택가에) 주차되어 있다.

5 Kelly is learning **flower arranging**.

Kelly는 (ⓐ수공예를 ⓑ꽃꽂이를) 배우고 있다.

6 Tim is **trimming the lawn** around the flowers.

Tim은 꽃 주변의 (ⓐ잔디에 물을 주고 ⓑ잔디를 다듬고) 있다.

7 There is a **grocery store** next to the post office.

우체국 옆에 (ⓐ식료품점이 ⓑ철물점이) 있다.

8 Some flowers have been **planted** in a pot.

꽃이 화분에(서) (ⓐ자라고 ⓑ심어져) 있다.

9 The man is painting the **ceiling** blue.

그 남자는 (ⓐ창가를 ⓑ천장을) 파란색으로 칠하고 있다.

10 All the seats are **occupied** at an outdoor café.

노천 카페에 모든 자리가 (ⓐ차 있다. ⓑ비어 있다.)

정답 | 1 ⓐ 2 ⓐ 3 ⓑ 4 ⓐ 5 ⓑ 6 ⓑ 7 ⓐ 8 ⓑ 9 ⓑ 10 ⓐ

PART 1 다음을 듣고 사진을 가장 잘 묘사한 문장을 고르세요.

1

(A)　　　(B)　　　(C)　　　(D)

2

(A)　　　(B)　　　(C)　　　(D)

3

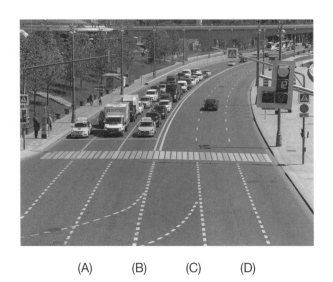

(A)   (B)   (C)   (D)

4

(A)   (B)   (C)   (D)

PART 2

질의 – 응답
Questions & Responses

PART 2

▶ Part 2는 주어진 질문(의문문, 평서문)에 대해 알맞은 응답을 고르는 유형으로, 7번부터 31번까지 총 25문항이 출제됩니다. 문제지에 질문과 응답이 제시되지 않고 듣기 능력만으로 문제를 풀어야 합니다.

▶ 질문의 의미를 정확하게 파악하여 짧은 시간 안에 3개의 응답 중에서 정답을 골라야 합니다.

▶ 문제를 잘 듣지 못하거나 이해하지 못하더라도 한 문제 정도는 틀려도 좋다는 생각으로 놓친 문제에 대한 미련을 버리고 다음 문제에 집중해야 합니다.

이것만은 꼭 알아두자!

1 문제를 들으면서 의문사를 반드시 기억하자.

의문사 의문문의 경우 질문의 맨 처음에 등장하는 의문사를 정확하게 들어야만 알맞은 응답을 고를 수 있습니다. 의문사를 놓치면 응답을 듣는다 하더라도 정답을 고를 수 없으므로, 의문사를 놓치지 않고 듣도록 연습해야 합니다.

2 질문에 등장한 비슷한 발음이 들리면 오답일 가능성이 높다.

질문에서 나온 단어나 표현과 비슷한 발음이 들리는 응답은 오답일 가능성이 높습니다. 다만 이러한 응답이 항상 오답이라고 판단해서는 안 되며, 비슷한 발음이 들리는 보기의 내용을 정확히 파악할 수 있어야 합니다.

3 자주 등장하는 질문들은 통째로 외워 두자.

Part 2에서 자주 출제되는 질문이나 표현들은 평소에 통째로 외워 두는 것이 좋습니다. 이러한 표현들을 외워 두면 실제 시험에서 질문의 내용을 확실하게 파악할 수 있기 때문에 정답을 쉽게 고를 수 있습니다.

UNIT

03

의문사 의문문 I

▶ Part 2의 총 25문항에서 의문사 의문문이 10문항 내외가 출제될 정도로 차지하는 비중이 높습니다.

▶ 의문사 의문문의 경우에는 무엇보다 의문사를 잘 들은 다음 질문의 내용을 파악해야 합니다. 질문의 내용에 대하여 구체적인 정보를 언급하고 있는 응답이 정답이 되며, Yes나 No로 답할 수 없습니다.

01 who 의문문

> - who, when, where, what, why, how 등과 같은 의문사로 시작하는 의문사 의문문의 경우에는 **질문의 첫 부분에 언급되는 의문사가 무엇인지를 반드시 파악**해야 합니다.
> - who 의문문의 경우에는 '사람'을 묻는 내용이기 때문에 **사람의 이름이나 직위** 등이 언급되는 보기가 정답으로 제시되는 경우가 많습니다.
> - who 의문문은 '누가'라는 의미의 **주어로 쓰이는 경우**와 '누구를'이라는 의미의 **목적어로 쓰이는 경우**로 구분할 수 있습니다.

유형 파악하기   음원을 듣고 질문의 응답으로 가장 적절한 것에 표시하세요. 정답 p.006

1 who = 누가

Q Who is in charge of the Accounting Department?
회계 부서를 누가 담당하고 있나요?

(A) Our new manager. 우리 새 매니저요.

(B) He is a very responsible person. 그는 매우 책임감 있는 사람이에요.

(C) She will be an assistant director. 그녀는 보조 책임자가 될 거예요.

> **가능한 답변**
> - It hasn't been decided yet.
>   아직 결정되지 않았어요.
> - I have no idea.
>   잘 모르겠어요.

2 who = 누구를

Q Who did you meet at the seminar? 세미나에서 누구를 만났나요?

(A) Sam will go to the seminar. Sam이 세미나에 갈 거예요.

(B) I don't know who he is. 저는 그가 누구인지 모르겠어요.

(C) Our vice president. 우리 부사장님요.

> **가능한 답변**
> - The division head.
>   부서장님요.
> - Mr. Thompson.
>   Thompson 씨요.

Tip! who 의문문의 정답으로 사람이 언급되는 경우가 많지만, '잘 모르겠다. (I have no idea.)'와 같이 명확하지 않은 응답이 정답으로 제시되기도 합니다.

실력 쌓기   정답 p.006

A 다음을 듣고 빈칸에 알맞은 말을 쓰세요.

1 Q _____ will be _____ the new project?

   A Mr. Cooper, the _____ of the Accounting Department.

2 Q _____ should I _____ about the problem?

   A You should go to see the _____.

B 다음을 듣고 빈칸을 완성한 다음 질문에 알맞은 응답을 고르세요.

1 _____ the news first?

  (A) _____ the news.

  (B) I _____ Ms. Jimenez _____.

2 _____ did you decide to _____?

  (A) We haven't _____ it yet.

  (B) Jack wasn't _____ to the team.

02 what 의문문

- what 의문문은 '사물', '시간', '거리' 등을 묻는 질문이기 때문에 '사람'을 언급한 보기는 정답이 될 수 없습니다. 또한, 의문사 의문문이므로 Yes / No로 답할 수 없습니다.
- what 의문문은 ① **what**이 '무엇'이라는 뜻의 의문사로 쓰이는 경우와 ② 「**what + 명사**」 형태의 두 가지로 구분됩니다.
- what 다음에 나오는 주어와 동사의 의미를 잘 파악해야 합니다.

유형 파악하기 음원을 듣고 질문의 응답으로 가장 적절한 것에 표시하세요. 정답 p.006

🎧 03-04

1 「what」으로 시작하는 의문문

Q What seems to be wrong with this photocopier?
복사기에 무엇이 잘못되었나요?

(A) I have no idea. 저도 모르겠어요.

(B) Yes, I pressed the wrong button. 네, 저는 버튼을 잘못 눌렀어요.

(C) We need to get a new coffee machine. 새 커피 메이커를 사야 해요.

> **가능한 답변**
> - It has run out of paper.
>   종이가 부족해요.
> - There is a paper jam.
>   용지가 걸렸어요.

2 「what + 명사」로 시작하는 의문문

Q What time should we meet? 몇 시에 만날까요?

(A) The meeting is postponed. 회의는 연기되었어요.

(B) Let's meet at 3 o'clock. 3시에 만나요.

(C) That would be nice. 그게 좋겠네요.

> **가능한 답변**
> - How about 11 o'clock?
>   11시는 어떨까요?
> - Anytime you want.
>   언제든지 좋아요.

✎Tip! what으로 시작하는 의문문 중에서 'what do you think about ~'은 '~에 대해 어떻게 생각하는가?'라는 의미로서 의견을 묻는 질문입니다. 이와 같이 「what + 명사」 형태의 의문문에서는 what을 '무엇'이라는 의미로 해석하지 않도록 주의해야 합니다.

실력 쌓기 정답 p.006

🎧 03-05
🎧 03-06

A 다음을 듣고 빈칸에 알맞은 말을 쓰세요.

1 Q ＿＿＿＿ are you ＿＿＿＿ to do after work?

   A I don't have anything planned yet.

2 Q ＿＿＿＿＿＿ are you looking for?

   A I would like to do ＿＿＿＿＿＿.

B 다음을 듣고 빈칸을 완성한 다음 질문에 알맞은 응답을 고르세요.

1 ＿＿＿＿ do you usually ＿＿＿＿＿＿?

   (A) ＿＿＿＿ 8 in the morning.

   (B) I am going to ＿＿＿＿＿.

2 What ＿＿＿＿＿＿ the new manager?

   (A) He ＿＿＿＿＿ a nice person.

   (B) I ＿＿＿ this is the ＿＿＿＿＿.

03 which 의문문

> ▶ which로 시작하는 의문문은 ① 「which + 명사」 형태로 '사물을 묻는 경우'와 ② 「which of the 명사」 형태로 '여러 사물들 중 하나를 선택해야 하는 문제'로 구분할 수 있습니다.
>
> ▶ **which 다음에 오는 명사**가 무엇인지를 잘 듣는 것이 중요합니다. which 다음에는 사물 명사가 오는 경우가 많지만, 사람 명사도 올 수 있습니다.

유형 파악하기   음원을 듣고 질문의 응답으로 가장 적절한 것에 표시하세요. 정답 p.007

🎧 03-07

1 which + 명사

Q Which computer is yours? 어느 컴퓨터가 당신의 것인가요?

(A) The one next to the copy machine. 복사기 옆에 있는 거예요.

(B) I didn't buy it yet. 저는 아직 그것을 구입하지 않았어요.

(C) You can have it fixed here. 여기에서 그것을 고칠 수 있어요.

가능한 답변
- The one that Sarah is using.
  Sarah가 사용하고 있는 거요.
- Mine is in the other office.
  제 것은 다른 사무실에 있어요.

2 Which of the + 복수 명사

Q Which of the monitors would you like to purchase?
이 모니터들 중 어떤 것을 구입하고 싶으세요?

(A) The cheapest one. 가장 가격이 낮은 거요.

(B) These monitors are in such demand. 이 모니터들은 수요가 많아요.

(C) We can't afford two. 두 대를 살 여유는 없어요.

가능한 답변
- The newest one.
  최신 것으로요.
- It's hard to decide.
  결정을 내리기 어렵군요.

✎ **Tip!**   which로 시작하는 의문문은 'which do you prefer, A or B?'와 같이 둘 중에 선호하는 것을 묻는 질문이 출제되기도 하는데, 이때 'Either is okay. (어떤 것도 상관 없다)'나 'Neither. (둘 중 어느 것도 좋지 않다)'와 같이 둘 중 하나를 선택하지 않는 내용이 정답으로 제시되기도 합니다.

실력 쌓기   정답 p.007

🎧 03-08
🎧 03-09

A 다음을 듣고 빈칸에 알맞은 말을 쓰세요.

1 Q ＿＿＿＿＿＿＿＿＿＿＿ would you recommend?

    A I don't know much about ＿＿＿＿＿.

2 Q ＿＿＿＿＿＿＿＿＿＿＿ has more experience?

    A The ＿＿＿＿＿＿＿ Missouri.

B 다음을 듣고 빈칸을 완성한 다음 질문에 알맞은 응답을 고르세요.

1 ＿＿＿＿＿＿＿ are you going to ＿＿＿＿＿ to do research?

(A) The one we usually ＿＿＿＿＿.

(B) I have been ＿＿＿＿＿ at that firm.

2 ＿＿＿＿＿＿＿ is more qualified?

(A) He doesn't have enough ＿＿＿＿＿.

(B) The one with the ＿＿＿＿＿.

다음을 듣고 밑줄 친 표현의 우리말 뜻을 고르세요.

1 The **board of directors** will make the final decision.

(ⓐ위원회 ⓑ이사회)가 최종 결정을 내릴 것이다.

2 The **marketing division** is over there.

(ⓐ마케팅 부서 ⓑ마케팅 담당자)는 저기에 있다.

3 Mr. Johnson is my **supervisor**.

Johnson 씨는 나의 (ⓐ부하 직원 ⓑ관리자)이다.

4 **Sales representatives** are going to attend it.

(ⓐ영업 사원들 ⓑ임원들)이 거기에 참석할 것이다.

5 The **vice president** will give a speech.

(ⓐ사장님 ⓑ부사장님)이 연설을 할 것이다.

6 There are three **candidates** for this position.

이 직책에 세 명의 (ⓐ합격자들 ⓑ후보자들)이 있다.

7 Where is the **Personnel Department**?

(ⓐ홍보부서 ⓑ인사부서)는 어디에 있나요?

8 He will join the **Purchasing Department** next month.

그는 다음 달에 (ⓐ구매부서 ⓑ회계부서)로 올 것이다.

9 The new **editor** wanted us to have a meeting.

새로운 (ⓐ작가 ⓑ편집자)는 우리가 회의를 하기를 원했다.

10 Mr. Tilman, the marketing director, is going to **leave the company**.

마케팅 부서장인 Tilman 씨는 (ⓐ출장을 갈 ⓑ회사를 떠날) 것이다.

정답 | 1 ⓑ 2 ⓐ 3 ⓑ 4 ⓐ 5 ⓑ 6 ⓑ 7 ⓑ 8 ⓐ 9 ⓑ 10 ⓑ

PART 2 질문과 보기를 듣고 질문에 가장 잘 어울리는 응답을 고르세요.

1   Mark your answer on your answer sheet.   (A)   (B)   (C)

2   Mark your answer on your answer sheet.   (A)   (B)   (C)

3   Mark your answer on your answer sheet.   (A)   (B)   (C)

4   Mark your answer on your answer sheet.   (A)   (B)   (C)

5   Mark your answer on your answer sheet.   (A)   (B)   (C)

6   Mark your answer on your answer sheet.   (A)   (B)   (C)

7   Mark your answer on your answer sheet.   (A)   (B)   (C)

8   Mark your answer on your answer sheet.   (A)   (B)   (C)

9   Mark your answer on your answer sheet.   (A)   (B)   (C)

10   Mark your answer on your answer sheet.   (A)   (B)   (C)

UNIT

04
의문사 의문문 II

▶ when 의문문에 대해서는 시간을 언급하는 대답이 적절한 응답이 되며, where 의문문의 경우에는 장소를 언급하는 대답이 정답으로 제시됩니다. 시간과 장소를 의미하는 전치사구를 정리해 두면 정답을 고르는 데 도움이 됩니다.

▶ why 의문문은 원인이나 이유를 묻는 질문이며, how 의문문은 수단, 방법, 기간, 횟수 등을 묻는 질문입니다. 질문의 내용을 정확히 파악하기 위해서 의문문 다음에 언급되는 동사와 형용사를 집중해서 들어야 합니다.

01 when 의문문

▶ when의문문은 정확한 시각이나 날짜, 때를 묻는 질문입니다. 'at 7:30, in the afternoon, 3 days ago, last month' 등과 같은 **시간이나 때를 나타내는 부사구**가 포함된 응답이 정답으로 제시되는 경우가 많습니다.

▶ 동사의 시제에 따라 정답이 달라지는 경우가 많으므로, **의문사 바로 다음에 오는 동사의 형태**에 유의해야 합니다.

유형 파악하기　음원을 듣고 질문의 응답으로 가장 적절한 것에 표시하세요. 정답 p.009

1 when + be동사 + 주어 ~

Q When is the deadline for the project? 프로젝트의 마감일이 언제예요?

(A) Next Friday. 다음 주 금요일요.

(B) We are behind schedule. 우리는 일정보다 뒤쳐져 있어요.

(C) We will figure it out. 우리가 해결할 거예요.

 가능한 답변 ∩ 04-01

• Actually, it was yesterday. 사실은 어제였어요.

• In two weeks. 2주 후예요.

2 when + 조동사 + 주어 + 일반동사 ~

Q When will the closing ceremony be held? 폐회식이 언제 열리나요?

(A) It is tomorrow at 10. 내일 10시에요.

(B) The case has been closed. 그 사건은 종결되었어요.

(C) I will attend it for sure. 저는 꼭 참석할 거예요.

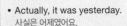 가능한 답변

• It has been canceled. 취소되었어요.

• It was already held. 이미 개최되었어요.

🖇 **Tip!** when 의문문에 대한 응답으로는 정확한 시간, 때를 나타내는 부사구도 답이 될 수 있지만, 'Sometime next week. (다음 주 중예요.), Early this month. (이번 달 초예요.), Not until next month. (다음 달이나 되어서요.)'와 같이 불확실한 시점을 의미하는 응답이 정답인 경우도 있습니다.

실력 쌓기　정답 p.009

∩ 04-02
∩ 04-03

A 다음을 듣고 빈칸에 알맞은 말을 쓰세요.

1 Q ＿＿＿＿＿ are you going to ＿＿＿＿＿ the laundry?

　A ＿＿＿＿＿.

2 Q ＿＿＿＿＿ do we have to ＿＿＿＿＿ the supplier?

　A After the manager ＿＿＿＿＿ the purchase.

B 다음을 듣고 빈칸을 완성한 다음 질문에 알맞은 응답을 고르세요.

1 ＿＿＿＿＿ is the ＿＿＿＿＿?

(A) It is ＿＿＿＿＿ Thursday.

(B) At the ＿＿＿＿＿.

2 ＿＿＿＿＿ do you think you can ＿＿＿＿＿?

(A) It ＿＿＿＿＿ Mr. Lee.

(B) The report hasn't been ＿＿＿＿＿.

02 where 의문문

> ▶ where 의문문은 장소, 위치, 방향을 묻는 질문으로서, 'abroad, downtown, in[to] the meeting room' 등과 같은 **장소, 위치, 방향을 의미하는 부사(구)**를 사용하여 답하는 경우가 많습니다.
>
> ▶ where 뒤에 'will, do, can'과 같은 조동사가 뒤따르는 경우, 조동사 뒤의 명사와 동사를 주의 깊게 들어야 질문의 내용을 파악할 수 있습니다.

유형 파악하기 음원을 듣고 질문의 응답으로 가장 적절한 것에 표시하세요. 정답 p.009

1 where (장소 = 어디에)

Q **Where** can I find the quarterly report?
분기 보고서를 어디에서 찾을 수 있나요?

(A) In the filing cabinet. 파일 캐비닛에서요.

(B) I can't find it. 저는 그것을 찾을 수 없어요.

(C) To the seminar. 세미나에요.

가능한 답변

- Ask the secretary.
  비서에게 물어보세요.
- I have no idea.
  저는 모르겠어요.

2 where (방향 = 어디로)

Q **Where** are we heading? 우리가 어디로 가는 중인가요?

(A) At the bus terminal. 버스 터미널에서요.

(B) To the convention center. 컨벤션 센터로요.

(C) I had it before. 제가 전에 그것을 갖고 있었어요.

가능한 답변

- We are going to the banquet.
  연회장으로 가고 있어요.
- It's up to you.
  편하신 대로 하세요.

Tip! where 의문문에 대한 응답으로 장소나 방향을 언급하는 것이 정답인 경우가 대부분이지만, 아래의 '실력 쌓기 A의 2번'과 같이 출처를 묻는 경우에는 사람의 이름을 언급한 응답이 정답인 경우도 있습니다.

실력 쌓기 정답 p.009

🎧 04-05
🎧 04-06

A 다음을 듣고 빈칸에 알맞은 말을 쓰세요.

1 Q _____ I
  for more information?

  A Go to the _____.

2 Q _____ you _____
  the brochure?

  A Daniel _____ one.

B 다음을 듣고 빈칸을 완성한 다음 질문에 알맞은 응답을 고르세요.

1 _____ should I _____ this printer?

  (A) It _____ paper.

  (B) Over there _____ the desk.

2 _____ are we going _____?

  (A) I _____ at an Italian
    restaurant.

  (B) I have _____.

03 why 의문문

▶ why 의문문은 이유를 묻는 문제로서 문장의 동사를 반드시 파악해야 합니다.

▶ ① 「why don't you/we + 동사원형」 형태와 ② 「why doesn't/didn't + 주어 + 동사원형」 형태를 구분해야 합니다. ①의 경우 '이유'를 묻는 질문이 아니라 '제안'할 때 쓰는 표현이지만, ②는 일반적인 why 의문문과 마찬가지로 '이유'를 묻는 질문입니다.

유형 파악하기 음원을 듣고 질문의 응답으로 가장 적절한 것에 표시하세요. 정답 p.010

1 why = 이유

Q **Why** did you quit your job? 왜 그 일을 그만 두었나요?

(A) I was not satisfied with the salary. 급여에 만족하지 못했어요.

(B) I decided to quit my job. 저는 일을 그만두기로 결심했어요.

(C) I believe I did. 제 생각에는 그래요.

가능한 답변

• I found a better one.
더 나은 직업을 찾았어요.

• I had to work overtime all the time.
계속 야근해야 했어요.

2 why don't you + 동사원형 = 제안

Q **Why don't you postpone** the meeting? 회의를 연기하는 것이 어때요?

(A) Because I didn't attend it. 제가 거기에 참석하지 않았기 때문이에요.

(B) That's a good idea. 좋은 생각이에요.

(C) I didn't get the agenda. 회의 안건을 받지 못했어요.

가능한 답변

• How about just canceling it?
그냥 취소하는 게 어때요?

• We need to ask the manager first.
매니저에게 먼저 물어봐야 해요.

Tip! why 의문문이 이유를 묻는 질문이기는 하지만, '~ 때문에'라는 의미의 'because, for, because of, due to' 등이 생략된 응답이 정답으로 제시되는 경우가 대부분입니다. 오히려 이러한 표현들을 이용하여 오답을 고르도록 유도하는 경우가 많다는 사실에 주의해야 합니다.

실력 쌓기 정답 p.010

🎧 04-08
🎧 04-09

A 다음을 듣고 빈칸에 알맞은 말을 쓰세요.

1 Q _____ leave a little early?

　A Sounds good.

2 Q _____ call him back?

　A I just wanted to ask for _____.

B 다음을 듣고 빈칸을 완성한 다음 질문에 알맞은 응답을 고르세요.

1 _____ weren't you _____ this time?

(A) My _____ was not that good.

(B) The campaign was _____.

2 _____ talk to the director?

(A) I didn't _____ it.

(B) I _____.

04 how 의문문

> ▶ how 의문문은 ① 「How + 동사」 형태와 ② 「How + 형용사/부사」 형태로 구분할 수 있습니다. ①은 '방법'이나 '상태'를, ②는 빈도, 수량, 거리 등을 묻는 내용입니다.
>
> ▶ 따라서 의문사 how 뒤에 나오는 동사, 형용사, 부사를 잘 듣고 질문의 내용을 정확히 파악해야 합니다.

유형 파악하기 음원을 듣고 질문의 응답으로 가장 적절한 것에 표시하세요. 정답 p.010

🎧 04-10

1 how + 동사 = 방법/상태

Q How were you able to contact him? 어떻게 그와 연락이 닿았나요?

(A) I called his coworker. 제가 그의 동료에게 전화했어요.

(B) He couldn't locate the position. 그는 위치를 찾을 수 없었어요.

(C) They were able to get it. 그들은 그것을 얻을 수 있었어요.

> **가능한 답변**
> - I found his phone number.
>   그의 번호를 찾았어요.
> - He contacted me first.
>   그가 저에게 먼저 연락했어요.

2 how + 형용사/부사 = 빈도, 수량, 거리 등

Q How often do we have those computers checked?
우리는 이 컴퓨터들을 얼마나 자주 점검 받도록 하나요?

(A) Every two months. 두 달에 한 번요.

(B) We contacted the technician. 기술자에게 연락했어요.

(C) I haven't seen them for quite a long time.
꽤 오랫동안 그들을 보지 못했어요.

> **가능한 답변**
> - Only when there is a problem.
>   문제가 있을 때만요.
> - I am not really sure about it. 잘 모르겠어요.

Tip! how often (빈도: 얼마나 자주), how soon (시간: 얼마나 빨리), how much (금액: 얼마나 많은), how fast (속도: 얼마나 빨리), how far (거리: 얼마나 멀리) 등과 같은 'How + 형용사/부사' 형태의 표현들에 대한 정답으로는 '숫자'를 언급한 응답인 경우가 많습니다.

실력 쌓기 정답 p.010

🎧 04-11
🎧 04-12

A 다음을 듣고 빈칸에 알맞은 말을 쓰세요.

1 Q _____ the new _____ in the Sales Department?

   A He is _____ to his job.

2 Q _____ can I get the results back?

   A _____ this Friday.

B 다음을 듣고 빈칸을 완성한 다음 질문에 알맞은 응답을 고르세요.

1 _____ we _____ sales?

   (A) We need _____ .

   (B) The items are _____ .

2 _____ complaints did we _____ last week?

   (A) We _____ about it.

   (B) _____ I had expected.

다음을 듣고 밑줄 친 표현의 우리말 뜻을 고르세요.

1 The police officer is **directing traffic**.

경찰관이 (ⓐ교통 안내 ⓑ교통 정리)를 하고 있다.

2 His car **broke down**.

그의 차가 (ⓐ고장 났다. ⓑ사고가 났다.)

3 How long does it take to **commute**?

(ⓐ출퇴근하는 데 ⓑ여행하는 데) 얼마나 걸리나요?

4 I couldn't find a **direct flight**.

나는 (ⓐ직항편 ⓑ경유편)을 찾을 수가 없었다.

5 Check your belongings before we **get to our destination**.

(ⓐ출발하기 ⓑ목적지에 도착하기) 전에 소지품을 확인하세요.

6 Jack is going to **give me a ride**.

잭이 나에게(나를) (ⓐ차를 빌려 ⓑ차에 태워) 줄 것이다.

7 We need to call a **mechanic** right away.

(ⓐ기술자 ⓑ정비사)에게 바로 전화를 해야 한다.

8 We are **heading for** the bus terminal.

우리는 버스 터미널(ⓐ로 향해 가는 ⓑ에서 나오는) 중이다.

9 I will **drop** you **off** at the train station.

내가 기차역에(서) 당신을 (ⓐ내려 줄 것이다. ⓑ태우고 올 것이다.)

10 You should turn right at the **intersection**.

(ⓐ건널목 ⓑ교차로)에서 우회전해야 한다.

정답 | 1 ⓑ 2 ⓐ 3 ⓐ 4 ⓐ 5 ⓑ 6 ⓑ 7 ⓑ 8 ⓐ 9 ⓐ 10 ⓑ

PART 2 질문과 보기를 듣고 질문에 가장 잘 어울리는 응답을 고르세요.

1   Mark your answer on your answer sheet.   (A)   (B)   (C)

2   Mark your answer on your answer sheet.   (A)   (B)   (C)

3   Mark your answer on your answer sheet.   (A)   (B)   (C)

4   Mark your answer on your answer sheet.   (A)   (B)   (C)

5   Mark your answer on your answer sheet.   (A)   (B)   (C)

6   Mark your answer on your answer sheet.   (A)   (B)   (C)

7   Mark your answer on your answer sheet.   (A)   (B)   (C)

8   Mark your answer on your answer sheet.   (A)   (B)   (C)

9   Mark your answer on your answer sheet.   (A)   (B)   (C)

10   Mark your answer on your answer sheet.   (A)   (B)   (C)

UNIT

05

일반 의문문

▸ 일반 의문문은 의문사가 아닌 be동사나 조동사로 시작되는 의문문으로, 의문사 의문문과 달리 Yes / No로 대답할 수 있습니다.

▸ 일반 의문문은 의문사가 없기 때문에 질문의 내용을 파악하는 것이 중요합니다. 이를 위해 문제의 주어와 동사에 집중해야 합니다.

▸ 동사의 시제에 따라 정답이 달라질 수 있기 때문에 시제를 정확히 파악하는 것이 중요합니다.

01 be동사, do동사 의문문

▶ be동사 의문문은 「is / are / was / were」와 같은 be동사로 시작하며, 일반동사를 포함하는 의문문은 「do / does / did」로 시작합니다.

▶ be동사 의문문과 do동사 의문문은 일반의문문이므로 Yes / No로 대답할 수 있습니다.

▶ 모든 보기가 Yes / No로 시작되도록 하는 것과 같이, 질문과 응답의 내용을 정확히 파악해야 문제를 풀 수 있도록 출제되는 경우가 많습니다.

유형 파악하기 음원을 듣고 질문의 응답으로 가장 적절한 것에 표시하세요. 정답 p.012

1 be동사 + 주어

Q Is Mr. Ito in charge of customer service?
Ito 씨가 고객 서비스 책임자인가요?

(A) Yes, he is managing it. 네, 그가 관리해요.

(B) The survey will be done. 그 설문조사가 실행될 거예요.

(C) No, everybody is busy. 아니요, 모두 바빠요.

가능한 답변 🎧 05-01

• Yes, is there a problem?
네, 문제가 있나요?

• No, Ms. Taylor is.
아니요, Taylor 씨예요.

2 Do동사 + 주어 + 동사원형

Q Did Tim call someone to repair the copy machine?
Tim이 복사기 고치는 사람에게 전화했나요?

(A) To upgrade the machine. 기계를 업그레이드하기 위해서요.

(B) Yes, a technician is on the way here.
네, 기사가 여기로 오고 있는 중이에요.

(C) No, I said three copies. 아니요, 세 부라고 했는데요.

가능한 답변

• I don't think so.
아닌 것 같아요.

• Yes, that's what he told me.
네, 그가 제게 그렇게 얘기했어요.

Tip! 질문에서 사용된 단어가 보기에서 들리면 오답인 경우가 많습니다. 질문을 정확하게 이해하지 못할 경우, 보기에서 같은 단어가 들리면 정답으로 선택할 가능성이 높기 때문에 오히려 그 보기를 오답이라고 생각하는 것이 도움이 됩니다.

실력 쌓기 정답 p.012

🎧 05-02
🎧 05-03

A 다음을 듣고 빈칸에 알맞은 말을 쓰세요.

1 **Q** _____ any _____ to Boston?

 A No, they _____ the service.

2 **Q** _____ the staff dinner last night?

 A Yes, it was a lot better than I _____ .

B 다음을 듣고 빈칸을 완성한 다음 질문에 알맞은 응답을 고르세요.

1 _____ Mr. Cox _____ on Monday?

 (A) He is the _____ .

 (B) No, he had another _____ .

2 _____ Jane _____ to deposit the checks?

 (A) _____ near City Hall.

 (B) Yes, _____ this morning.

02 조동사 의문문

▶ 조동사 의문문은 「can / could / will / would / should」 등으로 시작하는 의문문입니다.

▶ ① **요청·부탁**을 하는 경우에는 「**Can you ~ / Could you ~ / Will you ~ / Would you ~**」 등을 사용할 수 있으며, ② **제안·확인**을 하는 경우에는 「**Should + 주어 + 동사**」의 형태를 갖습니다.

유형 파악하기 음원을 듣고 질문의 응답으로 가장 적절한 것에 표시하세요. 정답 p.013

🎧 05-04

1 부탁: Could + 주어 + 동사원형

Q Could you help Lisa organize the client files?
Lisa가 고객 파일 정리하는 것을 도와줄 수 있나요?

(A) Sure, as soon as I finish this report. 물론이죠, 이 보고서만 끝내고요.

(B) You helped me a lot. 당신이 저를 많이 도와 주셨잖아요.

(C) Yes, they are on their way here. 네, 그들은 여기로 오는 중이에요.

> **가능한 답변**
> • I'm afraid I can't.
>   할 수 없어서 유감이에요.
> • Of course. No problem.
>   물론이죠. 도와주고 싶어요.

2 제안·확인: Should + 주어 + 동사원형

Q Should we make a new company logo?
우리가 새 회사 로고를 만들어야 할까요?

(A) Next to the main entrance. 정문 옆에요.

(B) No, I majored in art. 아니요, 저는 예술을 전공했어요.

(C) I think the current one is fine. 지금 것이 괜찮은 것 같아요.

> **가능한 답변**
> • Yes, I personally think so.
>   네, 개인적으로 그렇게 생각해요.
> • Let's ask the PR team.
>   홍보팀에 물어보죠.

✎ **Tip!** 요청, 부탁을 수락할 때와 거절할 때 사용하는 표현을 알아두면 유용합니다.
  • 수락: Sure, no problem. / I'd love to. / I will do it right now.
  • 거절: I'm sorry, but… / I'm afraid I can't. / I'd happy to, but…

실력 쌓기 정답 p.013

🎧 05-05
🎧 05-06

A 다음을 듣고 빈칸에 알맞은 말을 쓰세요.

1 Q _____ you _____ Mr. White _____ us the invoice?

A _____ right away.

2 Q _____ you _____ to the sales team?

A _____, I'll do it _____.

B 다음을 듣고 빈칸을 완성한 다음 질문에 알맞은 응답을 고르세요.

1 _____ you _____ this document before I _____ it?

(A) Thank you so much.

(B) _____, I'd _____.

2 _____ I _____ the press conference?

(A) Yes, it was _____.

(B) Yes, Friday _____.

03 현재완료, 수동태 의문문

- ▶ 현재완료의 의문문은 「Have / Has + 주어 + 과거분사」의 형태로 주어의 경험이나 행동의 완료 등을 나타낼 수 있습니다.
- ▶ 수동태 의문문은 「Is / Are / Was / Were + 주어 + 과거분사」의 형태인데, 수동태 의문문의 경우 be동사의 시제와 질문의 대상을 파악하는 것이 중요합니다.

유형 파악하기 음원을 듣고 질문의 응답으로 가장 적절한 것에 표시하세요. 정답 p.013

05-07

1 현재완료 의문문: Have(Has) + 주어 + p.p.

Q **Have you seen** my laptop anywhere? 어딘가에서 제 노트북을 봤나요?

(A) I have seen him a few times. 저는 그를 몇 번 봤어요.

(B) Where did you last use it? 마지막으로 언제 사용했어요?

(C) Sorry. It is sold out. 죄송해요. 모두 팔렸어요.

가능한 답변
- Yes, it was on the chair.
  네, 의자 위에 있었어요.
- Didn't you use it an hour ago?
  한 시간 전에 사용하지 않으셨어요?

2 수동태 의문문: Be동사 + 주어 + p.p.

Q **Was the meeting agenda printed** out yesterday?
어제 회의 안건이 출력되었나요?

(A) Yes, Kelly did it. 네, Kelly가 했어요.

(B) The printer is on the second floor. 프린터는 2층에 있어요.

(C) The meeting was productive. 회의는 생산적이었어요.

가능한 답변
- Ask Mr. Park.
  Park 씨에게 물어보세요.
- No, Lena is doing it now.
  아니요, Lena가 지금 하고 있어요.

Tip! 현재완료 수동태 의문문 형태인 「Have / Has + 주어 + been + 과거분사」도 출제되므로 알아두어야 합니다.

실력 쌓기 정답 p.013

05-08
05-09

A 다음을 듣고 빈칸에 알맞은 말을 쓰세요.

1 Q _____ High Street _____ now?

   A Yes, it's being _____.

2 Q _____ Janet _____ the training program?

   A I am not _____.

B 다음을 듣고 빈칸을 완성한 다음 질문에 알맞은 응답을 고르세요.

1 _____ the French restaurant on Broadway?

(A) I _____ a busy street.

(B) Yes, _____.

2 _____ the registration forms _____ ?

(A) _____ all the blanks.

(B) They _____ yesterday.

다음을 듣고 밑줄 친 표현의 우리말 뜻을 고르세요.

1 Once you **sign the contract**, you cannot cancel it.

일단 (ⓐ조건에 합의하면 ⓑ계약서에 서명하면), 취소할 수 없습니다.

2 The **annual audit** will be coming this Thursday.

다가오는 목요일에 (ⓐ연례 회계 감사가 ⓑ연례 사업 평가가) 있을 것이다.

3 Ms. Williams has **invested in** Chinese stocks.

Williams 씨는 중국 주식에 (ⓐ관심이 있다. ⓑ투자했다.)

4 The advertising campaign turned out to be very **profitable**.

그 광고 캠페인은 매우 (ⓐ수익성이 있다고 ⓑ비용이 많이 든다고) 밝혀졌다.

5 The article explained the **benefits** of online training programs.

그 기사는 온라인 교육 프로그램의 (ⓐ혜택을 ⓑ단점을) 설명했다.

6 The **quarterly report** will be released this afternoon.

그 (ⓐ시장 분석자료는 ⓑ분기별 보고서는) 오늘 오후에 발표될 것이다.

7 The new **accountant** deals with tax returns.

그 신임 (ⓐ총무는 ⓑ회계사는) 세금 환급을 다룬다.

8 Can you fill out the **evaluation form** by tomorrow?

내일까지 (ⓐ평가서를 ⓑ견적서를) 작성해 주실 수 있으세요?

9 Surprisingly, the **budget proposal** for next quarter was rejected.

놀랍게도, 다음 분기 (ⓐ기획안이 ⓑ예산안이) 거부되었다.

10 There were approximately 40 investors there **in total**.

(ⓐ통틀어 ⓑ어림잡아) 대략 40명의 투자자들이 그 곳에 있었다.

정답 | 1 ⓑ 2 ⓐ 3 ⓑ 4 ⓐ 5 ⓐ 6 ⓑ 7 ⓑ 8 ⓐ 9 ⓑ 10 ⓐ

PART 2 질문과 보기를 듣고 질문에 가장 잘 어울리는 응답을 고르세요.

1 Mark your answer on your answer sheet.   (A)   (B)   (C)

2 Mark your answer on your answer sheet.   (A)   (B)   (C)

3 Mark your answer on your answer sheet.   (A)   (B)   (C)

4 Mark your answer on your answer sheet.   (A)   (B)   (C)

5 Mark your answer on your answer sheet.   (A)   (B)   (C)

6 Mark your answer on your answer sheet.   (A)   (B)   (C)

7 Mark your answer on your answer sheet.   (A)   (B)   (C)

8 Mark your answer on your answer sheet.   (A)   (B)   (C)

9 Mark your answer on your answer sheet.   (A)   (B)   (C)

10 Mark your answer on your answer sheet.   (A)   (B)   (C)

UNIT

06

특수 의문문,
평서문

▶ 특수 의문문에는 부정, 부가, 권유, 간접, 선택 의문문이 있습니다. 각 의문문의 형태와 특성을 잘 파악하고 있어야 시험에서 당황하지 않고 적절한 답을 고를 수 있습니다.

▶ Part 2에서는 의문문뿐만 아니라 평서문도 등장하는데, 출제 비율이 높습니다. 평서문에 대한 응답은 예측하기가 어렵고 문장의 내용을 확실히 이해해야만 정답을 고를 수 있기 때문에, 난이도가 높은 문제 유형입니다.

01 부정, 부가의문문

▶ 부정의문문은 부정어를 포함하는 의문문으로서, **놀라움을 표현**하거나, 상대방에게 **동의를 구할 때** 사용됩니다.

▶ 부가의문문은 '그렇죠?, 그렇지 않나요?'를 뜻하는 '꼬리'가 붙는데, **긍정문에는 '부정 꼬리'**, 부문에는 **'긍정 꼬리'**가 따라옵니다.

▶ Yes / No로 답할 때 선택이 혼란스러울 수 있는데, 부정의문문과 부가의문문 모두 질문의 내용만을 고려하여 그에 알맞은 응답을 고르면 혼동을 줄일 수 있습니다.

유형 파악하기 음원을 듣고 질문의 응답으로 가장 적절한 것에 표시하세요. 정답 p.015

1 부정의문문: Haven't + 주어 + p.p. ~?

Q Haven't you already **booked** a flight ticket?
벌써 비행기 표를 예매하지 않았나요?

(A) No, I was too busy. 아니요, 너무 바빴어요.

(B) Yes, all the tickets were sold out. 네, 모든 표가 다 팔렸어요.

(C) My suitcases are full. 제 가방이 꽉 찼어요.

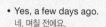
🎧 06-01

가능한 답변
• Yes, a few days ago.
  네, 며칠 전에요.
• I will do that this evening.
  오늘 저녁에 할 거예요.

2 부가의문문: 긍정문, + 부정꼬리?

Q The dental clinic **is** open on Saturdays, **isn't it?**
그 치과는 토요일에 열어요, 그렇지 않나요?

(A) The dentist was excellent. 그 치과 의사는 훌륭해요.

(B) Yes, until 2:00 P.M. 네, 오후 2시까지요.

(C) The doctor's office is closed now. 그 병원은 지금 문을 닫았어요.

가능한 답변
• Yes, but it closes quite early.
  네, 하지만 꽤 일찍 닫아요.
• It used to be.
  예전에는 열었어요.

📎 **Tip!** 긍정의문문과 부정의문문에 답할 때, 의문문의 종류와 상관없이 긍정과 부정의 응답이 동일합니다.
• 긍정/부정 의문문: Did you like it? / Didn't you like it?
• 긍정 (좋았던 경우): Yes, I did. / 부정 (좋아하지 않았던 경우): No, I didn't.

실력 쌓기 정답 p.015

🎧 06-02
🎧 06-03

A 다음을 듣고 빈칸에 알맞은 말을 쓰세요.

1 Q _____ the company banquet?

A Yes, Mr. Simpson and I _____.

2 Q The fax machine on the second floor _____, _____?

A No, it is _____.

B 다음을 듣고 빈칸을 완성한 다음 질문에 알맞은 응답을 고르세요.

1 _____ it _____ be sunny today?

(A) That's _____.

(B) We are _____.

2 The presentation _____ very interesting, _____?

(A) Yes, I _____.

(B) I thought _____.

48

02 권유, 간접의문문

▶ 권유의문문에는 「Would you like to (~하시겠어요?), Would you like me to ~ (제가 ~할까요)?, How about ~ / What about ~ / Why don't you ~ (~하는 것이 어때요?)」 등이 있습니다.

▶ 간접의문문은 직접의문문보다 정중한 느낌을 줄 수 있으며, 「Do you know ~, Can you tell me ~」 뒤에 의문사가 오는 형태입니다. 이때 어순이 「의문사 + 주어 + 동사」라는 것에 주의해야 합니다.

유형 파악하기 음원을 듣고 질문의 응답으로 가장 적절한 것에 표시하세요. 정답 p.016

1 권유의문문: **Would you like to** + 동사원형 ~?

Q **Would you like to lead** the marketing seminar next week?
다음 주 마케팅 세미나를 진행해 주시겠어요?

🎧 06-04

(A) Sure, I'd be happy to. 물론이죠, 기꺼이 할게요.

(B) The marketing strategies were weak. 그 마케팅 전략은 약했어요.

(C) Yes, I attended the seminar. 네, 저는 그 세미나에 참석했어요.

가능한 답변

• I would, but I can't.
그리고 싶지만 할 수 없어요.

• Sorry. I'll be on vacation.
죄송하지만 저는 휴가 중일 거예요.

2 간접의문문: **Do you know** + 의문사 + 주어 + 동사

Q **Do you know** who this briefcase belongs to?
이 서류 가방이 누구의 것인지 아세요?

(A) No, it is mine. 아니요, 제 거예요.

(B) Why don't you ask the receptionist? 안내원에게 물어보는 게 어때요?

(C) Yes, at the department store. 네, 백화점에서요.

가능한 답변

• That looks like mine.
제 것처럼 보이는데요.

• Leave it with the receptionist.
안내원에게 맡기세요.

Tip! 의문사 의문문은 문장 맨 앞의 의문사를 듣는 데 집중해야 하지만, 간접의문문은 의문사가 문장의 중간에 나오므로 이 부분을 놓치지 않아야 합니다.

실력 쌓기 정답 p.016

🎧 06-05
🎧 06-06

A 다음을 듣고 빈칸에 알맞은 말을 쓰세요.

1 Q _____ you _____ led the budget presentation?

A Yes, Ms. Lopez _____.

2 Q _____ going to the concert on Saturday evening?

A I'd _____, but I will be _____.

B 다음을 듣고 빈칸을 완성한 다음 질문에 알맞은 응답을 고르세요.

1 _____ advertise the new product on TV?

(A) Because the design is _____.

(B) It is _____ the marketing plan.

2 _____ you _____ Dr. Morgan is available?

(A) He _____ this Friday.

(B) I need to _____.

03 선택의문문, 평서문

▶ 선택의문문은 둘 중 하나의 선택을 요구하는 의문문으로 ① A와 B 둘 중 하나를 선택한 응답, ② 어느 것이든 상관 없다는 응답, ③ 전혀 다른 것을 선택한 응답이 정답으로 제시됩니다. 선택 의문문의 경우 문제에 들린 단어가 보기에 나와도 정답이 될 가능성이 있습니다.

▶ 평서문의 경우 문장의 내용을 완전히 이해해야만 적절한 응답을 고를 수 있기 때문에 난이도가 높습니다. 주어와 동사에 집중하여 중요한 내용을 파악하는 연습을 해야 합니다.

유형 파악하기 음원을 듣고 질문의 응답으로 가장 적절한 것에 표시하세요. 정답 p.016

1 선택의문문: A or B ~?

Q Do you like the blue jacket **or** the brown one?
파란 재킷과 갈색 재킷 중 어느 것이 좋아요?

(A) I prefer the blue one. 파란 것이 더 좋아요.

(B) Sam is going to buy it. Sam은 그것을 살 거예요.

(C) I haven't worn it yet. 저는 아직 그것을 입지 않았어요.

가능한 답변

- Neither of them.
  둘 다 아니에요.
- How about the red one?
  빨간 것은 어때요?

2 평서문: 주어 + 동사 어순

Q The quarterly business report will be released this week.
분기별 사업 보고서가 이번 주에 발표될 거예요.

(A) I have no time. 저는 시간이 없어요.

(B) Because of the contract. 계약 때문이죠.

(C) I can't wait to read it. 어서 읽고 싶네요.

가능한 답변

- I'm interested in seeing it.
  흥미로울 것 같아요.
- It should have been released last week.
  지난주에 발표되었어야 해요.

Tip! 선택의문문의 정답으로 '상관 없다'라는 의미의 'I don't care.', 'It doesn't matter.'가 자주 출제됩니다.

실력 쌓기 정답 p.016

🎧 06-08
🎧 06-09

A 다음을 듣고 빈칸에 알맞은 말을 쓰세요.

1 Q The projector is _____ properly.

   A _____ a few minutes ago.

2 Q _____ Ms. Williams, _____ should I do it?

   A _____ an e-mail already.

B 다음을 듣고 빈칸을 완성한 다음 질문에 알맞은 응답을 고르세요.

1 Would you rather _____ to the stadium or _____?

   (A) _____ one is _____ with me.

   (B) I _____ this morning.

2 The manager has _____ the product launch date.

   (A) Why did he _____?

   (B) Until when?

다음을 듣고 밑줄 친 표현의 우리말 뜻을 고르세요.

1 The company **launched** a new product onto the market.

그 회사는 신제품을 시장에 (ⓐ출시했다. ⓑ홍보했다.)

2 Nick works at an insurance company as a **sales representative**.

Nick은 보험 회사에서 (ⓐ기획 직원으로 ⓑ영업 사원으로) 근무한다.

3 Nowadays, most companies **advertise** on the Internet.

요즘 대부분의 회사는 인터넷에서 (ⓐ광고한다. ⓑ홈페이지를 만든다.)

4 The workshop will include a **demonstration** of the new accounting software.

그 워크샵은 새로운 회계 소프트웨어의 (ⓐ설치를 ⓑ시연을) 포함할 것이다.

5 The hotel provides **complimentary** movie service.

그 호텔은 영화를 (ⓐ유료로 ⓑ무료로) 제공한다.

6 The company conducts **customer surveys** on a regular basis.

그 회사는 규칙적으로 (ⓐ고객 설문을 ⓑ고객 유치를) 실시한다.

7 There was a man **distributing leaflets** to pedestrians.

행인에게 (ⓐ설문을 요청하는 ⓑ전단지를 배포하는) 남자가 있었다.

8 The business course was **organized** by a famous entrepreneur.

그 비즈니스 과정은 유명한 기업가에 의해 (ⓐ준비되었다. ⓑ지도되었다.)

9 **Gift certificates** are becoming a popular gift among young people.

(ⓐ상품권은 ⓑ할인 쿠폰은) 젊은 사람들 사이에 인기 있는 선물이 되어가고 있다.

10 Mr. Morris is planning to put his house **on the market**.

Morris 씨는 (ⓐ경매에 ⓑ시장에) 집을 내놓을 계획이다.

정답 1 ⓐ 2 ⓑ 3 ⓐ 4 ⓑ 5 ⓑ 6 ⓐ 7 ⓑ 8 ⓐ 9 ⓐ 10 ⓑ

PART 2 질문과 보기를 듣고 질문에 가장 잘 어울리는 응답을 고르세요.

1 Mark your answer on your answer sheet. (A) (B) (C)

2 Mark your answer on your answer sheet. (A) (B) (C)

3 Mark your answer on your answer sheet. (A) (B) (C)

4 Mark your answer on your answer sheet. (A) (B) (C)

5 Mark your answer on your answer sheet. (A) (B) (C)

6 Mark your answer on your answer sheet. (A) (B) (C)

7 Mark your answer on your answer sheet. (A) (B) (C)

8 Mark your answer on your answer sheet. (A) (B) (C)

9 Mark your answer on your answer sheet. (A) (B) (C)

10 Mark your answer on your answer sheet. (A) (B) (C)

PART 3

대화문
Short Conversations

PART
3

▶ Part 3은 대화문을 듣고 대화의 내용과 관련된 3개의 문항을 푸는 유형입니다. 총 13개의 대화가 출제되며, 전체 문항 수는 32번부터 70번까지 총 39개입니다.

▶ 남-여 2인간의 대화뿐만 아니라, 남-남-여, 남-여-여와 같은 3자 대화도 출제됩니다.

▶ 화자의 의도를 묻는 문제와 그래프, 지도, 도표 등과 같은 시각 자료를 이용하여 풀어야 하는 문제도 출제됩니다.

이것만은 꼭 알아두자!

1 반드시 문제를 먼저 읽어 두자.

Part 3의 문제를 풀 때는 반드시 문제를 먼저 읽어 두고 질문의 의도와 요점을 파악해 두어야 합니다. 문제와 보기를 먼저 읽어 두면 대화의 내용을 예상해 볼 수도 있습니다.

2 정답이 다른 말로 바뀌어 출제된다.

대화에서 나온 어휘나 표현들은 그대로 보기에 제시되지 않으며, 대부분의 경우 다른 단어나 표현을 이용하여 바꾸어(paraphrasing) 제시됩니다.

3 문제를 읽어 주는 시간을 활용하자.

대화를 모두 듣고 나면 세 문항을 읽어 줍니다. 이 시간을 활용하여 다음에 들을 대화와 관련된 질문들을 미리 읽어 두면 다음 문제를 훨씬 더 쉽게 풀 수 있습니다.

4 시각 자료를 적극 활용하자.

시각 자료를 보고 풀어야 하는 문제라고 해도 부담스럽게 생각할 필요는 없습니다. 대화를 듣기 전에 확인해야 하는 정보가 더 많아진다는 점은 있지만, 시각 자료의 정보들을 파악함으로써 대화의 내용을 미리 예측해볼 수 있다는 점은 오히려 문제 풀이에 도움이 됩니다.

UNIT

07

회사

▶ 회사 관련 대화는 Part 3에서 가장 많이 출제되는 주제입니다.

▶ 비즈니스 관련 상황이나 회사 내에서 일어날 수 있는 대화들이 주로 제시되는데, 예를 들면, 동료들 간의 업무 처리, 사무 기기 관련, 직장 내 행사, 발표, 워크샵 등과 관련된 주제가 자주 출제됩니다.

01 일반 사무

▶ 직장에서 일반적인 업무를 위해 이루어지는 대화들이 주로 출제되는데, ① **동료 간 업무 처리** (문서작성, 업무 기한 등), ② **영업 실적**, ③ **사무 기기 관련 문제** 등이 대화의 주제로 자주 등장합니다.

▶ 문제를 먼저 읽으면서 어떠한 세부 정보를 묻고 있는지를 파악합니다. 대화에서 해당되는 정보가 언급될 때 이를 놓치지 않도록 해야 합니다.

▶ 대화를 들으면서 화자들의 관계를 파악한 다음, 대화의 주제를 파악해야 합니다.

표현 익히기
아래의 대화를 듣고 일반 사무와 관련된 표현을 익히세요.

07-01

M Can I talk to the **assistant manager**?

W He is **in a meeting** at the moment.

M It's **urgent**. I have a lot of things to talk about the **sales report**.

W All right. I will see what I can do.

M 차장님과 이야기를 나눌 수 있을까요?

W 차장님은 지금 회의 중입니다.

M 급한 일이에요. 영업 보고서에 대해 할 이야기가 많아요.

W 알겠습니다. 제가 할 수 있는 것이 있는지 알아보겠습니다.

일반 사무 빈출 어휘

in a meeting 회의 중인	hand in (= submit) 제출하다	last quarter 지난 분기
on sick leave 병가 중인	an increase in sales 영업 실적 증가	out of order 고장 난
get promoted 승진하다	a decrease in sales 영업 실적 감소	sales report 영업 보고서
sales figures 영업 실적, 수치	promotional campaign 홍보 활동	audit report 회계 감사 보고서

실력 쌓기
정답 p.018

07-02

A 다음을 듣고 빈칸을 완성한 다음 각각의 문장을 해석하세요.

1 Did you _____ the sales report already?

   → _____

2 Mr. Welder is on _____.

   → _____

3 The copy machine is _____.

   → _____

4 Why don't we discuss _____ for next year?

   → _____

B 다음을 듣고 빈칸을 완성한 다음 질문에 답하세요.

∩ 07-03

> M Are you currently _____ your _____?
>
> W Not at this moment. I have other things to _____.

Q 여자가 분기 보고서를 쓸 수 없는 이유는 무엇인가?

(A) She is busy with other work.

(B) She has to take care of her baby.

C 각각의 대화를 듣고 질문에 답하세요.

∩ 07-04

1 Why does the man say, "I am not sure"?

(A) He is very busy doing some other work.

(B) He is new to the company.

(C) Someone else is working on the report.

2 What does the woman suggest doing?

(A) Calling a technician again

(B) Getting a new copy machine

(C) Keeping the copier for a long time

여휘 technician 기술자

3 What is going to happen this afternoon?

(A) They are going to write up a report.

(B) They are going to meet to discuss a problem.

(C) They are going to ask the sales representatives to go over a report.

여휘 go over 검토하다   sales report 영업 보고서

문제 유형

화자의 의도를 묻는 문제

• 화자의 의도를 묻는 문제는 대화나 담화에서 특정한 화자의 말의 의미나 화자가 그 말을 한 의도를 묻는 문제입니다.

• 대화나 담화에서 문제에 인용된 문장 앞뒤의 내용을 파악해야 문장의 의미나 화자의 의도를 파악할 수 있습니다. 인용된 말 그대로의 의미만으로는 정답을 고를 수 없습니다.

02 행사

▶ 비즈니스 환경과 관련된 행사에는 ① 세미나 / 발표, ② 직원 연수 / 트레이닝, ③ 송별회 / 환영회 등이 있습니다.

▶ 문제와 보기를 읽으면서 대화의 주제가 행사라는 사실을 미리 파악한 다음, 어떠한 정보에 집중해야 하는지를 판단해야 합니다.

▶ 대화가 진행되면 화자들이 이야기하고 있는 행사의 종류, 목적을 파악한 다음, 이어서 세부 정보를 묻는 문제의 단서를 찾아야 합니다.

표현 익히기   아래의 대화를 듣고 행사와 관련된 표현을 익히세요.

07-05

M You remember the workshop is **taking place** next Friday, don't you?	M 워크샵이 다음 주 금요일에 열릴 예정이라는 것을 알고 있죠?
W Is everyone required to attend?	W 모두 참석해야 하나요?
M I think so.	M 그럴 것 같아요.
W But I am afraid I can't **make it to** the workshop. I am supposed to **give a presentation** in San Diego.	W 안타깝지만, 저는 참석할 수 없을 것 같아요. 샌디에이고에서 발표를 하기로 되어 있거든요.

행사 빈출 어휘

take place / be held 개최 되다	a keynote speaker 기조 연설자	make it to ~에 참석하다, 도착하다
be scheduled to ~할 예정이다	give a presentation 발표하다	organizer 주최자
trainer / trainee 교육 시키는/받는 사람	farewell party 송별회	Q&A session 질의 응답 시간
participant 참석자	training session 교육 과정	give an award 상을 주다

실력 쌓기   정답 p.019

07-06

A   다음을 듣고 빈칸을 완성한 다음 각각의 문장을 해석하세요.

1   When is the next annual conference going to _____?

  → _____

2   I am afraid I can't _____ the seminar.

  → _____

3   How many _____ are expected?

  → _____

4   A _____ will follow.

  → _____

B 다음을 듣고 빈칸을 완성한 다음 질문에 답하세요.

🎧 07-07

> **M** Are you going to attend the _____ next month?
>
> **W** I am afraid not. I may have to go to the _____ around that time.

Q 여자가 교육 과정에 참석하지 않는 이유는?

(A) She is not interested in the topic.

(B) She has another event to go to.

C 각각의 대화를 듣고 질문에 답하세요.

🎧 07-08

1 What does the woman suggest the man do?

(A) Organize a conference

(B) Give a speech at a conference

(C) Find some good public speakers

어휘 **organize** 준비하다, 조직하다 **give a speech** 연설하다

2 What are the speakers mainly discussing?

(A) A training schedule

(B An upcoming meeting

(C) Preparing for a conference

어휘 **upcoming** 다가오는, 곧 있을 **prepare** 준비하다

3 What is the woman preparing?

(A) A retirement party for a colleague

(B) A welcome party for a new employee

(C) A training course for managers

어휘 **retirement party** 은퇴 기념 파티 **colleague** 동료

대화 유형
3인 대화

- 3인 대화 유형에서는 남자 2명과 여자 1명, 또는 여자 2명과 1명의 화자가 등장합니다.
- 3인 대화에서는 발음, 목소리 등으로 인물을 구분해야 합니다. 성별이 같은 화자들 중 한 사람의 이름이 언급되기도 하는데, 이 경우 언급되는 이름이 문제를 푸는 중요한 단서가 됩니다.

다음을 듣고 밑줄 친 표현의 우리말 뜻을 고르세요.

1 We need to replace the **cartridge**.

(ⓐ카트를 ⓑ카트리지를) 교체할 필요가 있다.

2 Where can I purchase some office **equipment**?

사무실 (ⓐ장비를 ⓑ가구를) 어디에서 구입할 수 있을까요?

3 The technicians are **installing** new software.

기술자들이 새로운 소프트웨어를 (ⓐ삭제하고 ⓑ설치하고) 있다.

4 The **paper shredder** is not working well.

(ⓐ문서 세단기가 ⓑ용지 보관함이) 제대로 작동되지 않고 있다.

5 The printer is **out of paper**.

프린터에(가) (ⓐ종이가 부족하다. ⓑ고장 났다.)

6 Where are the **supplies** that we ordered yesterday?

우리가 어제 주문한 (ⓐ제품들이 ⓑ물품들이) 어디에 있나요?

7 I couldn't **make it** to the reception.

나는 리셉션에 (ⓐ초대받지 ⓑ참석하지) 못했다.

8 There is going to be a **farewell party** for the director.

이사님을 위한 (ⓐ송별회가 ⓑ환영회가) 있을 것이다.

9 When is the company **awards banquet** scheduled to happen?

(ⓐ기념일 행사는 ⓑ시상식 연회는) 언제 열릴 예정입니까?

10 You are not supposed to use your cell phone during the **training session**.

(ⓐ회의 ⓑ교육 과정) 중에는 휴대폰을 사용할 수 없습니다.

정답 | 1 ⓑ 2 ⓐ 3 ⓑ 4 ⓐ 5 ⓐ 6 ⓑ 7 ⓑ 8 ⓐ 9 ⓑ 10 ⓑ

PART 3 대화를 듣고 질문에 가장 알맞은 정답을 고르세요.

1 What problem does the woman have?

(A) She cannot print handouts in the office.

(B) She is not ready to give a presentation.

(C) The copy store is not open yet.

(D) She does not have time for lunch.

4 Where most likely are the speakers?

(A) At an office

(B) At a bookstore

(C) At a stationery store

(D) At a library

2 Where is the copy store located?

(A) Across from their building

(B) Next to the bakery

(C) Near the restaurant

(D) On the corner

5 What is the presentation about?

(A) Sales plans for next year

(B) Next year's promotion plans

(C) Presentation skills

(D) Management solutions

3 What will the woman do after lunch?

(A) Go to the bakery to get a refund

(B) Schedule a workshop for tomorrow morning

(C) Have her handouts printed at the copy store

(D) Call a technician to get the printer fixed

6 What does the man want the women to do?

(A) Send the materials to the manager

(B) Copy the materials for the participants

(C) Send the materials to him

(D) Finish the preparation as soon as possible

UNIT

08

일상 생활

▶ 쇼핑이나 외식과 같은 일상 생활에서 자주 접하게 되는 상황의 대화들이 제시됩니다.

▶ 예를 들면, 상점에서 일어나는 구매, 교환, 환불 등에 관련된 대화들, 식당에서의 주문, 불평과 관련된 대화들이 출제 됩니다.

▶ 이러한 주제들의 경우 대화의 내용이 한정되어 있으므로 비슷한 상황의 대화들을 많이 익혀 두면 실제 시험에서 보다 쉽게 문제를 풀 수 있습니다.

01 상점

▶ 상점 관련 주제로는 ① **제품 문의 / 물품 구매**, ② **상점 위치 문의**, ③ **교환 / 환불** 등이 있습니다.

▶ 화자의 신원, 대화가 일어나는 장소, 대화의 주제와 같이 중심적인 내용을 파악해야 합니다.

▶ 세부 정보를 묻는 문제를 풀기 위한 단서가 되는 정보들, 예를 들면 제품에 대한 정보, 환불의 이유 등과 같은 내용들 또한 놓치지 않아야 합니다.

표현익히기 아래의 대화를 듣고 상점과 관련된 표현을 익히세요.

🎧 08-01

M Hello. I would like to **place an order for** some notepads and pens.

W How many do you need?

M I need **50 of each**. And I want them no later than next Thursday.

W I can do that. Do you want me to **have** them **delivered** to your office?

M 안녕하세요. 노트와 펜을 주문하고 싶어요.

W 몇 개나 필요하세요?

M 각각 50개씩 필요해요. 그리고 늦어도 다음 주 목요일까지는 있어야 하고요.

W 할 수 있어요. 제가 사무실로 배달해 드릴까요?

상점빈출어휘

have something delivered 배달시키다	make a payment 대금을 지불하다	get a discount 할인을 받다
place an order 주문하다	on sale 판매 중인; 할인 중인	for sale 팔려고 내놓은
exchange 교환하다	out of stock 재고가 없는	in stock 재고가 있는
pay a bill 계산서를 지불하다	promotional coupon 행사 쿠폰	newly released 새로 출시된
get a refund 환불을 받다	new arrivals 신제품	receipt 영수증

실력 쌓기 정답 p.022

🎧 08-02

A 다음을 듣고 빈칸을 완성한 다음 각각의 문장을 해석하세요.

1 All the shirts on this rack are _____.

→ _____

2 I am sorry, but this item is _____.

→ _____

3 I didn't receive the _____.

→ _____

4 Sorry, but it is not _____.

→ _____

64

M I am sorry to say this, but I am here to ＿＿＿＿＿＿＿ this dress.
I would like a ＿＿＿＿＿＿＿.

W No problem. We have ＿＿＿＿＿＿＿ you can choose from.

🎧 08-03

Q 남자가 물건의 교환을 원하는 이유는?

(A) He would prefer a different color.

(B) He wants a bigger size.

C 각각의 대화를 듣고 질문에 답하세요.

🎧 08-04

1 Where is the conversation taking place?

(A) At a store

(B) At a customer service office

(C) At a print shop

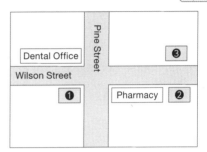

2 What does the woman want to do?

(A) Exchange an item

(B) Get a refund

(C) Have an item fixed

3 Look at the graphic. Where will the man probably go next?

(A) 1

(B) 2

(C) 3

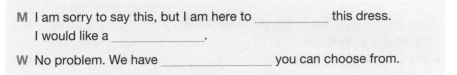

문제 유형

장소를 묻는 문제

- 대화나 담화가 이루어지는 장소, 화자들이 일하고 있는 곳 등을 묻는 문제 유형입니다.
- 대화문의 경우 앞부분에서 단서가 주어지는 경우가 많기 때문에 대화의 초반부를 집중해서 들어야 합니다.
- 장소와 관련된 표현이 직접적으로 언급되지 않는 경우에는 대화나 담화의 전체적인 내용을 파악하여 문제를 풀어야 합니다.

02 식당

> ▶ 식당 관련 주제에는 ① **예약**, ② **주문**, ③ **서비스에 대한 불만** 등으로서, 일상 생활에서 흔히 겪을 수 있는 상황이므로 내용 파악은 어렵지 않습니다.
>
> ▶ 예약 및 주문과 관련된 표현들을 알아 두어야 하며, 음식이나 음료의 이름들도 알고 있으면 대화의 내용을 이해하는 데 도움이 됩니다. 메뉴판과 같은 시각 정보가 제시될 수도 있습니다.

표현 익히기 아래의 대화를 듣고 식당과 관련된 표현을 익히세요.

M I **booked a table** for three. The reservation is **under the name of** Scott Brooks.

W Sorry, but your table isn't quite ready yet. Would you mind **waiting at the bar**?

M Of course not. We are not in a hurry.

M 3명이 앉을 테이블을 예약했습니다. Scott Brooks라는 이름으로 예약했어요.

W 죄송하지만, 테이블이 아직 준비되지 않았어요. 바에서 잠깐 기다려 주시겠어요?

M 물론이죠. 저희는 급하지 않아요.

🎧 08-05

식당 빈출 어휘

have a meal 식사하다	make a reservation 예약하다	appetizer 전채 요리
main course 주 요리	beverage 음료	refreshment 다과
cafeteria 구내 식당	book a table 테이블을 예약하다	steamed 찐 / grilled 구운
dine 식사하다	grab a bite to eat 간단히 먹다	party 일행

실력 쌓기   정답 p.023

🎧 08-06

A 다음을 듣고 빈칸을 완성한 다음 각각의 문장을 해석하세요.

1 We're _____ at the moment.

  →

2 Where should we _____ our clients?

  →

3 I would like the _____ chicken and _____ vegetables.

  →

4 Let's go and _____ to eat.

  →

B 다음을 듣고 빈칸을 완성한 다음 질문에 답하세요.

08-07

> **M** Hello. This is Sam Anderson. I ＿＿＿＿＿＿＿ at your restaurant the other night, and I think I ＿＿＿＿＿＿＿＿＿ there.
>
> **W** You did? Where were you ＿＿＿＿＿ that night?
>
> **M** I was sitting in a ＿＿＿＿＿ in the back.

Q 남자가 여자에게 전화를 건 이유는 무엇인가?

(A) He wanted to make a reservation.

(B) He left one of his belongings in the restaurant.

C 각각의 대화를 듣고 질문에 답하세요.

08-08

1 Where is the conversation taking place?

(A) At a grocery store

(B) At a restaurant

(C) At a doctor's office

어휘 grocery store 식료품점

2 What is the man complaining about?

(A) Overcooked food

(B) Loud music

(C) A dirty table

어휘 overcooked 너무 익힌

MENU

	1	2	3	4
STARTER	Soup of the day			
MAIN COURSE	Fish Tortilla	Fish Burger	Tomato Spaghetti	Lamb Stew
DESSERT	Milk-shake	Carrot Cake	Chocolate Brownie	Mango Pudding

3 Look at the graphic. What is the woman going to order?

(A) 1

(B) 2

(C) 3

문제 유형

세부 정보를
묻는 문제
(언급된 사실)

- 세부 정보를 묻는 문제 중 언급된 사실을 묻는 문제는 내화나 담화에서 찾을 수 있는 특정 정보를 묻는 문제입니다.

- 다양한 정보를 물을 수 있으므로, 문제를 읽고 어떠한 정보를 묻고 있는지 파악하는 것이 중요합니다. 예를 들면, 질문에서 묻고 있는 사람 이름, 회사명, 제품명 등을 파악한 다음, 대화나 담화에서 해당되는 정보가 언급된 부분의 내용을 정확히 들어야 합니다.

다음을 듣고 밑줄 친 표현의 우리말 뜻을 고르세요.

1 Can you recommend a good **clothing shop**?

괜찮은 (ⓐ옷가게를 ⓑ세탁소를) 추천해 줄 수 있나요?

2 Do you offer a **cash discount**?

(ⓐ현금 할인을 ⓑ카드 할인을) 해 주시나요?

3 What are your **opening hours**?

(ⓐ개점 시간이 ⓑ폐점 시간이) 어떻게 되나요?

4 You can **get a refund** within 2 weeks if you keep the receipt.

영수증을 가지고 있으면 2주 이내에 (ⓐ환불 받을 수 ⓑ교환할 수) 있습니다.

5 We provide free **alterations**.

우리는 무료 (ⓐ수선 ⓑ세탁) 서비스를 제공합니다.

6 The product comes with a two-year **warranty**.

이 제품에는 2년 (ⓐ제품 보증서가 ⓑ담보 증서가) 포함되어 있습니다.

7 We would like **separate bills**, please.

우리는 (ⓐ같이 계산하고 ⓑ따로 계산하고) 싶습니다.

8 I think this steak is **overdone**.

이 스테이크가 (ⓐ너무 익은 ⓑ덜 익은) 것 같아요.

9 For the **main course**, I would like to have roast beef.

(ⓐ전채 요리 ⓑ주 요리)로는 구운 소고기를 주세요.

10 For **starters**, I will have the soup.

(ⓐ전채 요리 ⓑ주요리)로는 스프를 주세요.

정답 | 1ⓐ 2ⓐ 3ⓐ 4ⓐ 5ⓐ 6ⓐ 7ⓑ 8ⓐ 9ⓑ 10ⓐ

 실전연습 정답 p.024

PART 3 대화를 듣고 질문에 가장 알맞은 정답을 고르세요.

Gift Shop	❸	❹
❷	Menswear	Women's Wear
Kid's Wear	❶	Checkout Counter

1 Who most likely is the man?

(A) A bank teller
(B) A salesclerk
(C) A customer
(D) A travel agent

2 Where did the woman get her clothes?

(A) From a department store
(B) From another clothing store
(C) From her coworker
(D) From her friend

3 Look at the graphic. Where is the woman going to go next?

(A) 1
(B) 2
(C) 3
(D) 4

4 What is the purpose of the man's call?

(A) To complain about the service
(B) To confirm an order
(C) To cancel an order
(D) To reschedule a meeting

5 Why does the man need food?

(A) For a company banquet
(B) For a luncheon
(C) For a retirement party
(D) For a reception

6 Where will the woman leave the food?

(A) In a lobby
(B) In an office
(C) In a meeting room
(D) In a cafeteria

UNIT

09

공공 장소

▶ 호텔의 경우 체크인, 서비스 관련 요구 사항, 불만 사항 접수 등이 대화의 주제가 될 수 있으며, 공항의 경우 탑승 수속, 수화물 관련, 기내 서비스 관련 문의 사항 등이 주제로 다루어집니다.

▶ 호텔, 공항과 관련되 단어나 표현을 통해, 또는 대화를 나누는 사람들의 관계를 통해 가장 먼저 장소를 파악 해야 합니다. 그런 다음 화자들이 대화를 나누는 이유, 문제점, 해결 방법 등의 세부 사항에 초점을 맞추도록 합니다.

01 호텔

▶ 호텔 직원과 손님의 대화가 주로 출제되는데, ① **호텔 예약**, ② **호텔 체크인 / 체크아웃**, ③ **호텔 서비스 / 호텔 시설 이용** 등과 같은 내용들이 대화의 주제로 등장합니다.

▶ 출장이나 여행 중에 호텔을 이용하는 경우를 생각해보면 대화의 내용을 예상하는 데 도움이 됩니다. 예약이나 체크인 등의 상황에서 주로 사용되는 표현들이 있기 때문에, 이와 관련된 어휘 및 표현들을 정리해 두는 것이 좋습니다.

표현익히기 아래의 대화를 듣고 호텔과 관련된 표현을 익히세요.

09-01

M I **have a reservation**. It's **under the name of** Mark Nelson.

W Hold on a second. You **booked a single room** with a city view for three nights. Breakfast is included, and your room **is equipped with** a smartphone which provides unlimited local and international calls and Internet access.

M That will be very handy. What is not included then?

W If you consume anything from the minibar, it will **be charged** to your credit card.

M 예약을 했습니다. Mark Nelson이라는 이름으로 되어 있어요.

W 잠시만 기다려주세요. 도시 전망으로 싱글 룸 3박을 예약하셨네요. 조식은 포함되어 있고, 방에는 무제한 시내 전화와 국제 전화, 그리고 인터넷까지 제공하는 스마트폰이 갖춰져 있습니다.

M 매우 편리할 것 같네요. 그렇다면 포함되지 않은 것은 무엇인가요?

W 미니바에 있는 것을 드실 경우, 고객님의 신용카드로 청구될 것입니다.

호텔 빈출 어휘

have a reservation 예약되어 있다	accommodations 숙박 시설	book a room 방을 예약하다
be equipped with ~을 갖추고 있다	minibar (호텔 객실의) 소형 냉장고	be charged 청구되다
continental breakfast 유럽식 조식	under the name of ~의 이름으로	cancelation 취소
public transportation 대중교통	within walking distance 걸어 갈 수 있는 거리의	

실력 쌓기 정답 p.026

09-02

A 다음을 듣고 빈칸을 완성한 다음 각각의 문장을 해석하세요.

1 All the rooms ＿＿＿＿＿＿＿＿＿＿＿ a smart TV.

→ ＿＿＿＿＿＿＿＿＿＿＿＿＿＿＿＿＿＿

2 Is Hong Kong Park ＿＿＿＿＿＿＿＿＿＿＿?

→ ＿＿＿＿＿＿＿＿＿＿＿＿＿＿＿＿＿＿

3 A hundred dollars ＿＿＿＿＿＿＿ to my credit card.

→ ＿＿＿＿＿＿＿＿＿＿＿＿＿＿＿＿＿＿

4 Seoul has a great ＿＿＿＿＿＿＿＿＿ system.

→ ＿＿＿＿＿＿＿＿＿＿＿＿＿＿＿＿＿＿

B 다음을 듣고 빈칸을 완성한 다음 질문에 답하세요.

🎧 09-03

> **M** Good morning. How _____?
>
> **M** I _____ because my room _____. I am sure
> I _____ a nonsmoking room. Can you _____ my room, please?
>
> **W** I'm so sorry. Let me check. Hmm... _____, all the rooms are
> _____ now. However, if you can _____ until tomorrow, we
> will _____. It's on the top floor, and it has a king-sized bed.

Q 남자는 어떤 문제점을 언급했는가?

(A) The room smells terrible.

(B) The room is noisy.

C 각각의 대화를 듣고 질문에 답하세요.

🎧 09-04

1 How often does the shuttle bus run?

(A) Every 10 minutes

(B) Every 20 minutes

(C) Every 30 minutes

> 어휘 run 운행하다

3 What will the woman most likely do next?

(A) Go to the nearest bank

(B) Walk to a tourist sight

(C) Buy a transportation pass

> 어휘 tourist sight 관광 명소 on the other side of ~의 반대편에

2 What does the man want to do?

(A) Reserve a room

(B) Book a cruise

(C) Pay for breakfast

> 어휘 reserve 예약하다 book 예약하다

문제 유형

이후의 상황을 묻는 문제

- 대화나 담화 이후의 상황을 묻는 문제는 화자가 앞으로 할 일을 묻는 문제 유형입니다. 따라서 미래와 관련된 표현이나 제안 및 요청과 관련된 표현에 정답의 단서가 있습니다.
- 대화나 담화의 마지막 부분에 정답의 단서가 제시되는 경우가 많습니다.

02 공항

▶ 공항이나 기내에서 이루어지는 대화로 ① 공항 체크인, ② 수하물 찾기 및 보안 검사, ③ 기내 서비스 이용 등과 같은 내용으로 구성됩니다.

▶ 'baggage claim(수화물 찾는 곳)'이나 'jet lag(시차증)'와 같이 공항 및 여행과 관련된 용어들은 그 뜻을 모르는 경우 의미를 유추하기 어렵습니다. 그러므로 이러한 용어들의 의미를 알아 두어야 대화의 내용을 정확히 이해할 수 있습니다.

표현 익히기   아래의 대화를 듣고 공항과 관련된 표현을 익히세요.

09-05

W	Please put your bags on the **conveyor belt** and your shoes in the basket.
M	Do I need to take my laptop out of my backpack?
W	Yes, you do. Do you have anything like keys or coins in your pockets?
M	I don't think so.
W	Then **you're set**. Now you can **walk through the metal detector**.

W	가방은 컨베이어 벨트 위에 올려주시고 신발은 바구니에 넣어주세요.
M	배낭에서 노트북을 꺼내야 하나요?
W	네, 주머니에 열쇠나 동전이 있나요?
M	아니요.
W	그럼 다 됐어요. 이제 금속탐지기를 지나가세요.

공항 빈출어휘

passport 여권	passenger 승객	final destination 최종 목적지
be set 준비가 되다	boarding pass 탑승권	baggage claim 수화물 찾는 곳
metal detector 금속탐지기	check in bags 가방을 부치다	immigration 출입국 관리소
pick up luggage 짐을 찾다	conveyor belt 컨베이어 벨트	connecting flight 연결 항공편

실력 쌓기   정답 p.027

09-06

A   다음을 듣고 빈칸을 완성한 다음 각각의 문장을 해석하세요.

1   I forgot to bring my _____ .

    → _____

2   Where can I _____ my _____ ?

    → _____

3   Can you show me your _____ , please?

    → _____

4   He will call us when everything _____ .

    → _____

B 다음을 듣고 빈칸을 완성한 다음 질문에 답하세요.

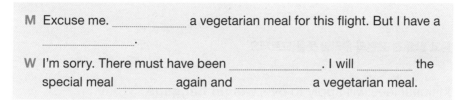

M Excuse me. _____ a vegetarian meal for this flight. But I have a

_____.

W I'm sorry. There must have been _____. I will _____ the

special meal _____ again and _____ a vegetarian meal.

Q 남자는 무엇에 대해 항의하고 있는가?

(A) The cost of a meal

(B) A food order

C 각각의 대화를 듣고 질문에 답하세요.

1 What does the man imply when he says, "Once in a while, it happens"?

(A) In-flight meals are not good.

(B) Flights hardly ever arrive early.

(C) Baggage claim areas are usually too busy.

> **어휘** **baggage claim** 수화물 찾는 곳

2 How many suitcases does the man check in?

(A) One

(B) Two

(C) Three

> **어휘** **suitcase** 여행 가방

3 What problem does the man mention?

(A) A flight cancelation

(B) Missing baggage

(C) Overweight suitcases

> **어휘** **cancelation** 취소 **luggage** 짐

📖

문제 유형

세부 정보를
묻는 문제
(수량, 문제점)

• 세부 정보를 묻는 문제 유형 중 'How ~'로 시작하는 문제는 수량이나 가격과 같은 '정도'를 묻거나 '방법'을 묻는 문제입니다. 이러한 유형은 문제를 읽고 어떤 정보를 묻고 있는지 파악한 다음 대화나 담화에서 해당 정보를 들으며 풀어야 합니다.

• 문제점을 묻는 문제는 화자가 겪고 있는 문제, 또는 걱정하고 있는 사안을 묻는 문제입니다. 대화문의 경우 문제점이 무엇인지를 묻고 답하는 경우가 많고, 담화문의 경우 화자가 겪고 있는 문제점을 언급합니다.

다음을 듣고 밑줄 친 표현의 우리말 뜻을 고르세요.

1   Additional fees will apply to **overweight baggage**.

(ⓐ중량 초과 수화물 ⓑ규격 초과 수화물)에 대하여 추가 요금이 적용될 것입니다.

2   We **highly recommend** choosing a room with a city view.

우리는 시내 전망 객실을 선택하는 것을 (ⓐ적극 추천합니다. ⓑ높이 평가합니다.)

3   The hotel **receptionist** reserved a taxi to the airport for us.

호텔 (ⓐ안내원이 ⓑ경비원이) 우리를 위해 공항으로 가는 택시를 예약했다.

4   The waiter guided us to the **dining room**.

웨이터는 우리를 (ⓐ객실 ⓑ식당)(으)로 안내했다.

5   We would like to **order room service**, please.

우리는 (ⓐ방으로 음식을 주문하고 ⓑ방을 예약하고) 싶습니다.

6   Mr. Shin **had a layover** in San Francisco.

Shin 씨는 샌프란시스코에(서) (ⓐ갈아탔다. ⓑ머물렀다.)

7   Each room is equipped with a **kitchenette**.

각 객실에는 (ⓐ욕조가 ⓑ작은 주방이) 갖춰져 있다.

8   There are not any **vacancies** at this hotel.

이 호텔에는 (ⓐ빈 방이 ⓑ휴게실이) 없다.

9   The hotel **amenities** include a gym, a convenience store, and a sauna.

그 호텔 (ⓐ편의 시설은 ⓑ객실 요금은) 체육관, 편의점, 사우나를 포함한다.

10   Kennedy International Airport provides **handicapped facilities** for disabled travelers.

케네디 국제 공항은 몸이 불편한 관광객을 위하여 (ⓐ장애인 시설을 ⓑ편의 시설을) 제공한다.

정답 | 1 ⓐ 2 ⓐ 3 ⓐ 4 ⓑ 5 ⓐ 6 ⓐ 7 ⓑ 8 ⓐ 9 ⓐ 10 ⓐ

 정답 p.029

 09-10

1 What is the woman's problem?

(A) Her flight is delayed.

(B) Her bags are oversized.

(C) Her flight is canceled.

(D) Her luggage is missing.

2 What does the man mean when he says, "Don't worry too much though"?

(A) The staff is helpful.

(B) The problem can happen to anybody.

(C) The problem can be resolved.

(D) The problem has already been reported.

3 What will the woman probably do next?

(A) Call a travel agency

(B) Reserve a hotel room

(C) Speak to an airline employee

(D) Go to a different terminal

4 Where most likely does the conversation take place?

(A) At a clothing shop

(B) At a drycleaner's

(C) At a ceremony

(D) At a hotel reception desk

5 What is mentioned about a rental service?

(A) It is not offered.

(B) It is highly recommended.

(C) The service is closed.

(D) It is the quickest in the area.

6 What will the woman probably do next?

(A) Make up a room

(B) Rent some formal clothes

(C) Give the man a ride to a ceremony

(D) Get a shirt dry-cleaned

PART 4

담화문
Short Talks

Overview

PART 4

▶ Part 4는 담화를 듣고 담화의 내용과 관련된 세 문제를 풀어야 하는 유형입니다. 총 10개의 담화가 출제되며, 전체 문항 수는 71번부터 100번까지 총 30문제입니다.

▶ 대화문과 달리 한 명의 화자가 말하는 것을 들으며 문제를 풀어야 하기 때문에 집중력을 유지하며 듣는 연습을 해야 합니다. 또한, 제시된 문제를 풀기 위해 필요한 정보를 빠르게 파악하는 능력도 요구됩니다.

▶ Part 3와 같이 도표, 그래프, 지도와 같은 시각 자료를 이용하여 푸는 유형의 문제도 출제됩니다.

이것만은 꼭 알아두자!

1 반드시 문제를 먼저 읽어 두자.

Part 4의 문제들을 풀 때에도 문제와 보기를 먼저 읽어 두어야 합니다. 문제를 읽어 두면 정답의 단서가 되는 정보가 들렸을 때 더 빠르고 확실하게 내용을 파악할 수 있습니다.

2 문제를 읽어 주는 시간을 활용하자.

Part 4의 경우에도 담화를 듣고 나서 세 문제를 읽어 주는 시간이 있습니다. 이 시간을 활용하여 다음에 듣게 될 담화와 관련된 문제들을 미리 읽는 연습을 해 두어야 합니다.

3 담화의 내용과 시각 자료의 정보를 모두 이용하여 풀어야 하는 문제가 출제된다.

담화의 내용과 시각 자료의 정보를 종합하여 푸는 유형의 문제가 출제됩니다. 시각 자료들은 도표, 그래프, 메뉴판, 지도 등과 같이 다양하게 제시됩니다. 이와 같은 시각 자료들의 정보를 파악하여 담화의 내용을 예상하는 데 활용할 수 있습니다.

4 문제 풀이에 필요한 정보와 필요하지 않은 정보를 잘 구분하자.

Part 4의 내용을 모두 이해할 필요는 없습니다. 특정한 부분을 놓쳤다고 해서 당황하지 말아야 하며, 담화를 들으면서 주어진 문제들을 풀기 위해 필요한 정보들만을 확실하게 이해할 수 있는 것이 더욱 중요합니다.

10

전화 메시지 /
안내 방송

▶ 전화 메시지는 Part 4에 자주 등장하는 담화의 형태로 자동응답기에 녹음된 내용부터 업무상 메시지에 이르기까지 다양한 내용이 출제될 수 있습니다.

▶ 안내 방송은 실생활에서 가장 흔하게 접할 수 있는데, 공항, 역, 박물관, 공연장 등의 다양한 장소에서 듣게 되는 방송이 이에 포함됩니다.

01 전화 메시지

▶ 전화 메시지는 인사말과 발신자의 소개로 시작하여 메시지를 남기는 목적을 소개한 다음 세부적인 내용으로 이어집니다.

▶ 메시지의 마지막 부분에서는 수신자에게 요청하는 사항이 언급되는데, **① 주문 및 예약의 확인 및 변경,** **② 약속의 변경이나 지연, ③ 업무상 협조 요청** 등의 주제가 주로 다루어집니다.

표현 익히기 아래의 담화를 듣고 전화 메시지와 관련된 표현을 익히세요.

🔲 10-01

M Hello, Ms. Fisher. **This is** Mark Freeman from Dr. Gibson's office. **I am calling about** your appointment at 11:00 A.M. on Thursday. Unfortunately, Dr. Gibson **has a conference** to attend in Chicago from Wednesday to Friday. If you **are available** next Monday, please call us at 252-6377. I am **sorry for the inconvenience.**

M 안녕하세요. Fisher 씨. 저는 Gibson 박사님 사무실의 마크 Freeman입니다. 목요일 오전 11시 약속 때문에 전화 드렸습니다. 안타깝게도, Gibson 박사님이 수요일부터 금요일까지 시카고에서 참석할 컨퍼런스가 있습니다. 만약 다음 주 월요일에 시간이 되시면, 252-6377로 전화해 주세요. 불편을 드려 죄송합니다.

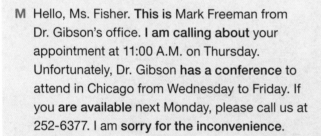

전화 메시지 빈출어휘

This is ~ / My name is ~ 저는/제 이름은 ~입니다	be calling about / to-V ~에 관하여 전화하고 있다
have a conference to attend 참가할 컨퍼런스가 있다	be available 시간이 되다
We are sorry to inform you ~ ~을 알려 드려 유감입니다	sorry for the inconvenience 불편을 드려 죄송합니다
Let us know. 알려 주세요.	at your earliest convenience 가급적 빨리
contact me 저에게 연락해 주세요	reach me 저에게 연락이 닿습니다
Leave a message. 메시지를 남기다.	call us at 000 000번호로 전화해주세요

실력 쌓기 정답 p.030

🔲 10-02

A 다음을 듣고 빈칸을 완성한 다음 각각의 문장을 해석하세요.

1 Please _____ at your earliest convenience.

→ _____

2 If you _____ on Thursday, please call me.

→ _____

3 I am _____ your hotel reservation.

→ _____

4 You can _____ by _____ 555-5965.

→ _____

B 다음을 듣고 빈칸을 완성한 다음 질문에 답하세요.

🎧 10-03

M Hi. _____ Rachel Harrison from the _____.
I am _____ your _____ to Hong Kong. You will
_____ in the Hong Kong branch office on October 3, so
I need you to _____ a document for a work visa. I just sent an
e-mail with the document attached to you. Please _____ it by
Wednesday. If you have any questions, _____ to contact me.
Thank you.

Q 전화 메시지를 남긴 목적은 무엇인가?

(A) To help a person move to a different place

(B) To announce a promotion

C 각각의 담화를 듣고 질문에 답하세요.

🎧 10-04

1 What is the listener asked to do?

(A) Cancel an order

(B) Pay for a delivery

(C) Contact a company

어휘 **cancel** 취소하다 **delivery** 배송, 배달

2 What is the message about?

(A) Returning a device

(B) Making a presentation

(C) Booking a conference room

어휘 **device** 기기, 장비 **make a presentation** 발표하다

3 Why can't the listener return the dress?

(A) It was worn once.

(B) The original receipt was damaged.

(C) It has been more than 30 days since it was purchased.

어휘 **receipt** 영수증 **purchase** 구입하다

문제 유형

주제 및 목적을
묻는 문제

• 주제 및 목적을 알 수 있는 단서는 주로 대화나 담화의 초반부에서 언급된다.
• 대화문의 경우 화자가 새로운 소식을 전달하는 내용, 화자가 원하는 사항, 화자의 질문, 문제점이나 항의하는 내용 등을 통해서 주제 및 목적을 파악할 수 있다.
• 담화문의 경우 담화의 종류에 따라 뉴스의 소재, 광고의 대상, 전화를 건 목적, 안내 방송의 주요 내용 등을 통해 주제를 파악할 수 있다.

02 안내 방송

▶ 안내 방송은 공공시설의 이용자, 상점의 고객, 교통 시설의 승객 등을 대상으로 정보를 전달하는 내용으로 구성됩니다.

▶ 자주 출제되는 유형으로는 ① 투어의 소개, ② 비행기, 열차, 선박, 버스 등에서의 방송, ③ 상점, 박물관에서의 안내 및 공지 등이 있습니다.

▶ 안내 방송의 장소 및 방송의 목적을 파악한 다음, 문제를 푸는 단서가 되는 세부적인 정보에 집중하며 듣도록 합니다.

표현 익히기 아래의 담화를 듣고 안내 방송과 관련된 표현을 익히세요.

🎧 10-05

W **Attention, please. Due to inclement weather** in Florida, flights from New York to Florida may be affected. Passengers are advised to contact their airlines or to check the flight information screens for the latest updates. We are **sorry for any inconvenience caused.**

W 안내 말씀 드리겠습니다. 플로리다의 악천후로 인하여 뉴욕에서 플로리다로 가는 항공편이 영향을 받을 수도 있습니다. 승객 여러분은 항공사에 연락하거나 항공 정보 화면을 통해 최신 업데이트 정보를 확인하시기 바랍니다. 불편을 끼쳐 드려 죄송합니다.

안내방송 빈출어휘

Attention, please. 안내 말씀 드리겠습니다.	due to inclement weather 악천후로 인하여
the latest updates 최신 업데이트	be advised to contact 연락하시기 바랍니다
Please note that ~ ~을 유의하세요	mechanical problem 기계적 결함
in a few minutes 몇 분 후에	make sure to check ~할 것을 확인하시기 바랍니다
be delayed 연착되다	Welcome aboard ~ (비행기/배를) 이용해 주셔서 감사합니다
welcome to ~ ~에 오신 것을 환영합니다	tour guide 여행 가이드

실력 쌓기 정답 p.032

🎧 10-06

A 다음을 듣고 빈칸을 완성한 다음 각각의 문장을 해석하세요.

1 ＿＿＿＿＿＿＿＿＿＿＿＿＿ the new gate information.

→ ＿＿＿＿＿＿＿＿＿＿＿＿＿

2 You are ＿＿＿＿＿＿＿＿ the office now.

→ ＿＿＿＿＿＿＿＿＿＿＿＿＿

3 Hello and ＿＿＿＿＿ the Diamond Mountain Tour.

→ ＿＿＿＿＿＿＿＿＿＿＿＿＿

4 Due to a ＿＿＿＿＿＿＿, the train ＿＿＿＿.

→ ＿＿＿＿＿＿＿＿＿＿＿＿＿

B 다음을 듣고 빈칸을 완성한 다음 질문에 답하세요.

🎧 10-07

> **W** _____, G-Mart shoppers. The store will be _____ in
> 15 minutes. Please bring all _____ to the checkout
> counter to purchase them. And I am happy to tell you that
> _____ at 7, not 8, _____ tomorrow morning.
> Thank you for _____ at G-Mart and have a great night.

Q 위 안내 방송이 이루어지는 장소는 어디인가?

(A) At a store
(B) At a library

C 각각의 담화를 듣고 질문에 답하세요.

🎧 10-08

1 What is said about the audio player?

(A) It includes an introduction.
(B) It can be purchased on the first floor.
(C) It is only available for foreign tourists.

어휘 introduction 소개 available 사용 가능한

3 What are the listeners asked not to do on the ship?

(A) Smoke
(B) Eat
(C) Drink

2 Where most likely does the talk take place?

(A) At a flower shop
(B) At a travel agency
(C) At a tourist attraction

어휘 travel agency 여행사 tourist attraction 관광지

문제 유형

세부 정보를
묻는 문제
(제안 및 요청)

- 제안 및 요청 사항을 묻는 문제의 단서는 대화나 담화의 후반부에 언급되는 경우가 대부분입니다.
- 제안이나 요청을 의미하는 「suggest, propose, May I ~, Could you ~, Please ~」 등과 같은 표현을 놓치지 않고 들어야 합니다.

다음을 듣고 밑줄 친 표현의 우리말 뜻을 고르세요.

1   The travel agency gave us a holiday **brochure**.

그 여행사 직원은 우리에게 휴가 (ⓐ안내 책자를 ⓑ일정표를) 주었다.

2   We arrived at the Harrison Hotel an hour **ahead of schedule**.

우리는 (ⓐ일정보다 늦게 ⓑ일정보다 앞서) Harrison 호텔에 도착했다.

3   I bought a model of the Leaning Tower of Pisa as a **souvenir** of Italy.

나는 이탈리아의 (ⓐ상징으로 ⓑ기념품으로) 피사의 사탑 모형을 샀다.

4   Please **proceed** to Gate 4B immediately.

즉시 게이트 4B를(로) (ⓐ폐쇄하시기를 ⓑ가시기를) 바랍니다.

5   The next place on the **itinerary** was Cambridge.

(ⓐ일정표 ⓑ신청서)에 있는 다음 장소는 캠브리지이다.

6   Ms. Choi will help you to move **overseas**.

Choi 씨가 당신이 (ⓐ국내로 ⓑ해외로) 이사하는 것을 도와 줄 것이다.

7   The flight will be taking off in **approximately** 10 minutes.

그 비행기는 (ⓐ약 ⓑ정확히) 10분 후에 이륙할 것이다.

8   Sam is **leaving** for New York this Saturday.

Sam은 이번 주 토요일에 뉴욕으로(에) (ⓐ떠날 ⓑ도착할) 것이다.

9   Mr. Johnson is **on a business trip** at the moment.

Johnson 씨는 지금 (ⓐ근무 중 ⓑ출장 중)이다.

10   He tried some local food and **went sightseeing**.

그는 현지 음식도 먹고 (ⓐ관광을 했다. ⓑ휴식을 취했다.)

PART 4 담화를 듣고 질문에 가장 알맞은 정답을 고르세요.

1 Where does the speaker most likely work?

(A) At a hotel

(B) At a restaurant

(C) At a travel agency

(D) At a book café

2 What does the speaker want to confirm?

(A) An arrival time

(B) A breakfast menu

(C) A hotel reservation

(D) A payment method

3 How can the listener receive a discount on the breakfast buffet?

(A) By booking online

(B) By calling the restaurant

(C) By mailing a form

(D) By talking to the manager

4 Where most likely does the announcement take place?

(A) At an airport

(B) At a public library

(C) At a post office

(D) At a department store

5 Where does the speaker ask the listeners to go?

(A) To an office

(B) To an agency

(C) To a gate

(D) To a station

6 What will happen in 10 minutes?

(A) The door of the aircraft will be closed.

(B) The captain will make an announcement.

(C) Some food will be served.

(D) Passengers will start boarding.

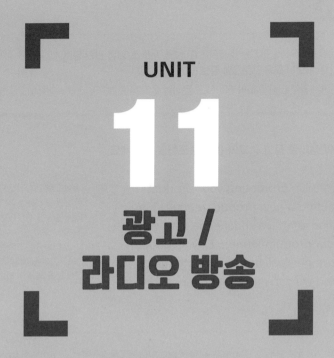

UNIT

11

광고 /
라디오 방송

▶ 방송에서 들을 수 있는 종류의 담화로서 광고나 라디오 방송이 출제됩니다.

▶ 광고는 상품의 홍보, 상점의 개업, 구인 광고 등의 내용이 출제되며, 라디오 방송으로는 뉴스, 교통 상황, 일기
  예보 등의 내용이 출제됩니다.

01 광고

▶ 광고에서 자주 다루어지는 주제로는 ① **상품/서비스/개업 관련 홍보**, ② **새로운 점포의 개점**, ③ **구인 광고**, ④ **학교나 교육 프로그램 홍보** 등이 있습니다.

▶ 가장 먼저 광고 대상을 파악해야 하고, 문제를 풀기 위해 필요한 세부 사항들에 집중하면서 들어야 합니다.

표현익히기 아래의 담화를 듣고 광고와 관련된 표현을 익히세요.

🎧 11-01

M Are you interested in **promoting your products**? Have you **launched a new product** recently? We can help you find effective and inexpensive ways to **promote your product launch**. Having good **marketing strategies** will **appeal to potential customers**. And we can make that happen for sure.

M 상품 홍보에 관심이 있으신가요? 최근에 신제품을 출시하셨나요? 우리는 여러분이 신제품 출시를 홍보하는 효과적이고 저렴한 방법을 찾는 것을 도와 드릴 수 있습니다. 훌륭한 마케팅 전략이 있다는 것은 여러분의 잠재 고객에게 어필하는 데 도움이 될 것입니다. 그리고 우리가 그 일이 실현되도록 해낼 수 있습니다.

광고빈출어휘

promote products 상품을 홍보하다	launch a new product 제품을 출시하다	appeal to ~에게 어필하다
a product launch 제품 출시	marketing strategy 마케팅 전략	chain store 체인점
discount coupon 할인 쿠폰	cash refund offer 현금 환급 행사	advertising agency 광고 대행사
feature 특징	retailer 소매업자	wholesaler 도매업자

실력쌓기 정답 p.034

A 다음을 듣고 빈칸을 완성한 다음 각각의 문장을 해석하세요.

🎧 11-02

1 They recently _____ .

→ _____

2 This advertisement won't _____ our customers.

→ _____

3 There is going to be a _____ .

→ _____

4 We need to come up with a new _____ .

→ _____

B 다음을 듣고 빈칸을 완성한 다음 질문에 답하세요.

🎧 11-03

> **M** Do you _____ a small _____? Do you have trouble finding the time to _____ your office _____? Then worry no more. We are here to help you. If you are having a hard time _____ your business _____, just call Red Sun Cleaners.

Q 담화에서 광고하는 것은 무엇인가?

(A) An office cleaning service
(B) Office supply delivery

C 각각의 담화를 듣고 질문에 답하세요.

🎧 11-04

1 Who will be the participants in the event?

(A) Job interviewers
(B) Job seekers
(C) School teachers

> 어휘 **participant** 참가자 **interviewer** 인터뷰 진행자
> **job seeker** 구직자

3 What is being advertised?

(A) A hardware store
(B) A grand opening sale
(C) A special offer

> 어휘 **hardware center** 철물점, 기자재 전문점

2 What is a requirement for the job?

(A) A license
(B) Overseas experience
(C) A college degree

> 어휘 **requirement** 요구 사항 **license** 면허증 **degree** 학위

📖

문제 유형

**청자의 신원을
묻는 문제**

- 대화문의 경우 특정 인물, 또는 화자 모두의 신원이나 직업을 묻습니다. 그러나 담화문의 경우에는 화자(speaker)의 신원을 물을 수도 있고 청자(listener)의 신원을 물을 수도 있습니다. 따라서 문제를 읽고, 화자의 신원을 묻는 것인지 청자의 신원을 묻는 것인지를 먼저 파악해야 합니다.
- 청자의 신원이 직접적으로 언급되지 않는 경우, 담화의 주제를 통해 청자의 신원을 파악해야 합니다.

02 라디오 방송

▶ 라디오 방송 관련 담화 유형으로는 ① 뉴스, ② 교통 상황, ③ 날씨 예보 등이 있습니다.

▶ 날씨나 교통 방송에서 쓰이는 어휘들은 제한적이므로 관련 어휘들을 정리해 두면 담화의 내용을 정확히 이해하는 데 도움이 됩니다.

표현익히기 아래의 담화를 듣고 라디오 방송과 관련된 표현을 익히세요.

M Here is the **weather report** for today. After a **cloudy** and **damp** start in the morning, the clouds will soon **break up** across the nation. A good sunny spell will follow. But tomorrow, **showers** are expected in some regions, so you may want to bring your umbrella **just in case**.

M 오늘의 날씨를 알려드립니다. 아침에는 흐리고 습한 날씨로 시작하겠지만, 곧 전국에 걸쳐 구름이 걷히겠습니다. 그 후에 맑고 좋은 날씨가 한동안 이어지겠습니다. 하지만 내일은 일부 지역에서 소나기가 예상되므로, 만일의 경우에 대비하여 우산을 준비하시는 것이 좋겠습니다.

🎧 11-05

날씨, 교통 빈출어휘

weather report 날씨 예보	just in case 만약을 위해서	traffic jam 교통 체증
damp 축축한, 습한	chilly 쌀쌀한	intersection 교차로
stay tuned 채널을 고정하다	(boiling/steaming) hot (몹시) 더운	(freezing) cold (몹시) 추운
speed limit 속도 제한	speeding 과속	crash (자동차) 충돌 사고

실력쌓기 정답 p.035

🎧 11-06

A 다음을 듣고 빈칸을 완성한 다음 각각의 문장을 해석하세요.

1 Make sure you grab your umbrella _____.

→ _____

2 It's _____ today. You'd better wear a coat.

→ _____

3 There is a _____ due to the roadwork.

→ _____

4 A car _____ caused traffic congestion.

→ _____

B 다음을 듣고 빈칸을 완성한 다음 질문에 답하세요.

🎧 11-07

W The showers _____ will steadily ease. In other parts of
the country, the skies _____, and the temperature
will _____ than usual, so you may want to
_____ before you go out.

Q 북부를 제외한 지역의 날씨는 어떠한가?

(A) Clear and chilly

(B) Cloudy and rainy

🎧 11-08

C 각각의 담화를 듣고 질문에 답하세요.

1 What can be inferred about the H-1
Freeway?

(A) There were not enough lanes on it
before.

(B) Traffic congestion on it was heavy.

(C) There were problems with the
condition of the road.

어휘 lane 차선 traffic congestion 교통 혼잡 condition
상태

2 What will the weather be like?

(A) Rainy

(B) Snowy

(C) Cloudy

3 What are listeners advised to do?

(A) Leave their cars at home

(B) Take a different route

(C) Drive slowly

어휘 route 경로 seatbelt 안전벨트

문제 유형

추론 문제

• 추론 문제 유형은 대화나 담화에서 언급된 정보를 바탕으로 유추할 수 있는 것이 무엇인지를 묻는 문제입니다.
난이도가 높은 문제 유형이며 출제 비중은 낮습니다.

• 추론 문제의 예시로는 'What can be inferred about ~?', 'What does the speaker suggest about ~?', 'What
does the man imply about ~?' 등이 있습니다.

다음을 듣고 밑줄 친 표현의 우리말 뜻을 고르세요.

1 There is a **speed limit** in this area.

이 지역에는 (ⓐ속도 제한이 ⓑ속도 측정이) 있다.

2 The temperature is **below freezing** now.

기온이 현재 (ⓐ영하 ⓑ영상)이다.

3 It has started to **drizzle**.

비가 (ⓐ억수같이 내리기 ⓑ부슬부슬 내리기) 시작했다.

4 It is an **overcast** day.

하늘이 (ⓐ구름이 뒤덮인 ⓑ맑은) 날씨이다.

5 **Thunder and lightning** are natural phenomena.

(ⓐ천둥 번개는 ⓑ폭우는) 자연 현상이다.

6 You should slow down in **residential areas**.

(ⓐ위험 지역 ⓑ거주 지역)에서는 속도를 낮추어야 한다.

7 The **heat wave** lasted for almost a month.

(ⓐ한파가 ⓑ폭염이) 거의 한 달 동안 지속되었다.

8 You should turn right at the **intersection**.

당신은 (ⓐ교차로 ⓑ횡단보도)에서 우회전해야 한다.

9 A car **collided** with a taxi.

자동차와 택시가 (ⓐ후진했다 ⓑ충돌했다).

10 The **drought** lasted for too long.

(ⓐ가뭄이 ⓑ장마가) 너무 오래 지속되었다.

정답 | 1 ⓐ 2 ⓐ 3 ⓑ 4 ⓐ 5 ⓐ 6 ⓑ 7 ⓑ 8 ⓐ 9 ⓑ 10 ⓐ

PART 4 담화를 듣고 질문에 가장 알맞은 정답을 고르세요.

1   What was the weather like on Wednesday?

   (A) It was steaming hot.

   (B) It was cold.

   (C) There was a blizzard.

   (D) There were showers.

2   What does the woman recommend listeners do?

   (A) Stay warm at home

   (B) Take an umbrella

   (C) Enjoy outdoor activities

   (D) Take good care of their health

3   What will come after the weather forecast?

   (A) An interview

   (B) A news program

   (C) A traffic report

   (D) A commercial

4   What is the report about?

   (A) The relocation of a library

   (B) The closing of a library

   (C) A plan to set up a library

   (D) New programs at a library

5   Where will the library be located?

   (A) Downtown

   (B) Near a university

   (C) Near City Hall

   (D) Near an art center

6   What is the purpose of the programs at the library?

   (A) To help children enjoy reading

   (B) To raise awareness about the environment

   (C) To enable parents to access different information

   (D) To give tips on educating children

12
연설 / 공지

▶ 연설(speech)이나 공지(announcement)의 경우 공통적으로 담화의 목적, 담화의 장소, 그리고 담화의 주제를 먼저 파악해야 합니다.

▶ 연설은 주로 행사나 인물의 소개, 인사말, 또는 행사의 진행 순서 등을 소개하는 내용이며, 공지는 회사나 비즈니스 상황에서 전달해야 하는 정보로 이루어 집니다. 사내 전달 사항이나 직원 교육과 관련된 내용 등이 이에 포함됩니다.

01 연설

▶ 모임이나 행사장에서의 연설은 ① **취임식, 퇴임식 등과 관련된 인물 및 경력 설명,** ② **시상식과 관련된 업적 설명,** ③ **세미나, 컨퍼런스**와 관련된 내용들이 주로 출제됩니다.

▶ 연설의 주제와 목적, 언급된 인물에 대한 정보, 언급된 행사의 일정 등에 유의하면서 들어야 합니다.

표현 익히기 아래의 담화를 듣고 연설과 관련된 표현을 익히세요.

🎧 12-01

M Thank you for the opportunity to speak at this event. **On behalf of** the entire staff, **I would like to welcome** all of you to our company. I hope our relationship will be pleasant, profitable, and mutually beneficial.

M 본 행사에서 발언할 기회를 주셔서 감사합니다. 전 직원을 대신해서, 우리 회사에 오신 여러분들 모두를 환영합니다. 저는 우리들의 관계가 즐겁고, 유익하며, 상호간에 이익이 되기를 바랍니다.

연설 빈출 어휘

I am pleased to ~ ~하게 되어 기쁩니다
welcome to ~ ~에 오신 것을 환영합니다
I want to remind you ~ 다시 한 번 ~을 알려 드리고 싶습니다
give a big hand to ~ ~에게 큰 박수를 쳐주다
Thank you for the opportunity to ~ ~할 기회를 주셔서 감사합니다

I am here to tell you ~ 저는 ~하기 위해 왔습니다
I am honored to ~ ~하게 되어 영광입니다
on behalf of ~ ~를 대신하여
I would like to thank you for ~에 대해 감사 드립니다

실력 쌓기 정답 p.038

🎧 12-02

A 다음을 듣고 빈칸을 완성한 다음 각각의 문장을 해석하세요.

1 I am .... give this speech.

→ ....

2 Let's all .... to those who are here.

→ ....

3 I .... about the reception.

→ ....

4 .... the Promotions Department.

→ ....

B 다음을 듣고 빈칸을 완성한 다음 질문에 답하세요.

🎧 12-03

M Good evening, everyone. I am Robert Nathan, the _____ of Foodland. Since its _____ in 2018, Foodland _____ to become one of the biggest food distributers in the nation. I _____ welcome all of you to Foodland. We're _____ that you _____ to contribute to our success!

Q 이 연설의 청자는 누구인가?

(A) New employees at Foodland

(B) Customers at Foodland

C 각각의 담화를 듣고 질문에 답하세요.

🎧 12-04

Sales by Month

Month	Amount
January	72,435
February	76,237
March	54,276
April	56,537

1 Look at the graphic. Which month does the speaker talk about?

(A) January

(B) February

(C) March

2 What is the speaker's concern?

(A) People do not care about the environment.

(B) The association is no longer interested in animals.

(C) Wild animals are dying out.

> 어휘 environment 환경 association 협회
> die out 멸종되다

3 What will happen after the author's speech?

(A) An autograph session

(B) A Q&A session

(C) A free giveaway

> 어휘 author 저자 autograph session 사인회
> giveaway 상품 증정

문제 유형

시각 정보 문제

- Part 3과 Part 4에서는 그래프, 표, 지도와 같은 자료를 보고 문제를 풀어야 하는 '시각 정보' 유형이 출제됩니다.
- 시각 정보를 활용하여 문제를 풀어야 하기 때문에 부담스러울 수도 있지만, 이러한 정보를 활용하여 음성을 듣기 전에 내용을 미리 예측할 수 있으므로 오히려 유리한 측면도 있습니다.
- 대화나 담화를 듣기 전에 문제와 함께 시각 정보의 내용을 미리 파악하는 것이 중요합니다.

02 공지

- ▶ 공지 사항으로는 ① **사내 행사**, ② **직원 교육**, ③ **시설 점검, 정책 변경, 장비 설치 및 점검**과 같은 정보 전달 등의 내용이 자주 출제됩니다.
- ▶ 공지의 목적, 화자나 청자의 신원, 공지에서 언급되는 인물, 전달하고자 하는 세부적인 내용 등을 주의 깊게 듣도록 합니다.

표현 익히기 아래의 담화를 듣고 공지와 관련된 표현을 익히세요.

M **We regret to inform you** that we will close our London office permanently on Thursday, December 15. Due to a decline in sales in that market, it has been extremely difficult to justify keeping the business open. **Please be advised that** we will make every effort to keep you employed at this organization.

M 우리의 런던 사무실이 12월 5일 목요일에 완전히 문을 닫는다는 소식을 알려 드리게 되어 유감입니다. 그 시장에서의 판매량 감소로 인해, 사업을 지속하는 것이 옳다는 것을 증명하기가 상당히 어려웠습니다. 우리는 여러분들이 이 조직에서 고용이 유지될 수 있도록 최선을 다 할 것이라는 사실을 숙지해 주시기 바랍니다.

🎧 12-05

공지 빈출어휘

May I have your attention? 잠시 주목해 주시겠습니까?
Please join us for ~ ~에 함께해 주세요
I'd like to remind you that ~ ~을 다시 한 번 알려드립니다
I am delighted to tell you ~ ~을 알리게 되어 매우 기쁩니다
We regret to inform you ~ / I am sorry to inform you ~ ~을 알리게 되어 유감입니다

I apologize for ~ ~에 대해 사과 드립니다
I am pleased to announce ~ ~을 알리게 되어 기쁩니다
I have a note about ~ ~에 대해 알려드립니다
Please be advised that ~ ~을 숙지해 주시기 바랍니다

실력 쌓기 정답 p.039

A 다음을 듣고 빈칸을 완성한 다음 각각의 문장을 해석하세요.

🎧 12-06

1 I .... the inconvenience.

→ ....

2 I .... a change in a schedule.

→ ....

3 I .... you that we have some free snacks prepared for you.

→ ....

4 We .... you this service is no longer available.

→ ....

B 다음을 듣고 빈칸을 완성한 다음 질문에 답하세요.

🎧 12-07

> **W** Please _____ for a short session on _____ our new computer system. This _____ was designed to _____ employees with the _____ of the system and to _____ your _____. It will be _____ in the conference hall on Friday, October 15, at 4:30 P.M.

Q 공지의 목적은 무엇인가?

(A) To announce a training session

(B) To inform listeners of a change in a schedule

C 각각의 담화를 듣고 질문에 답하세요.

🎧 12-08

1 Who is most likely speaking?

(A) A sales representative

(B) A research assistant

(C) An HR manager

2 In which department does the speaker most likely work?

(A) Customer Service

(B) IT

(C) Human Resources

3 What is being announced?

(A) A change in a speaker

(B) The cancelation of a lecture

(C) The change of a venue

어휘 lecture 강의   venue 장소

문제 유형

화자의 신원을 묻는 문제

- 담화에서는 화자의 신원을 묻는 문제인지 청자의 신원을 묻는 문제인지를 구분해야 합니다.
- 화자(speaker)의 신원을 묻는 문제의 경우 담화의 초반부에서 화자가 자신의 신원을 밝히는 경우가 많습니다.
- 직업을 의미하는 어휘와 표현들을 통해 정답을 찾을 수 있습니다.

다음을 듣고 밑줄 친 표현의 우리말 뜻을 고르세요.

1 The **administrative office** is right around the corner.

(ⓐ행정실은 ⓑ인사팀은) 바로 저 코너를 돌면 있습니다.

2 The **HR manager** is going to give an orientation.

(ⓐ인사 팀장이 ⓑ영업 팀장이) 오리엔테이션을 진행할 것입니다.

3 There is a new program for **trainees**.

(ⓐ교육생을 ⓑ관리자를) 위한 새로운 프로그램이 있습니다.

4 You should directly contact the **Payroll Department**.

당신은 (ⓐ급여팀 ⓑ인사팀)에 직접 연락해야 합니다.

5 You should leave your phones off during the **training session**.

(ⓐ교육 기간 ⓑ고용 기간) 동안에 여러분의 전화기를 꺼 두어야 합니다.

6 If you have any questions, you can always refer to the **handbook**.

혹시 질문이 있으면, (ⓐ안내서를 ⓑ보고서를) 참고하세요.

7 I will distribute **handouts** for more information.

추가 정보를 위해 (ⓐ전단지를 ⓑ유인물을) 배포해 드리겠습니다.

8 You will **be eligible for** a pay raise the next time.

당신은 다음 급여 인상을 받을 (ⓐ자격이 됩니다. ⓑ자격이 없습니다.)

9 Can you **give** me **a raise**?

(ⓐ급여 인상을 해 ⓑ승진 처리를 해) 주실 수 있나요?

10 My coworker finally **got a promotion**.

내 동료는 마침내 (ⓐ승진했다. ⓑ급여 인상을 받았다.)

정답 | 1 ⓐ 2 ⓐ 3 ⓐ 4 ⓐ 5 ⓐ 6 ⓐ 7 ⓑ 8 ⓐ 9 ⓐ 10 ⓐ

PART 4 담화를 듣고 질문에 가장 알맞은 정답을 고르세요.

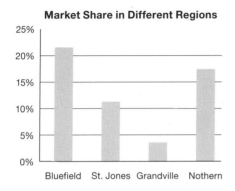

Market Share in Different Regions

1. Look at the graphic. Which region is mainly being discussed?

   (A) Bluefield
   (B) St. Jones
   (C) Grandville
   (D) Northern

2. What has the company decided to do?

   (A) Shut down the operation in a certain region
   (B) Lay off employees in the St. Jones region
   (C) Start a new promotion in the Grandville region
   (D) Move the operations to a different region

3. What is the reason for the company's decision?

   (A) An increase in the cost of materials
   (B) A lack of funds
   (C) Increased competition in the region
   (D) A strike by regional managers

4. Where most likely is the speaker?

   (A) At a job fair
   (B) At a medical conference
   (C) At a retirement party
   (D) At a welcoming party

5. How long did Dr. Joyce work as a director?

   (A) 10 years
   (B) 20 years
   (C) 30 years
   (D) 40 years

6. What is Dr. Joyce planning to do?

   (A) Publish a book
   (B) Work at another hospital
   (C) Establish a medical center
   (D) Work at a college

PART 5

단문 빈칸 채우기
Incomplete Sentences

PART 6

장문 빈칸 채우기
Text Completion

PART 7

독해
Reading Comprehension

Overview

PART 5

▶ 101번부터 130번까지 총 30문항이 출제됩니다.

▶ 단문을 읽고 빈칸에 들어갈 알맞은 것을 선택하는 유형으로 문법, 어휘, 품사 문제로 구분할 수 있습니다.

▶ 문법 문제와 품사 문제의 경우 문법 지식과 문장 구조 파악을 통해 가능한 한 해석하지 않고 빠르게 풀어서 시간을 절약해야 합니다.

▶ 어휘 문제에 대비하기 위해 기출 단어 및 표현을 암기해 두어야 합니다.

PART 6

▶ 131번부터 146번까지 총 16문항이 출제됩니다.

▶ 총 4개의 지문이 출제되고 각 지문당 4개의 질문에 답해야 합니다. 이메일, 광고, 기사, 공지 등의 지문이 제시되며, 지문에 포함된 빈칸에 들어가기에 가장 적절한 단어, 어휘, 문장을 선택해야 합니다.

▶ Part 5와 달리 빈칸이 포함된 문장만 보고 문제를 풀 수 없는 경우가 대부분이며, 지문 전체의 흐름을 파악해야 정답을 고를 수 있습니다. 특히 빈칸에 들어갈 적절한 문장을 선택하는 문제는 앞뒤 문맥을 살펴야 하기 때문에 시간이 많이 소요됩니다.

PART 7

▶ RC에서 가장 큰 비중을 차지하는 파트로서, 다양한 종류의 지문을 읽고 그와 관련된 2~5개의 문항에 답하는 유형입니다. 단일 지문 문제와 복수 지문 문제로 구분할 수 있는데, 복수 지문의 경우 이중 지문 문제와 삼중 지문 문제로 다시 구분할 수 있습니다.

▶ 147번부터 200번까지 총 54문항입니다. 이중 단일 지문 문제가 29문항, 이중 지문 문제가 10문항, 그리고 삼중 지문 문제가 15문항을 차지합니다.

▶ 이메일, 편지, 공지 등의 비즈니스 관련 지문들뿐만 아니라 모바일 및 웹 환경을 반영한 지문인 문자메시지, 온라인 채팅, 웹페이지 지문도 출제됩니다.

PART 5

1 시간 관리가 중요하다.

RC의 100문항을 푸는 데 주어지는 시간은 75분입니다. 주어진 시간 내에 100문항을 모두 풀기 위해서는 시간을 효율적으로 관리해야 하는데, 상대적으로 시간이 많이 필요한 Part 6와 Part 7에 시간을 배분하기 위해 Part 5를 최대한 빠르게 풀어야 합니다. 문항당 20초 안에 답을 찾을 수 있도록 연습해 두어야 합니다.

2 기본 문법 실력을 향상시키자.

품사 문제나 문법 문제의 경우 문법 지식과 문장 구조 파악을 통해 문제를 해석하지 않고 푸는 것이 가장 좋습니다. 그러나 모든 문제가 이러한 방법으로 풀리지는 않기 때문에, 주어진 문장을 정확하게 분석하여 정답을 찾을 수 있도록 문법 실력을 키워야 합니다.

3 토익에 출제된 기출 어휘, 표현을 정리해 두자.

토익에 자주 출제되는 어휘와 표현은 어느 정도 정해져 있습니다. 그러므로 기출 어휘와 표현을 정리해 두면 해당 표현이 출제될 경우 빠르게 정답을 찾아 시간을 아낄 수 있습니다.

PART 6

1 문맥을 파악하자.

Part 6는 빈칸에 들어가기에 적절한 표현을 선택하는 유형이라는 점에서 Part 5와 유사합니다. 하지만, Part 6에서 출제되는 문제들은 Part 5와 달리 빈칸에 포함된 문장만을 해석하여 정답을 고를 수 있는 경우는 많지 않습니다. 문맥을 파악해야 풀 수 있는 문제들이 출제되므로 지문의 전체적인 내용을 빠르게 파악하는 것이 중요합니다.

2 지문의 유형과 문제의 유형을 파악하자.

Part 6에 주로 출제되는 지문은 이메일, 편지, 회람, 정보문과 같이 정보를 전달하는 것들입니다. 출제되는 문제의 유형은 문법 문제와 어휘 문제가 지문당 3문항씩, 문장 삽입 문제가 1문항씩 출제됩니다.

3 문장 삽입 문제에 대비하자.

문장 삽입 문제는 Part 5의 문법 및 어휘 문제와 다르게 독해 문제에 해당됩니다. 이 문제를 풀기 위해서는 지문의 내용을 전체적으로 파악한 다음, 빈칸의 앞과 뒤의 문장을 정확하게 해석할 수 있어야 합니다.

PART 7

1 독해력이 최우선이다.

Part 7은 총 15개의 지문을 읽고 54문항을 풀어야 하므로, 수험자들이 가장 시간이 부족하다고 느끼는 파트입니다. 문항 수도 많지만 단일 지문 이외에 이중 지문, 삼중 지문도 출제되기 때문에 해석해야 할 분량이 상당히 많습니다. 따라서 시간 내에 모든 문항에 답하려면 독해 속도를 늘리는 것이 필수적인데, 독해 속도를 늘리려면 문법과 어휘 실력을 키워야 합니다. 이를 바탕으로 빠르게 해석하는 훈련을 해야 할 필요가 있습니다.

2 문제를 먼저 읽고 지문을 읽자.

독해 분량이 많기 때문에 문제를 먼저 읽고 그에 해당하는 답을 찾아가는 방식이 시간 절약에 가장 효과적입니다. 문제를 읽으면서 지문이 어떤 내용인지도 예측이 가능하며, 문제에 해당되는 부분만을 해석하고도 정답을 고를 수 있는 경우도 있습니다.

UNIT

01

명사 / 대명사

Overview

명사 / 대명사 Nouns / Pronouns

Q1 명사란 무엇인가?

명사란 사람, 동물, 사물, 개념의 이름입니다.

teacher 선생님	dog 개	apple 사과	water 물	love 사랑

Q2 명사는 어떻게 분류할 수 있는가?

명사는 물질명사, 추상명사, 고유명사 등으로 분류할 수 있지만, 가장 중요한 분류는 **셀 수 있는 명사**(가산명사)와 **셀 수 없는 명사**(불가산명사)입니다. 혼동하기 쉬운 가산명사와 불가산명사를 잘 구분해 두어야 합니다.

◆ 가산명사 (셀 수 있는 명사)

　student, orange, idea, suggestion, suitcase...

◆ 불가산명사 (셀 수 없는 명사)

　machinery, furniture, information, luggage...

Q3 대명사란 무엇인가?

대명사는 명사 대신 쓰는 단어입니다. 영어에서는 같은 단어가 반복되는 것을 피하려는 경향이 있기 때문에, 동일한 명사 대신 he, him, our, this, those와 같은 대명사를 사용합니다.

Sam loves Kelly, but she is not interested in him.
명사　　　명사　　대명사　　　　　　　　　대명사

01 명사의 역할

명사의 정의: 사람, 사물, 장소 등을 가리키는 말

명사는 「company(회사), lawyer(변호사), document(문서)」와 같이 사람, 사물, 장소 등의 이름을 나타내는 단어로서, 문장에서 **주어, 목적어, 보어 역할**을 할 수 있습니다. 또한, 전치사의 뒤에 위치하여 **전치사의 목적어 역할**을 하기도 합니다.

주어 (은 / 는 / 이 / 가)	The **customer** wanted to get a refund. 그 고객은 환불 받기를 원했다.
목적어 (을 / 를)	You must submit your **résumé** by Friday. 금요일까지 당신의 **이력서를** 제출해야 한다.
보어 (~이다)	The man over there is my **colleague**. 저기에 있는 그 남자는 나의 **동료이다**.
전치사의 목적어	Some people are not interested in **policies**. 어떤 사람들은 **정치에** 관심이 없다.

The **architect** / has designed / **buildings** and **bridges** / in **San Francisco**.
그 건축가는 / 디자인했다 / 빌딩과 다리를 / 샌프란시스코에 있는

실력 쌓기

정답 p.042

A 괄호 안에서 알맞은 단어를 고른 다음, 그 단어의 문장 내 역할을 괄호 안에 쓰세요.

1 Mr. Ross is very well qualified for the (position / positioned). (   )   qualified 자격을 갖춘

2 The manager is reviewing the (apply / applications) at the moment. (   ) review 검토하다

3 The two friends became (competitors / compete) in the end. (   )   in the end 결국

4 The (prepare / preparations) for the workshop are progressing well. (   )

                                                              prepare 준비하다

5 The (patient, patiently) arrived thirty minutes before her appointment. (   )

                                                        appointment 약속

B 주어진 우리말을 참고하여 빈칸에 들어갈 알맞은 표현을 고르세요.

1 The bank building will undergo _____ to improve the teller counters.
은행 건물은 출납 카운터를 개선하기 위하여 수리를 진행할 것이다.

  (A) renovate   (B) renovations   (C) renovates   (D) renovated

2 We apologize for the _____ and thank you for choosing KLY Airlines.
항공기 지연에 대해 사과 드리며, KLY 항공을 선택해 주셔서 감사합니다.

  (A) delay   (B) delaying   (C) to delay   (D) delayed

02 명사의 자리

명사의 위치: 관사, 소유격, 형용사, 전치사 뒤에 쓰임

명사는 **부정관사(a / an)와 정관사(the) 뒤**에 위치합니다. 그리고 「my / his / her」와 같은 **소유격 뒤**에도 쓸 수 있습니다. 명사가 형용사와 쓰일 때에는 형용사가 명사 앞에 위치하여 「(관사 / 소유격) + 형용사 + 명사」의 어순이 됩니다.

관사 + 명사	the profit 그 수익	an article 신문 기사	the contract 그 계약서
소유격 + 명사	my furniture 나의 가구	his office 그의 사무실	their performance 그들의 성과
(관사 / 소유격) 형용사 + 명사	expensive products 비싼 제품들	a productive meeting 생산적인 회의	our annual report 우리의 연간 보고서

Did you receive / **the e-mail** / that **my assistant** / sent you / yesterday?
받았나요 / 그 이메일을 / 제 비서가 / 당신에게 보낸 / 어제

실력 쌓기

A 해석을 참고하여 박스 안의 단어들 중 알맞은 것을 골라 문장을 완성하세요.

> my　passport　high　apartment　the　rent　contract　an

1 What happens if I lose ＿＿＿＿＿＿＿＿? 만약 제가 저의 여권을 잃어버리면 무슨 일이 일어날까요?

2 He needs some help to finalize ＿＿＿＿＿＿＿. 그는 그 계약을 완성하기 위해 약간의 도움이 필요하다.

3 Susan is looking for ＿＿＿＿＿＿＿ with three bedrooms. Susan은 침실 세 개인 아파트를 찾고 있다.

4 They will move to a different place because of the ＿＿＿＿＿＿＿.
그들은 높은 임대료 때문에 다른 곳으로 이사 갈 것이다.

B 주어진 우리말을 참고하여 빈칸에 들어갈 알맞은 표현을 고르세요.

1 Mr. Howard called the Service Department to tell them about the television's ＿＿＿＿＿.
Howard 씨는 텔레비전의 결함에 대해 말하기 위해 서비스 부서에 전화했다.

(A) defectively　　(B) defective　　(C) defected　　(D) defect

2 Two major airlines will offer cheap ＿＿＿＿＿ to Hong Kong next month.
두 대형 항공사는 다음 달에 홍콩행 저가 항공편을 제공할 것이다.

(A) flights　　(B) fly　　(C) to fly　　(D) was flown

03 셀 수 있는 명사 / 셀 수 없는 명사

가산명사, 불가산명사: 가산명사는 단수/복수형이 모두 가능하고, 불가산명사는 단수형만 가능

가산명사는 수를 **셀 수 있는 명사**로서 단수형으로 쓰일 때에는 a(n), the, many, a few 등과 함께 쓰이고, 복수형으로 사용될 경우에는 단어 끝에 '-(e)s'가 붙습니다. **불가산명사**는 셀 수 없는 명사이기 때문에 **복수형이 존재하지 않습니다**. 가산명사와 달리 문장에서 **관사나 소유격 등이 없이 단독으로 쓰일 수** 있습니다.

	복수형	a (n)	the	the + 복수	무관사	many / much	a few / a little
가산명사 (desk)	desks [○]	a desk [○]	the desk [○]	the desks [○]	desk [×]	many desks	a few desks
불가산명사 (money)	moneys [×]	a money [×]	the money [○]	the moneys [×]	money [○]	much money	a little money

They / are now conducting / **research** / on **the effects** / of **stress**.
그들은 / 지금 수행하고 있다 / 연구를 / 영향에 관한 / 스트레스의

Tip! 토익에 자주 출제되는 불가산명사에는 「baggage 수화물, luggage 수화물, information 정보, traffic 교통량, furniture 가구, equipment 기계, machinery 기계류, merchandise 상품, research 연구」 등이 있습니다.

실력 쌓기

정답 p.042

A 괄호 안의 단어들 중에서 올바른 것을 고르세요.

1 All the (furniture, furnitures) at Living Space Co. is affordable. affordable (가격이) 알맞은

2 Fast Pizza has received (complaint, complaints) about its late delivery. complaint 불평

3 Mr. Jeff Slim does not spend (many, much) money on office decorations. decoration 장식

4 I have a few (relative, relatives) who live nearby. relative 친척

5 The agency offered (information, informations) about the city's tourism industry. agency 대행사

B 주어진 우리말을 참고하여 빈칸에 들어갈 알맞은 표현을 고르세요.

1 There was _____ traffic downtown this morning.
오늘 아침 시내에 약간의 교통량이 있었다.

(A) a few   (B) a little   (C) many   (D) a

2 High Fashion, Inc. on Broadway will have a sale to clear out holiday _____.
브로드웨이에 있는 High Fashion 사는 휴가 상품을 정리하기 위하여 세일을 할 것이다.

(A) merchandises   (B) merchandise   (C) merchants   (D) merchandising

04 인칭대명사

인칭대명사: 사람을 지칭하는 대명사

인칭대명사에는 화자를 지칭하는 1인칭 대명사와 청자를 지칭하는 2인칭 대명사, 그리고 그, 그녀, 그것과 같이 제 3자를 지칭하는 3인칭 대명사가 있습니다. 인칭대명사는 문장에서의 쓰임에 따라 주격, 소유격, 목적격, 소유대명사로 구분됩니다. 특히 전치사의 뒤에 대명사의 목적격을 쓴다는 것을 알아 두어야 합니다.

	인칭	주격(은/는/이/가)	소유격(~의)	목적격(을/를)	소유대명사(~의 것)
	1인칭	I	my	me	mine
단수	2인칭	you	your	you	yours
	3인칭	he / she / it	his / her / its	him / her / it	his / hers / -
	1인칭	we	our	us	ours
복수	2인칭	you	your	you	yours
	3인칭	they	their	them	theirs

We / are looking forward / to reading / **his** latest novel, *Destiny*.
우리는 / 기대하고 있다 / 읽기를 / 그의 최신 소설, 운명을

실력 쌓기

정답 p.042

A 밑줄 친 우리말을 참고하여 괄호 안에 들어갈 알맞은 단어를 고르세요.

1 Kelly 씨는 오늘 아침 <u>그의</u> 사무실에 전화했지만, 그는 출장 중이었다.
   → Ms. Kelly called (him, his) office this morning, but (he, his) was out of town.

2 <u>우리는</u> 당신이 <u>우리와</u> 함께 일하기로 해서 매우 기쁩니다.
   → (We, Us) are so delighted that you have agreed to work with (us, ours).

3 <u>우리에게</u> 연락을 주시면, <u>우리의</u> 새 안내 책자를 당신에게 보내 드리겠습니다.
   → If you contact (we, us), we will send you (us, our) new brochure.

4 나는 <u>나의</u> 성적이 <u>당신의 것</u>보다 더 나쁠 것이라고 확신한다.
   → I am sure (me, my) grades are worse than (your, yours).

B 주어진 우리말을 참고하여 빈칸에 들어갈 알맞은 표현을 고르세요.

1 If this project goes smoothly, we will have more work with _____ in the future.
   이 프로젝트가 순조롭게 진행된다면, 우리는 미래에 그들과 더 많은 일을 할 것이다.

   (A) they   (B) them   (C) their   (D) theirs

2 We regret to tell you that we cannot deliver _____ recent orders.
   고객님의 최근의 주문을 발송할 수 없다는 것을 알려드리게 되어 유감입니다.

   (A) you   (B) your   (C) yours   (D) yourself

A 주어진 우리말에 맞게 알맞은 단어를 찾아 쓰세요.

supervisor	availability	tenant
priority	employment	draft

1 계약서 **초안**   the first _____ of the contract

2 새 **세입자를** 찾다   look for a new _____

3 **최우선 순위**   the top _____

4 직속 **상사**에게 전화하다   call my immediate _____

requirement	certification	participation
merchandise	productivity	inconvenience

5 다양한 **상품들**   a great selection of _____

6 이 직업을 위한 **필수 요건**   a _____ for the job

7 이 프로그램에 **참여**   _____ in this program

8 **불편**을 드려 죄송합니다   apologize for the _____

B 주어진 우리말에 맞게 빈칸에 알맞은 말을 써 넣으세요.

1 코로나 테스트는 의료진들에게 필수 사항이다.

→ A COVID test is a _____ for all medical staff members.

2 세미나에 참여해 주시면 대단히 감사드리겠습니다.

→ Your _____ in the seminar will be greatly appreciated.

3 고객들은 제품의 높은 가격에 대해 불평했다.

→ The clients complained about the high prices of the _____ .

4 자세한 내용은 직속 상사에게 반드시 확인해야 합니다.

→ You must check with your immediate _____ for the details.

PART 5 빈칸에 들어갈 알맞은 표현을 고르세요.

1 A bachelor's degree is a minimum ------- for
many law firms.

(A) justification
(B) involvement
(C) concentration
(D) requirement

2 The ------- of maintenance has to be
reduced during the economic crisis.

(A) cost
(B) costly
(C) costing
(D) more costly

3 ------- of the sales team include boosting
annual sales and reducing sales
expenditures.

(A) Priorities
(B) Indications
(C) Certificates
(D) Conditions

4 Airport security staff will search ------- for
any illegal items.

(A) luggage
(B) luggages
(C) a luggage
(D) some luggages

5 Foreign investment in ------- company
has dramatically increased for the last six
months.

(A) we
(B) us
(C) our
(D) ours

6 A few ------- wrote positive reviews about
the new dessert menu.

(A) critic
(B) critics
(C) critical
(D) criticize

7 Kelly Smith is a prospective candidate for an
upcoming -------.

(A) promote
(B) promotes
(C) promotion
(D) promoting

8 The ------- at the FAL Language Institute
should have more than three years of
experience.

(A) instructors
(B) instructions
(C) instructing
(D) instructive

Questions 9-12 refer to the following letter.

March 19

Dear Ms. Graham,

I am writing this letter to confirm that Elizabeth Owens ------- at Giga Engineer for the last 8
                   9.

years. In addition, I will state that she has performed an exceptional job while working at Giga
Engineering. Last year, she was promoted to technical supervisor and received a performance
bonus for ------- excellent work. -------. She has always ------- our expectations and has never
     10.   **11.**   **12.**

been late or absent from work since she has been here. If you have any further questions, please
feel free to contact me at (055) 987-0987.

Sincerely,

Jane Dunn
Director, Engineering Department
Giga Engineering

---

9 (A) has worked
    (B) have worked
    (C) works
    (D) used to work

10 (A) she
    (B) her
    (C) hers
    (D) herself

11 (A) Therefore, she has been a great
       communicator.
    (B) In addition, she has displayed great work
       ethics.
    (C) It is my pleasure to provide this letter of
       recommendation.
    (D) Last summer, she took a year off from
       work.

12 (A) exceeded
    (B) overlooked
    (C) exaggerated
    (D) disregarded

Questions 13-14 refer to the following e-mail.

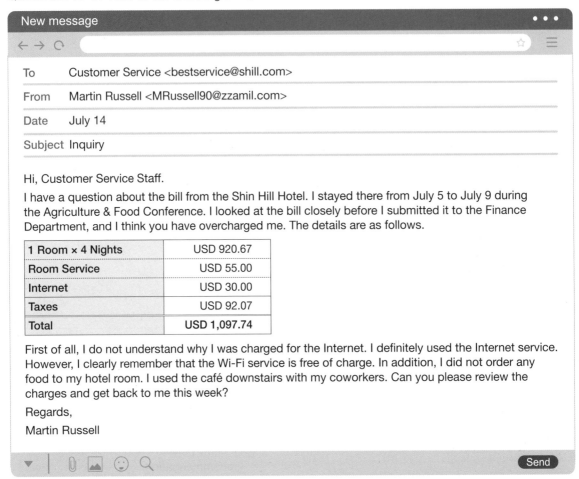

New message	• • •

To   Customer Service <bestservice@shill.com>

From   Martin Russell <MRussell90@zzamil.com>

Date   July 14

Subject Inquiry

Hi, Customer Service Staff.

I have a question about the bill from the Shin Hill Hotel. I stayed there from July 5 to July 9 during the Agriculture & Food Conference. I looked at the bill closely before I submitted it to the Finance Department, and I think you have overcharged me. The details are as follows.

1 Room × 4 Nights	USD 920.67
Room Service	USD 55.00
Internet	USD 30.00
Taxes	USD 92.07
Total	USD 1,097.74

First of all, I do not understand why I was charged for the Internet. I definitely used the Internet service. However, I clearly remember that the Wi-Fi service is free of charge. In addition, I did not order any food to my hotel room. I used the café downstairs with my coworkers. Can you please review the charges and get back to me this week?

Regards,

Martin Russell

Send

13 Why did Mr. Russell write the e-mail?

(A) To dispute some charges

(B) To complain about some food

(C) To give feedback

(D) To reserve a room

14 What is suggested about Mr. Russell?

(A) He went on a business trip.

(B) He ordered room service.

(C) He stayed at the hotel for 3 nights.

(D) He did not use the Internet.

문제 유형

주제 및
목적 찾기

• 주제 및 목적을 찾는 유형은 지문의 전체적인 내용을 파악하는 문제입니다.

• 지문의 목적이나 글을 쓴 이유는 대부분 지문의 초반부에 명시되어 있습니다.

• 주의해야 할 점은 지문 전체를 포괄하는 보기가 정답이 된다는 것과, 지문에서 주제나 목적을 설명하는 표현이 그대로 보기에 제시되지 않고 비슷한 말로 바꾸어 표현된다는 것입니다.

UNIT

02
형용사 / 부사

Overview

형용사 / 부사 Adjectives / Adverbs

Q1 형용사는 언제 사용되는가?

형용사는 **명사를 수식**할 때, 그리고 **문장의 보어**로 쓰일 때의 두 가지 경우에 사용합니다. 형용사는 명사 앞에 위치할 수 있고, be, become과 같은 동사들의 보어로 쓰일 때에는 동사 뒤에 위치할 수도 있습니다.

- He is an <u>amazing</u> *actor.* 그는 놀라운 배우이다.
  명사 수식

- *He* is <u>considerate</u>. 그는 사려 깊다.
  주격 보어

- We kept *the room* <u>warm</u>. 우리는 그 방을 따뜻하게 유지했다.
  목적격 보어

Q2 부사의 역할은 무엇인가?

부사는 수식하는 역할만을 할 수 있는데, **동사, 형용사, 부사, 문장 전체를 수식**할 수 있습니다. 부사는 문장의 필수 요소가 아니기 때문에 부사를 삭제해도 문장이 성립합니다.

- He <u>always</u> *goes* to work by subway. 그는 항상 지하철을 타고 출근한다.
  동사 수식

- She is <u>extremely</u> *happy.* 그녀는 극도로 행복하다.
  형용사 수식

- He drives <u>very</u> *carefully.* 그는 매우 조심스럽게 운전한다.
  부사 수식

- <u>Suddenly</u>, *a man started screaming.* 갑자기, 한 남자가 소리지르기 시작했다.
  문장 전체 수식

01 형용사의 역할과 자리

형용사의 의미: 명사의 성질이나 상태를 설명하거나 꾸며주는 단어

wonder**ful**(훌륭한), conveni**ent**(편리한), flex**ible**(유동적인)과 같은 단어가 형용사입니다. 주어나 목적어를 보충 설명해주는 **보어 역할**과, 명사를 꾸며주는 **명사 수식의 역할**을 합니다.

역할	자리	예시	
명사 수식	형용사 + 명사	a **serious** injury 심각한 부상	my **previous** job 나의 이전 직장
	something/anything/nothing + 형용사	something **urgent** 긴급한 어떤 것	anything **interesting** 흥미로운 어떤 것
보어	become, be, look, feel의 주격 보어	become **successful** 성공하게 되다	look **comfortable** 편안해 보이다
	make, keep, find의 목적격 보어	make them **happy** 그들을 행복하게 만들다	find it **useful** 그것이 유용하다고 생각하다

Dr. Smith / performed / an **innovative** surgery / that challenged / the traditional approach.
Smith 박사는 / 시행했다 / 혁신적인 수술을 / 도전하는 / 전통적인 접근 방식에

실력 쌓기
정답 p.045

A 괄호 안의 단어들 중에서 적절한 것을 고른 다음, 그 단어의 역할에 동그라미 치세요.

1 It is (difficult, difficultly) to change your online order once it is submitted. [명사 수식 / 보어]

2 Our flight was canceled because of the (heavy, heavily) rain. [명사 수식 / 보어]

3 I think there is something (wrong, wrongly) with this cell phone. [명사 수식 / 보어]

4 Some of us found the new copy machine (convenience, convenient) to use. [명사 수식 / 보어]

5 The man became (anger, angry) when the manager of the store asked him to leave.

[명사 수식 / 보어]

B 주어진 우리말을 참고하여 빈칸에 들어갈 알맞은 표현을 고르세요.

1 ABC Office Supplies has to find a secure way to manage _____ documents.
ABC 사무용품사는 비밀 문서를 관리하는 안전한 방법을 찾아야 한다.

(A) confidence   (B) confidential   (C) confidentially   (D) confidentiality

2 For your safety, it is _____ to follow the instructions when installing the electronic
device. 당신의 안전을 위하여, 그 전자 제품을 설치할 때 설명서를 따르는 것은 중요하다.

(A) importance   (B) to important   (C) important   (D) importantly

02 부사의 역할과 자리

부사의 의미: 형용사나 다른 부사, 동사 등의 의미를 더해주는 단어

quickly (빨리), fortunately (운 좋게), finally (마침내)와 같이 「형용사 + -ly」 형태의 단어가 부사입니다. 부사는 **형용사, 다른 부사, 동사, 문장 전체를 수식**하는 역할을 하며, 문장에서 부사의 자리는 비교적 자유로운 편입니다. 단, 부사는 동사와 목적어 사이에 올 수 없습니다.

역할	자리	예시
형용사 수식	부사 + 형용사	The product is **surprisingly** *expensive*. 그 제품은 대단히 비싸다.
부사 수식	부사 + 부사	I asked him a question **very** *nicely*. 나는 매우 정중히 그에게 질문했다.
동사 수식	일반 동사 앞, 뒤	He *insisted* **strongly**. 그는 강력하게 주장했다.
문장 전체 수식	문장 맨 앞, 뒤	**Eventually**, *the flight was delayed*. 결국, 비행기는 지연되었다.

The drivers / must return / the trucks / **immediately** / to the company / after completing / the deliveries.
운전사들은 / 반납해야 한다 / 트럭을 / 즉시 / 회사로 / 완료한 후에 / 배달을

실력 쌓기

정답 p.045

A 괄호 안의 단어들 중 옳은 것을 고른 다음, 그것이 수식하는 단어나 문장에 밑줄을 치세요.

1 The city council has demolished the old town center (complete, completely).

2 (Final, Finally), the two companies agreed on the terms of the contract. term 조건

3 Office workers should exercise (regular, regularly) to stay in shape. stay in shape 건강을 유지하다

4 There is a vending machine (convenient, conveniently) placed in the lobby. convenient 편리한

5 Mr. Thomson is working (real, really) hard on the software development project.

B 주어진 우리말을 참고하여 빈칸에 들어갈 알맞은 표현을 고르세요.

1 The air quality gauge is _____ accurate in measuring the level of the micro dust in the air. 대기 질 측정기는 대기 중 미세먼지의 농도를 놀랄 만큼 정확히 측정한다.

(A) amazing　　(B) amaze　　(C) amazed　　(D) amazingly

2 BRICO Co. holds a fundraising event _____ at the Lincoln Center.
BRICO 사는 링컨 센터에서 매년 기금 모음 행사를 연다.

(A) annual　　(B) annually　　(C) an annual　　(D) annuals

122

03 주의해야 할 형용사, 부사

주의해야 하는 형용사와 부사:
① -ly로 끝나는 형용사, ② 형태가 서로 같은 형용사와 부사, ③ 혼동하기 쉬운 부사

형용사, 부사와 관련하여 기타 주의해야 하는 사항들이 있습니다. 우선, **동사에 -ly를 붙이면 부사가 되지만 명사에 -ly를 붙이면 형용사**가 됩니다. 둘째로 hard, fast, late와 같이 **형용사와 부사의 형태가 동일한 경우**도 있습니다. 마지막으로 hardly, lately와 같이 **의미상 혼동하기 쉬운 부사**들이 있습니다.

-ly로 끝나는 형용사	**friendly / lovely** people 다정한 / 사랑스러운 사람들	**costly** trip 비싼 여행	**timely** manner 시기 적절한 방식
형용사와 부사의 형태가 동일한 경우	**hard** exam 어려운 시험 work **hard** 열심히 일하다	**fast** runner 빠른 주자 run **fast** 빠르게 달리다	**late** lunch 늦은 점심 work **late** 늦게까지 일하다
혼동하기 쉬운 부사	She is **hardly** late to work. 그녀는 거의 직장에 늦지 않는다. Have you heard from Mr. Park **lately**? 최근에 Park 씨에게서 소식을 들었나요?		

Lately, / the Personnel Department / has requested / that all staff members / update / their profiles / for the company's records.
최근에 / 인사부는 / 요청했다 / 모든 직원들이 / 업데이트를 한다 / 그들의 신상정보를 / 회사의 기록을 위하여

실력 쌓기

정답 p.045

A 다음 밑줄 친 단어가 틀리면 바르게 고치고 옳으면 O 표시를 하세요.

1 Korean music has been popular in foreign countries <u>late</u>. (   )   popular 인기 있는

2 Mr. Kaiser <u>hard</u> eats anything before speaking in public. (   )   in public 대중 앞에서

3 It is said that leaving the EU will be a <u>cost</u> procedure. (   )   procedure 절차

4 All the employees have been working <u>late</u> for the last two months. (   )

5 Hundreds of commuters were <u>lately</u> to work because of the lateness of the train. (   )
   hundreds of 수백의   commuter 통근자   lateness 지연

B 주어진 우리말을 참고하여 빈칸에 들어갈 알맞은 표현을 고르세요.

1 We hope to settle the disagreement over the contract in a _____ manner.
   우리는 그 계약에 대한 의견 충돌이 시기 적절하게 해소되기를 바란다.
   (A) time   (B) times   (C) timing   (D) timely

2 All the people were so shocked that they could _____ say anything.
   모든 사람들이 매우 놀라서 거의 아무 말도 할 수 없었다.
   (A) hardly   (B) to hardly   (C) hard   (D) hardness

04 원급, 비교급, 최상급의 형태

비교급과 최상급: 둘 이상을 비교할 때에는 비교급, '가장 ~한'이라는 의미의 최상급

① **원급**은 비교 대상 없이 형용사, 부사를 그대로 사용하며 ② **비교급**은 두 개를 비교할 때 '더 ~하는' 이라는 표현을 할 때 사용됩니다. ③ **최상급**은 둘 이상의 비교 대상들 중에서 어떤 것이 '가장 ~한'이라는 의미입니다. 비교급과 최상급은 짧은 단어에는 각각 -er / -est를 붙이고, 비교적 긴 단어는 단어 앞에 more / most를 붙입니다.

	원급	비교급	최상급
1음절 단어	young 어린	**younger** 더 어린	**youngest** 가장 어린
3음절 이상 단어	comfortable 편안한	**more** comfortable 더 편안한	**most** comfortable 가장 편안한
-y로 끝나는 2음절 단어	easy 쉬운	**easier** 더 쉬운	**easiest** 가장 쉬운
-ly로 끝나는 부사	slowly 천천히	**more** slowly 더 천천히	**most** slowly 가장 천천히
불규칙 변화	good / well 좋은 / 잘	**better** 더 좋은	**best** 가장 좋은
	bad / badly 나쁜 / 나쁘게	**worse** 더 나쁜	**worst** 가장 나쁜
	many / much 많은	**more** 더 많은	**most** 가장 많은
	little 적은	**less** 더 적은	**least** 가장 적은

Unfortunately, / the financial crisis / is **more serious** / than we thought / at first.
불행하게도, / 그 경제 위기는 / 더 심각하다 / 우리가 생각한 것 보다 / 처음에

실력 쌓기

정답 p.046

A 주어진 우리말에 맞게 제시된 단어를 알맞은 형태로 변형하여 문장을 완성하세요.

1 송장을 팩스로 보내는 것이 우편으로 배달하는 것보다 더 빠르다.

→ Sending the invoices by fax is (   ) than delivering them by mail. (quick)

2 가장 저렴한 요금을 위하여 두 달 전에 표를 예약하는 것이 좋다.

→ You are advised to book your tickets two months in advance to get the (   ) fares. (cheap)

3 그 발레 공연은 러시아 최고의 발레리나를 주연으로 했다.

→ The ballet performance featured the (   ) ballerina in Russia. (good)

B 주어진 우리말을 참고하여 빈칸에 들어갈 알맞은 표현을 고르세요.

1 The company will become _____ when the new product is released in March.
그 회사는 3월에 신제품이 출시되면 더 많은 이윤이 생길 것이다.

(A) profitably (B) more profitable (C) profit (D) more profitably

2 We are considering hiring the _____ candidate to handle this project.
우리는 이 프로젝트를 처리하기 위하여 가장 경험이 많은 후보자를 고용할 것을 고려하고 있다.

(A) most experienced (B) experiences (C) experiencing (D) has experienced

05 원급, 비교급, 최상급의 쓰임

「as 원급 as」/「비교급 than」/「최상급 + in, of」

① **원급비교**는 'as ~ as'의 형태로 표현하고 '~만큼 …한'이라는 의미입니다. 'as ~ as'사이에는 **형용사나 부사의 원급**이 와야 합니다. ② **비교급**은 '~보다'를 뜻하는 than을 수반하여 「**than + 비교대상**」으로 쓰입니다. ③ **최상급**은 '~중에서'를 뜻하는 **전치사 in, of**를 사용하여 표현할 수 있습니다.

as + 원급 + as	Mr. Carter is *as successful as* Mr. Gates. Carter 씨는 Gates 씨만큼 성공했다.
비교급 + than	Mr. Carter is **more successful** *than* Mr. Mars. Carter 씨는 Mars 씨보다 더 성공했다.
최상급 + in 장소 / of 시간	Mr. Thomson is **the most successful** businessman *in America*. Thomson 씨는 미국에서 가장 성공한 사업가이다.

The Capital Visa Agency / will help you / complete / the visa process / **as efficiently as possible**.
Capital Visa 대행사는 / 당신을 도와줄 것이다 / 완성하도록 / 비자 처리 과정을 / 가능한 한 효율적으로

실력 쌓기

A 괄호 안의 비교급과 최상급 중에서 문장을 완성하기에 알맞은 것을 고르세요.

1   Sea levels are increasing (faster / fastest) than ever because of global warming.

   sea level 해수면   **increase** 상승하다   **global warming** 지구온난화

2   Mr. Doyle is known to be the (more / most) innovative architect in Europe.   **architect** 건축가

3   Taking the highway took (long / longer) than riding on the bus.   **highway** 고속도로

4   The interviewee answered the questions as (well / best) as he could.   **interviewee** 인터뷰 받는 사람

5   The (more / most) memorable day of my life is the day when I opened my own restaurant.

   memorable 기억에 남는

B 주어진 우리말을 참고하여 빈칸에 들어갈 알맞은 표현을 고르세요.

1   Mr. Yamamoto received the _____ performance review in the Customer Service Department. Yamamoto 씨는 고객서비스 부서에서 가장 형편없는 실적 평가를 받았다.

   (A) poorest   (B) poorer   (C) most poor   (D) more poor

2   Customers' dissatisfaction about the design of the phone is _____ than complaints about the bad sound quality. 그 전화 디자인에 대한 고객의 불만족은 나쁜 음질에 대한 불만보다 더 많았다.

   (A) big   (B) bigger   (C) biggest   (D) being big

토익 필수 어휘 ✓ 명사 어구

A 주어진 우리말에 맞게 알맞은 표현을 찾아 쓰세요.

safety precaution	expiration date	sales representative
customs officials	energy consumption	safety inspection

1 **안전 예방 조치**로서   as a _____

2 **에너지 소비**를 줄이다   reduce _____

3 **세관원**들에 의해 조사된다   examined by _____

4 **안전 점검**을 수행하다   carry out a _____

sales revenue	business expenses	performance review
public relations	evaluation report	job performance

5 다른 **사업 비용**을 충당하다   cover other _____

6 **홍보** 분야에서 일하다   work in _____

7 **평가 보고서**를 제출하다   submit the _____

8 낮은 **판매 수익**   low _____

B 주어진 우리말에 맞게 빈칸에 알맞은 말을 써 넣으세요.

1 그 평가 보고서는 회사가 서비스와 제품을 개선하는 데 도움이 될 것이다.

→ The _____ will help the company improve its services and products.

2 정부는 현재 모든 합리적인 안전 예방 조치를 취하고 있다.

→ The government is currently taking every reasonable _____.

3 그 기관은 홍보 대행사를 고용하기로 결정했다.

→ The organization has decided to hire a _____ agency.

4 전력 비용의 상승은 유럽에서 에너지 소비에 영향을 주었다.

→ A rise in electricity costs has affected _____ In Europe.

정답 | A 1 safety precaution 2 energy consumption 3 customs officials 4 safety inspection 5 business expenses 6 public relations 7 evaluation report 8 sales revenue
B 1 evaluation report 2 safety precaution 3 public relations 4 energy consumption

PART 5 빈칸에 들어갈 알맞은 표현을 고르세요.

1 The newly released computers from Cozy Electronics are ------- than the previous models.

(A) fast
(B) faster
(C) fastest
(D) more fast

2 The CFO announced that sales ------- would decline by 20 percent next year due to the economic recession.

(A) access
(B) updates
(C) analysis
(D) revenue

3 Mr. Donetti believes that the purchase of real estate is a ------- investment for the future.

(A) safe
(B) safety
(C) safely
(D) safeness

4 The Georgetown Festival has become one of the ------- annual events in the city.

(A) good
(B) well
(C) best
(D) better

5 The two companies agreed ------- on the increase in the price of the raw materials.

(A) mutual
(B) mutually
(C) mutuality
(D) mutualness

6 As a safety -------, the city government has decided to close the auditorium on Broadway.

(A) precaution
(B) permission
(C) appointment
(D) complaint

7 It is impossible to get a refund without the ------- receipt from the store.

(A) origin
(B) original
(C) originally
(D) originated

8 I could ------- believe that Ms. Porter was appointed as the new vice president of the company.

(A) hard
(B) hardly
(C) harder
(D) more hardly

Questions 9-12 refer to the following notice.

To: Kitchenhelp Staff Members
From: Technical Support Team
Subject: Web Site Renewal
Date: November 21

We are happy to announce that Kitchenhelp is about to present its ------- Web site. The
                                                                    9.

engineering team is going to make the ------- to the new site at midnight on Sunday, August 29.
                                      10.

-------. Please keep in mind that problems might occur while we process the change. We will try
11.

our best to resolve any problems as ------- as possible. Contact Mr. Evans on the Technical
                                    12.

Support team at (025) 234-5566 if you have any questions or feedback about the new Web site.

9   (A) update
    (B) updater
    (C) updates
    (D) updated

10 (A) transition
    (B) collection
    (C) demonstration
    (D) disruption

11 (A) The reason is that Web site traffic is
        usually low at night.
    (B) In fact, the process might be delayed.
    (C) Online transactions will increase soon.
    (D) The technicians will get a big bonus after
        the renewal.

12 (A) quick
    (B) quicker
    (C) quickly
    (D) quickest

Questions 13-14 refer to the following text message chain.

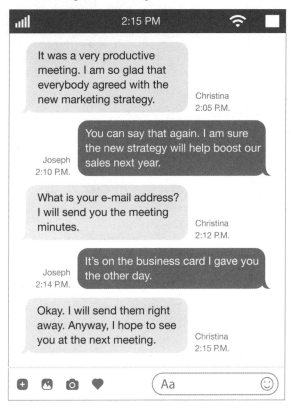

13 At 2:10 P.M. what does Joseph mean when he writes, "You can say that again"?

(A) He wants the woman to repeat herself.

(B) He thinks the woman is correct.

(C) He does not agree with the woman.

(D) He will take care of the problem.

14 Why did Christina ask for Joseph's e-mail?

(A) To get his business card

(B) To ask about the meeting

(C) To send him the meeting notes

(D) To schedule the next meeting

지문 유형

문자 메시지,
온라인 채팅

· 문자 메시지 지문의 경우 대화 참여자가 두 명이며 2문항이 출제됩니다. 온라인 채팅 지문의 경우 대화 참여자가 더 많고 지문의 길이도 더 깁니다. 문항 수 또한 4문항으로 더 많습니다.

· 두 유형의 지문 모두 화자의 의도를 묻는 유형의 문제가 출제됩니다.

· 두 유형 모두 ① 메시지를 주고 받는 사람의 관계를 먼저 파악하고 나서 ② 주고 받는 내용이 무엇인지를 정확하게 이해해야 합니다.

UNIT

03
동사의 시제

Overview

동사의 시제 Tenses

Q1 동사의 시제에는 어떤 것이 있는가?

	현재	과거	미래
단순	**현재 시제** • be동사: am/are/is • 일반동사 　– 1·2인칭, 복수: 동사원형 　– 3인칭 단수: 　　동사원형 -s/-es	**과거 시제** • be동사: was/were • 일반동사 　– 동사원형-ed 　– 불규칙 과거형	**미래 시제** • be동사: will be • 일반동사: will + 동사원형
진행	**현재진행 시제** am/are/is + 동사원형-ing	**과거진행 시제** was/were + 동사원형-ing	**미래진행 시제** will be + 동사원형-ing
완료	**현재완료 시제** have/has + 과거분사	**과거완료 시제** had + 과거분사	**미래완료 시제** will have + 과거분사

Q2 과거 시제와 현재완료 시제는 어떻게 다른가?

과거 시제는 단순히 과거에 있었던 일만을 나타내는 반면, 현재완료 시제는 과거에 시작해서 현재까지 계속되는 일을 나타내거나, 현재에도 영향을 주는 일을 나타낼 때 쓰입니다.

- **I worked** at the company for 10 years. 나는 그 회사에서 10년간 일했었다.
  → 지금은 일하지 않음 (과거 시제)
- **I have worked** at the company for 10 years. 나는 그 회사에서 10년간 일해오고 있다.
  → 지금도 일하고 있음 (현재완료 시제)

01 현재 시제 & 과거 시제

현재 시제: 현재 상태, 반복되는 습관이나 일, 일반적인 사실
과거 시제: 과거에 일어난 일 (현재와는 관련 없음)

현재시제는 be동사의 경우 주어에 따라 am/are/is를 쓰고, 일반 동사의 경우 동사원형을 씁니다. 단, 주어가 3인칭 단수인 경우에는 동사에 -s/-es를 붙입니다. **과거 시제**는 일반적으로 동사에 -ed가 붙어 있는 형태입니다. 불규칙 동사에는 여러 가지 형태가 있으므로 암기해 두어야 합니다.

	현재 시제		과거 시제
현재 상태	My secretary **is** at her desk. 나의 비서는 그녀의 책상에 있다.	과거의 상태	We **were** busy at that time. 우리는 그때 바빴다.
반복되는 일, 일반적인 사실	I usually **leave** for work at 7. 나는 보통 7시에 퇴근한다. The store **closes** at 9 P.M. 상점은 저녁 9시에 문을 닫는다.	과거에 일어난 일	They **started** the project a few months ago. 그들은 몇 달 전에 프로젝트를 시작했다.

This contract / **contains** / all the terms and conditions / necessary for the transaction.
이 계약서는 / 담고 있다 / 모든 조항과 조건들을 / 거래에 필요한
Last month, / Mr. Lee broke his sales record / and **became** the employee of the month.
지난달에 / Lee 씨는 영업 기록을 깼고 / 이달의 직원이 되었다

실력 쌓기

정답 p.048

A 우리말에 맞게 괄호 안의 동사의 형태를 알맞게 바꾸어 문장을 완성하세요.

1 나는 고객들과 두 달에 한 번 만난다.
  → I ＿＿＿＿＿＿＿ with my clients every two months. (meet)

2 그것은 필요한 모든 정보를 포함하고 있다.
  → It ＿＿＿＿＿＿＿ all the necessary information. (include)

3 그들은 3일 전에 도착했다. → They ＿＿＿＿＿＿＿ there 3 days ago. (arrive)

4 회사는 나를 승진시키기로 결정했다. → The company ＿＿＿＿＿＿＿ to promote me. (decide)

5 이사회는 그 문제를 논의하기 위해 모였다.
  → The board of directors ＿＿＿＿＿＿＿ to discuss it. (gather)

B 주어진 우리말을 참고하여 빈칸에 들어갈 알맞은 표현을 고르세요.

1 The traffic lights ＿＿＿＿＿＿＿ working last night because of the heavy snow.
  지난밤 폭설로 인해 신호등이 작동을 멈추었다.

  (A) stop   (B) stops   (C) stopped   (D) to stop

2 The department usually ＿＿＿＿＿＿＿ with customer complaints related to our products.
  그 부서는 보통 우리 제품과 관련된 고객 불만 사항들을 다룬다.

  (A) deal   (B) deals   (C) dealt   (D) will deal

02 진행 시제

진행 시제: 현재진행, 과거진행, 미래진행 시제가 있음

진행 시제는 「be동사 + 동사-ing」의 형태이며, be동사의 시제에 따라서 현재진행, 과거진행, 미래진행 시제로 구분됩니다.

	형태	의미
현재진행 시제	am/is/are + 동사-ing	~하고 있는 중이다, (가까운 미래에) ~할 것이다
과거진행 시제	was/were + 동사-ing	~하고 있었다
미래진행 시제	will be + 동사-ing	~하는 중일 것이다, ~할 것이다 (= be going to)

I **am responding** / to your request / for unpaid vacation.
저는 답장을 하고 있습니다 / 당신의 요청에 대해 / 무급 휴가에 대한
Customers / **were complaining** / about the service.
고객들이 / 불평하고 있었다 / 서비스에 대해
I / **will be interviewing** / the marketing director of MTW, Inc.
나는 / 인터뷰하고 있을 것이다 / MTW 사의 마케팅 이사를

Tip! 현재진행 시제는 가까운 미래에 확정된 일이나 계획을 나타낼 때 미래의 의미로 자주 쓰입니다.
• We **are going** on a vacation to Paris. 우리는 파리로 휴가를 떠날 것이다.

실력 쌓기

정답 p.048

 A 괄호 안에서 알맞은 동사를 고르세요.

1 He (will be distributing / was distributing) handouts when I entered the room. **distribute** 배포하다

2 We (will be closing / were closing) the store in 15 minutes. **in 15 minutes** 15분 후에

3 To attract more customers, we (will be offering / were offering) an express delivery service from next month. **attract** 끌어들이다

4 The manager and the staff (are having / were having) a discussion at the moment.
at the moment 지금

5 I (am looking / was looking) forward to meeting with you next week.
look forward to ~할 것을 고대하다

B 주어진 우리말을 참고하여 빈칸에 들어갈 알맞은 표현을 고르세요.

1 The community center _____ for donations to help the disabled and the elderly.
지역 센터에서는 장애우와 노인을 돕기 위해 기부해 줄 것을 요청하고 있다.

(A) ask   (B) is asking   (C) to asking   (D) have asked

2 Small business owners _____ for chances to increase their profits all the time.
소상공인들은 이익을 증대시킬 기회를 항상 찾고 있다.

(A) looks   (B) looked   (C) looking   (D) are looking

03 현재완료

현재완료: have/has + 과거분사

현재완료 시제는 과거에 일어난 일이 현재까지 계속되거나 영향을 줄 때 쓰는 시제입니다. 아래의 4가지의 의미 중에 하나로 쓰입니다.

계속 (과거에서 현재까지 계속되는 일)	I have **worked** in this department for 10 years. 나는 10년째 이 부서에서 일해 오고 있다.
경험 (과거의 경험에 대해 이야기할 때)	**Have** you ever **worked** overseas? 당신은 해외에서 근무해 본 경험이 있나요?
완료 (막 끝낸 일을 의미할 때)	The R&D Department **has** just **finished** working on the project. 연구 개발팀은 지금 막 그 프로젝트를 끝냈다.
결과 (과거의 일이 현재까지 영향을 줄 때)	We still **haven't found** out the cause of the problem. 우리는 아직도 그 문제의 원인을 찾아내지 못했다.

현재완료 시제는 'for the last[past] 10 weeks', 'since'와 같이 '기간'을 의미하는 어구와 어울려 쓰입니다. 'last week', '2 days ago'와 같은 '시점'을 의미하는 부사구는 현재완료와는 쓸 수 없고, 단순 과거와 써야 합니다.

We / **have had** a lot of difficulties / *since* the merger. [현재완료 시제]
우리는 / 어려움을 겪어 오고 있다 / 합병 이후에

They / **decided** / to cut down on overtime / *two weeks ago*. [과거 시제]
그들은 / 결심했다 / 초과 근무를 줄이기로 / 2주 전에

실력 쌓기

정답 p.049

A 밑줄 친 현재완료 형태에 유의하면서 문장을 해석하세요.

1 I **have** just **finished** the outline of my presentation.   **outline** 개요

→ _____

2 **Have** you ever **considered** finding a better-paying job?   **a better-paying job** 수입이 더 나은 직업

→ _____

3 We **have experienced** a lot of trouble with this new software program.

→ _____

B 주어진 우리말을 참고하여 빈칸에 들어갈 알맞은 표현을 고르세요.

1 This commercial _____ a lot of new customers since its release last January.
이번 새 광고는 지난 1월에 나온 이후로 많은 신규 고객을 끌어 모으고 있다.

(A) attracts   (B) will attract   (C) have attracted   (D) has attracted

2 The number of complaints _____ drastically since we adopted the new programs.
우리가 새로운 프로그램을 도입한 이후에 불만 건수가 현저히 감소했다.

(A) decrease   (B) decreased   (C) has decreased   (D) have decreased

04 단순미래 & 미래완료

단순미래: will / be going to + 동사원형

미래완료: will have + 과거분사

미래에 일어날 일을 '~할 것이다'라는 의미로 간단하게 표현할 때에는 동사원형 앞에 will이나 be going to를 써서 나타냅니다.

미래완료 시제는 '미래의 어느 시점이 되면 어떤 일이 완료되어 있을 것이다'라는 의미를 표현할 때 쓰입니다.

단순미래 will + 동사원형 be going to + 동사원형	I **will go** and check if everything is all right. 제가 가서 괜찮은지 확인해 볼게요. He **is going to be** late for the sales meeting. 그는 영업 회의에 늦을 것이다.
미래완료 will have + 과거분사	By that time, we **will have launched** a new product. 그때쯤이면, 우리는 신제품을 출시했을 것이다.

미래완료 시제는 「by that time」 혹은 「by the time + 주어 + 동사 ~」와 같은 어구와 잘 어울립니다. 'by that time'은 부사구이므로 단독으로 사용될 수 있지만, 'by the time'은 접속사이기 때문에 항상 '주어 + 동사'를 동반합니다.

By the time / the new project is completed, / Marc **will have left** / the company.
쯤이면 / 그 프로젝트가 끝났을, / Marc는 / 떠났을 것이다 / 회사를

실력 쌓기
정답 p.049

A 주어진 우리말에 맞게 동사의 형태를 바꾸어 문장을 완성하세요.

1 우리 고객들이 30분 후에 도착할 것이다.

Our clients ＿＿＿＿＿＿＿＿＿＿＿＿ in 30 minutes. (arrive)

2 그때쯤이면, 발표가 이미 시작했을 것이다.

By that time, the presentation ＿＿＿＿＿＿＿＿＿＿＿＿. (start)

3 그들은 고객 불만에 대해 어떤 조치를 취할 것이다.

They ＿＿＿＿＿＿＿＿＿＿＿ something about customer complaints. (do)

4 더 많은 직원들이 고용된 후에는, 공장 가동력이 두 배가 될 것이다.

After more workers are hired, the factory's capacity ＿＿＿＿＿＿＿＿＿＿. (double)

B 주어진 우리말을 참고하여 빈칸에 들어갈 알맞은 표현을 고르세요.

1 By the time more large printers are set up, demand for publications ＿＿＿＿＿＿＿ twofold.

더 많은 대형 인쇄기들이 설치될 때쯤이면, 출판에 대한 수요가 2배로 증가해 있을 것이다.

(A) increase (B) increases (C) have increased (D) will have increased

2 Due to a decrease in interest rates, more people ＿＿＿＿＿＿＿ to buy their own houses.

이자율의 감소 때문에, 더 많은 사람들이 자택을 구입하려고 할 것이다.

(A) tries (B) try (C) will try (D) has tried

토익 필수 어휘 ✓ 동사 I

A 주어진 우리말에 맞게 알맞은 단어를 찾아 쓰세요.

distribute	oversee	conduct
decrease	streamline	promote

1 면접을 **실시하다**   _____ an interview

2 작업 흐름을 **능률화하다**   _____ the workflow

3 문서를 **배포하다**   _____ the documents

4 광고 캠페인을 **감독하다**   _____ the advertising campaign

endorse	locate	attract
accommodate	retain	modify

5 파일의 **위치를 알아내다**   _____ the files

6 새 제품을 **광고하다**   _____ the new product

7 계약을 **수정하다**   _____ the contract

8 백 명의 인원을 **수용하다**   _____ a hundred people

B 주어진 우리말에 맞게 빈칸에 알맞은 말을 써 넣으세요.

1 그 경기장은 3만 명을 수용할 만큼 충분히 크다.

→ The stadium is large enough to _____ 30,000 people.

2 요즈음, 많은 회사들이 온라인 설문조사를 실시한다.

→ These days, a lot of companies _____ online surveys.

3 그 축구선수는 술, 담배와 관련된 제품을 광고하는 것을 거부했다.

→ The soccer player refused to _____ products related to alcohol or tobacco.

4 그 프로젝트를 감독할 새 매니저가 임명되었다.

→ A new manager has been appointed to _____ the project.

정답 | **A** 1 conduct 2 streamline 3 distribute 4 oversee 5 locate 6 endorse 7 modify 8 accommodate **B** 1 accommodate 2 conduct 3 endorse 4 oversee

PART 5 빈칸에 들어갈 알맞은 표현을 고르세요.

1 The secretary is having trouble ------- Mr. Thompson's whereabouts.

(A) locating

(B) reviewing

(C) promoting

(D) exceeding

2 Most of the stores downtown ------- at 10 in the morning and close at 9 P.M.

(A) open

(B) opens

(C) have opened

(D) will open

3 Many of the employees in this factory ------- to leave after the huge salary cut three weeks ago.

(A) decide

(B) decides

(C) decided

(D) have decided

4 The only grocery store in this town is temporarily closed because it ------- a renovation.

(A) undergo

(B) is undergoing

(C) have undergone

(D) will have undergone

5 The number of tourists visiting this city ------- for the past few months.

(A) rises

(B) risen

(C) has risen

(D) have risen

6 By the time the new computer system is installed, all the problems ------- themselves out.

(A) work

(B) worked

(C) have worked

(D) will have worked

7 The results of the survey will be used to ------- the program for next year.

(A) apply

(B) afford

(C) modify

(D) notify

8 Competent employees constantly ------- for chances to develop themselves professionally.

(A) look

(B) looked

(C) have looked

(D) looking

Questions 9-12 refer to the following letter.

April 20
Mr. Jack Peterson
2342 Elm Street
New York, New York 10032

Dear, Mr. Peterson,

I ------- your invitation to your company's 10th anniversary the other day. I ------- your thoughtful
   9.   **10.**

invitation. Unfortunately, I already have another engagement that afternoon, so I won't be able to
attend the party. -------. Otherwise, I would surely be there.
                                  11.

I'm sure it ------- a great occasion. Please convey my regrets to your manager and extend my
       12.

congratulations on your 10th anniversary.

May you enjoy a wonderful celebration.

Sincerely yours,
Agnes Davis

---

9 (A) receive
    (B) receives
    (C) received
    (D) am receiving

10 (A) apologize
    (B) appreciate
    (C) disagree
    (D) regret

11 (A) I am in charge of a fundraiser that requires my attention that night.
    (B) I am not interested in attending the celebration.
    (C) I am sorry to tell you that you are not invited to the event.
    (D) I am not sure about the invitation.

12 (A) is
    (B) was
    (C) will be
    (D) has been

Questions 13-15 refer to the following announcement.

I have an important reminder about the annual gala event. You are welcome to bring your family or friends to this event. The event will be taking place at 6 in the afternoon on the 6th of March on Friday. The place where the gala will be held is 5639 Kaneohe Street. If you can't attend this event, you will have to talk with your boss and get his or her approval since this event is mandatory for all full-time employees. Please register to the event by following the registration link on our company Web site. I hope to see you all there.

13 What is the purpose of the this announcement?

(A) To confirm that an event has been arranged

(B) To remind readers that there is an important event

(C) To encourage employees to prepare for a gala

(D) To invite people to a party

14 How often is the event held?

(A) Once a month

(B) Every three months

(C) Once a year

(D) Twice a year

15 How can readers sign up for the event?

(A) By visiting the office

(B) By talking to their supervisors

(C) By visiting a Web site

(D) By picking up an invitation

문제 유형

육하 원칙

- 육하 원칙 문제는 누가(who), 언제(when), 무엇을(what), 어떻게(how), 어디서(where), 왜(why)와 같이 세부 정보를 묻는 문제입니다.
- 문제를 먼저 읽은 다음 어떠한 세부 정보를 찾아야 하는지를 파악하는 것이 중요합니다.
- 육하 원칙 문제의 예시는 아래와 같습니다.

Who is the event for?

When will the construction end?

What happened to the company?

How did it happen?

Where did they get the information?

Why was the presentation delayed?

UNIT

04
능동태와 수동태

Overview
능동태와 수동태
Active and Passive Voices

Q1 능동태와 수동태는 무엇인가?

능동태는 '주어가 어떤 동작을 스스로 했다'라는 것을 표현할 때 쓰이고, 수동태는 '주어에게 어떤 일이 일어났다,' 혹은 '어떤 일을 당했다'라는 의미를 나타낼 때 쓰입니다.

태	형태	예시
능동태	주어 + 동사	I **broke** the window. 내가 창문을 깼다.
수동태	주어 + be동사 + 과거분사	The window **was broken**. 창문이 깨졌다.

Q2 능동태를 수동태로 만드는 방법은 무엇인가?

능동태를 수동태로 만드는 순서는 ① 능동태의 목적어를 수동태의 주어로, ② 능동태의 동사를 「be동사 + 과거분사」의 형태로 변환, ③ 능동태의 주어를 「by + 목적격」의 형태로 변환하는 것입니다.

• Ms. Wang **played** the piano. Wang 씨가 피아노를 연주했다.

→ The piano **was played** by Ms. Wang. 피아노가 Wang 씨에 의해 연주되었다.

Q3 수동태에는 어떤 종류가 있는가?

수동태는 함께 쓰이는 동사의 종류에 따라 다음과 같이 구분됩니다.

종류		예시
단순 시제	현재형 수동태	The product **is made** in this factory. 그 제품은 이 공장에서 생산된다.
	과거형 수동태	The product **was made** in this factory. 그 제품은 이 공장에서 생산되었다.
	미래형 수동태	The product **will be made** in this factory. 그 제품은 이 공장에서 생산될 것이다.
완료 수동태		The product **has been made** in this factory. 그 제품은 이 공장에서 생산되어 왔다.
조동사 수동태		The product **should be made** in this factory. 그 제품은 이 공장에서 생산되어야 한다.

01 능동태와 수동태

능동태: 「주어 + be동사 혹은 일반동사」 / 수동태: 「주어 + be동사 + 과거분사」

능동태는 「주어 + be동사 혹은 일반동사」의 형태로 '주어가 ~을 (능동적으로) 했다'라는 의미이며, 수동태는 「**주어 + be동사 + 과거분사**」의 형태로 '주어에게 ~일이 일어났다, ~을 당했다'라는 의미입니다. 주어와 동사 사이에 수동의 관계가 성립되는지 능동의 관계가 성립되는지를 파악하여 알맞은 동사의 형태를 사용해야 합니다.

능동태	He + posts + a notice (on the board). 그는 게시판에 안내문을 게시했다.
	주어　　　동사　　　목적어　　　수식어구
수동태	A notice + is posted + by him (on the board). 안내문이 그에 의해 게시판에 게시되었다.
	주어　　　동사　　　by+행위자　(수식어구)

▶ 수동태의 현재/과거/미래

be동사의 시제에 따라 수동태의 시제가 다양하게 표현됩니다.

현재형 수동태	과거형 수동태	미래형 수동태
am/are/is + 과거분사	was/were + 과거분사	will be + 과거분사

All the computers / in the office / **are maintained** carefully. 모든 컴퓨터들은 / 사무실에 있는 / 신중하게 관리되고 있다
The e-mail / **was sent** to you / a few days ago. 이메일은 / 당신에게 보내졌다 / 며칠 전에
More information / **will be provided**. 더 많은 정보들이 / 제공될 것이다

실력 쌓기
정답 p.051

A 우리말에 맞게 동사의 형태를 알맞게 바꾸어 문장을 완성하세요.

1 그들은 나를 승진시켰다. → They _____ me. (promote)

2 나는 관리자로 승진되었다. → I _____ to manager. (promote)

3 Richard가 그 보고서를 작성했다. → Richard _____ the report. (write)

4 그 보고서는 Richard에 의해 작성되었다. → The report _____ by Richard. (write)

B 주어진 우리말을 참고하여 빈칸에 들어갈 알맞은 표현을 고르세요.

1 The idea for the new commercial _____ at the staff meeting.
새 광고에 대한 아이디어가 직원 회의에서 제안되었다.

(A) suggest　　　(B) suggested　　　(C) was suggested　　　(D) were suggested

2 The company _____ me a job as a customer representative.
그 회사는 나에게 고객 센터 직원 직책을 제안할 것이다.

(A) offer　　　(B) will offer　　　(C) is offered　　　(D) will be offered

02 현재완료 수동태, 조동사 수동태

현재완료 수동태: have/has been + 과거분사

조동사 수동태: 조동사 + be + 과거분사

수동태는 여러 가지 형태로 쓰일 수 있는데, **현재완료 수동태**의 경우 「has/have been + 과거분사」의 형태를, **조동사와 함께 쓰이는 경우**에는 「조동사 + be + 과거분사」의 형태를 취합니다.

▶ 현재완료 수동태

'과거부터 현재까지 ~되어 왔다', 혹은 '막 ~이 되었다'라는 의미입니다.

The office / **has been renovated.** 사무실이 / 수리되어 왔다

▶ 조동사 수동태

조동사 뒤에는 항상 be동사의 원형이 온다는 사실에 주의해야 하며, 조동사의 의미에 따라 해석에 유의해야 합니다. 예를 들면 'must + be + p.p.'는 '~되어야 한다'로 해석해야 합니다.

Customer complaints / **should be handled** / by the Customer Service Department.

고객 불만은 / 처리되어야 한다 / 고객 서비스 팀에 의해

실력 쌓기
정답 p.051

A 두 문장이 같은 뜻이 되도록 빈칸에 알맞은 형태의 동사의 쓰세요.

1 We have made a lot of effort to keep the building clean.
   make an effort 노력을 기울이다

   → A lot of effort _____ to keep the building clean.

2 You should turn off all the lights before going out.

   → All the lights _____ off before going out.

3 They cannot make the decision right now.
   make a decision 결정하다

   → The decision _____ right now.

4 The manager has signed the contract.
   sign a contract 계약서에 서명하다

   → The contract _____ by the manager.

B 주어진 우리말을 참고하여 빈칸에 들어갈 알맞은 표현을 고르세요.

1 Mr. Davis had already _____ about the meeting next week.
   Davis 씨는 이미 다음 주 회의에 대해 이야기를 들었다.

   (A) told   (B) been told   (C) tell   (D) been

2 All the necessary documents should _____ by the end of the month.
   필요한 모든 서류들이 이번달 말까지 제출되어야 한다.

   (A) submit   (B) submitted   (C) have submitted   (D) be submitted

03 수동태 관용어구

수동태 관용어구: by 이외의 전치사가 사용되는 경우

수동태에서는 '행위자'를 나타내기 위해 수동태 뒤에 「by + 명사/대명사」를 쓰는 경우가 많지만, 관용적으로 by이외의 전치사를 쓰는 구문들이 있습니다. 아래의 구문들을 숙어처럼 암기해 두어야 합니다.

놀람	be surprised at ~에 놀라다 be shocked at/by ~에 충격을 받다 be amazed by/at ~에 깜짝 놀라다	기쁨	be pleased with ~에 기뻐하다, 만족하다 be excited about ~에 들떠 있다 be delighted with ~에 즐거워하다
걱정	be worried about ~에 대해 걱정하다 be concerned about ~에 대해 걱정하다	기타	be accustomed to ~에 익숙하다 be involved in ~에 연루되다 be engaged in ~하느라 바쁘다 / ~에 종사하다 be located in/at ~에 위치하고 있다 be interested in ~에 관심이 있다
만족	be satisfied with ~에 만족하다 be dissatisfied with ~에 만족하지 못하다		

I / am engaged in / the tourism industry. 나는 / 종사하고 있다 / 관광업에
We / are very worried / about a huge decline / in our turnover. 우리는 / 매우 걱정한다 / 급격한 감소에 대해서 / 매출의

실력 쌓기

정답 p.052

A 우리말에 맞게 빈칸에 알맞은 표현을 넣어 문장을 완성하세요.

1 많은 수의 사람들이 그 스캔들에 연루되어 있다.

→ A large number of people are ⎯⎯⎯⎯⎯⎯⎯ the scandal.

2 대부분의 고객들이 신제품 라인에 만족하지 못했다.

→ Most of the customers were not ⎯⎯⎯⎯⎯⎯⎯ the new product line.

3 저는 당신과 함께 일할 기회에 들떠 있습니다.

→ I ⎯⎯⎯⎯⎯⎯⎯ the opportunity to work with you.

4 그들은 기술적인 문제들을 해결하느라 바쁘다.

→ They are ⎯⎯⎯⎯⎯⎯⎯ solving technical problems.

B 주어진 우리말을 참고하여 빈칸에 들어갈 알맞은 표현을 고르세요.

1 Not everybody is ⎯⎯⎯⎯⎯ with the change in the hiring procedure.
고용 절차의 변화에 대해 모두가 만족하는 것은 아니다.

(A) please   (B) pleases   (C) pleasing   (D) pleased

2 The accountant seems to be accustomed ⎯⎯⎯⎯⎯ handling his clients' complaints.
그 회계사는 고객들의 불만을 다루는 데 익숙한 것 같다.

(A) at   (B) with   (C) to   (D) by

A 주어진 우리말에 맞게 알맞은 단어를 찾아 쓰세요.

engage	handle	launch
maintain	note	represent

1 새로운 TV광고를 **시작하다** .... a new TV commercial

2 시설물을 **유지, 관리하다** .... the facilities

3 문제들을 적절하게 **처리하다** .... the issues properly

4 야외활동에 **참여하다** .... in outdoor activities

allocate	appreciate	economize
grant	renovate	represent

5 상을 **수여하다** .... an award

6 난방비를 **절약하다** .... on heating bills

7 당신의 후원에 **감사하다** .... your support

8 자금과 자원을 **배분하다** .... funds and resources

B 주어진 우리말에 맞게 빈칸에 알맞은 말을 써 넣으세요.

1 당신이 큰 집에 산다면, 유지하기에 많은 비용이 든다.

→ If you live in a large house, it costs a lot to ....

2 그 프로그램은 3년 전에 시작된 이후에 많은 인기를 얻고 있다.

→ The program has gained lots of popularity since it .... 3 years ago.

3 그 회사는 낡은 집이나 건물을 수리해서, 이익을 남기면서 매각하는 일을 한다.

→ The company .... old houses and buildings and sells them at a profit.

4 당신은 외식을 자주 하지 않음으로써 식비를 줄일 수 있다.

→ You could .... on food costs by not eating out as often.

PART 5 빈칸에 들어갈 알맞은 표현을 고르세요.

1 The door ------- last week right after the director's visit to the office.

(A) repaired
(B) is repaired
(C) was repaired
(D) will be repaired

2 Air pollution has to ------- no matter how much money is spent.

(A) reduce
(B) is reduced
(C) be reduced
(D) been reduced

3 The highways connecting the two cities have been very poorly -------.

(A) noted
(B) involved
(C) appreciated
(D) maintained

4 If you are interested ------- the position, please submit your application no later than this Tuesday.

(A) at
(B) in
(C) with
(D) by

5 Mr. Holmes was ------- when he heard the news that the company had offered him a job.

(A) surprise
(B) surprises
(C) surprising
(D) surprised

6 The government is planning to ------- 20 million dollars to resolve the issues related to the homeless.

(A) economize
(B) refund
(C) receive
(D) allocate

7 Your package will ------- immediately after we confirm your payment.

(A) deliver
(B) delivered
(C) be delivered
(D) been delivered

8 If all the information has ------- correctly, you will then be directed to the payment site.

(A) entered
(B) entering
(C) be entered
(D) been entered

Questions 9-12 refer to the following advertisement.

The technical support division has a(n) ------- for a technical support representative. This position
9.

------- a B.S. in computer science and at least three years of experience in the industry. -------.
10.   **11.**

Along with an application, a résumé and a cover letter should ------- in no later than July 11.
12.

Technical support representatives provide online assistance to users of our software products.

Duties include

- dealing with telephone inquiries
- answering online questions

If you have any further questions concerning this position, you can contact Jonathan Hampton in Human Resources at extension 2424.

---

9 (A) introduction
    (B) position
    (C) seat
    (D) opening

10 (A) require
    (B) requires
    (C) is required
    (D) been required

11 (A) You are not supposed to apply for this position.
    (B) If you are interested, please submit an application.
    (C) Your application will be reviewed accordingly.
    (D) We are short-staffed these days.

12 (A) turn
    (B) turns
    (C) turned
    (D) be turned

PART 7 지문을 읽고 문제의 정답을 고르세요.

Questions 13-14 refer to the following memo.

To: All staff

From: Jacob Fisher, Manager, Product Development

Subject: Delay in product launch

We are reaching out to update you on the launch of product ND420. After extensive market testing and customer surveys during the past few months, we've concluded that our new washing machine, ND420, will be delayed from its original launch date until December of this year.

As disappointing as this news might be, we are positive that time for additional testing and customer feedback will help us achieve our foremost goal, which is customer satisfaction. For those sales representative who may have difficulty reaching their sales targets due to this change, we are thinking of further providing promotional offers or reducing your quotas. Please let me know if you have any thoughts on this matter.

13 What has the company recently decided to do?

(A) Cancel production of a product

(B) Postpone releasing a product

(C) Conduct customer surveys

(D) Collect feedback from sales reps

14 The word "foremost" in paragraph 2, line 2, is closest in meaning to

(A) frequent

(B) primary

(C) intensive

(D) obvious

지문유형

회람

• 회람 지문은 정보를 전달하는 것을 목적으로 하기 때문에, 회람의 제목이나 지문의 초반부에서 주제와 목적을 파악할 수 있습니다.

• 지문의 마지막 부분에는 문의 사항이 있을 경우 연락할 수 있는 담당자의 연락처나 이메일 주소 등이 제시되는 경우도 있습니다.

UNIT

05

to부정사

Overview
to부정사 to-infinitives

Q1 to부정사의 형태와 용도는 무엇인가?

한 문장에서는 하나의 동사를 사용하는 것이 원칙이므로, 문장 내에서 동사를 하나 더 사용하고 싶으면 동사 앞에 to를 붙여서 사용할 수 있습니다. 즉, to부정사의 형태는 「to + 동사원형」이 됩니다. 동사 앞에 to가 붙게 되면 이는 더 이상 동사가 아니며, 문장 내에서 **명사, 형용사, 부사의 역할**을 하게 됩니다. 동명사와 분사 또한 같은 원리입니다.

- I **want go** to lunch. [✕]
- I **want to go** to lunch [○] 나는 점심을 먹으러 가기를 원한다.
  → want: 본동사 / to go: to부정사로서 want의 목적어 역할

Q2 to부정사는 언제 쓰이는가?

to부정사는 ① 문장의 주어, 목적어, 보어로 사용될 때(명사적 용법), ② 명사를 수식할 때(형용사적 용법), ③ '~하기 위하여'라는 의미의 '목적'을 나타낼 때(부사적 용법) 사용됩니다.

◆ **명사적 용법**

- We do not <u>need</u> **to hire** more employees. 우리가 더 많은 직원들을 고용할 필요는 없다.
  → to hire가 동사 need의 목적어로 쓰임
- <u>Our initial plan</u> was **to relocate** the office. 우리의 처음 계획은 사무실을 이전하는 것이었다.
  → to relocate가 주어인 our initial plan을 보충 설명하는 주격 보어로 쓰임

◆ **형용사적 용법**

- She has a lot of <u>work</u> **to do** today. 그녀는 오늘 해야 할 일이 많다.
  → to부정사가 명사인 work를 수식

◆ **부사적 용법**

- **To study English**, he moved to England. 그는 영어를 공부하기 위해 영국으로 이사 갔다.
  → to부정사가 '목적'을 나타냄

01 to부정사의 명사적 용법

명사 역할: 문장에서 주어, 목적어, 보어 역할 (~하는 것, ~하기)

to부정사는 「**to + 동사원형**」의 형태입니다. 명사의 역할을 할 수 있기 때문에, 문장에서 명사처럼 **주어, 목적어, 주격 보어**, 그리고 **목적격 보어 역할**을 할 수 있습니다.

주어	**To organize a meeting** is not easy. 회의를 준비하는 것은 쉽지 않다.
목적어	We hope **to complete the proposal** soon. 우리는 그 제안서를 곧 완성하기를 희망한다.
주격 보어	His job is **to train new employees**. 그의 일은 새 직원을 교육시키는 것이다.
목적격 보어	I expect you **to finish the report** today. 나는 당신이 오늘 그 보고서를 제출하기를 기대한다.

We all / agreed / **to hire** / the top two candidates / for the new project.
우리는 모두 / 동의했다 / 고용하는 것을 / 두 명의 후보자를 / 그 새로운 프로젝트를 위하여

실력 쌓기

정답 p.054

A 괄호 안의 단어들 중 옳은 것을 고른 다음, 문장에서 어떤 역할을 하는지 쓰세요.

1 They decided (to renew / to renewing) the contract. (　　　　　)   renew (계약을) 갱신하다

2 The new project allows her (to visit / for visiting) other countries very often. (　　　　　)

3 (To being / To be) a competent manager is not easy. (　　　　　)   competent 능숙한

4 His job is (ran / to run) an advertisement in the local paper. (　　　　　)

5 Mark failed (to schedule / scheduling) the appointment with his boss. (　　　　　)

     schedule 약속을 잡다

B 주어진 우리말을 참고하여 빈칸에 들어갈 알맞은 표현을 고르세요.

1 Sally wants ＿＿＿＿＿＿ at a cosmetics company as a sales representative.
Sally는 화장품 회사에서 영업 사원으로 일하고 싶어 한다.

(A) to work　　　　(B) working　　　　(C) work　　　　(D) works

2 The experts advised the company ＿＿＿＿＿＿ its benefits programs for the employees.
전문가들은 회사가 직원을 위한 복리후생 프로그램을 개선할 것을 충고했다.

(A) for improving　　(B) to improve　　(C) improving　　(D) to improving

02 to부정사의 형용사적 용법

형용사 역할: 명사를 수식하는 to부정사 (~하는, ~할)

명사를 수식하는 품사는 형용사입니다. 형용사는 보통 명사 앞에서 명사를 수식하지만 **to부정사가 형용사 역할을 할 때에는 명사 뒤에서 명사를 수식**합니다. 아래와 같이 to부정사와 함께 쓰이는 명사들을 정리해 봅시다.

work **to finish** 마무리할 일	chance **to travel** 여행할 기회	opportunity **to meet** 만날 기회	time **to go** 갈 시간	way **to solve** 해결할 방법
decision **to sell** 판매하려는 결정	plan **to hire** 고용하려는 계획	effort **to save** 절약하려는 노력	ability **to achieve** 성취할 능력	right **to speak** 말할 권리

All the employees / will have / **an opportunity** / **to meet** with the CEO / in person.
모든 직원들은 / 갖게 될 것이다 / 기회를 / CEO와 만날 / 직접

실력 쌓기

정답 p.054

A 주어진 우리말을 참고하여 괄호 안의 단어들을 바르게 배열하세요.

1 그들은 런던에 있는 본사를 방문할 기회를 가지기를 원한다.

→ They'd like to have _____ the headquarters in London.
(an, to, visit, opportunity)

2 Morris 사는 Freeman 산업과 합병하기로 결정했다.

→ Morris Ltd. has made _____ with Freeman Industries.
(to, a, merge, decision)

3 모든 사람들은 국가에 반대하여 발언할 수 있는 권리를 가지고 있다.

→ All people have _____ out against their country.
(to, speak, right, the)

B 주어진 우리말을 참고하여 빈칸에 들어갈 알맞은 표현을 고르세요.

1 The city council has been discussing ways _____ the old school into a museum.
시의회는 그 오래된 학교를 박물관으로 개조할 방법들을 논의하고 있다.

(A) convert   (B) converted   (C) to converting   (D) to convert

2 Shopping malls in Korea will be holding a sale in an effort _____ more tourists.
한국의 쇼핑몰들은 더 많은 관광객을 유치하기 위한 노력으로 세일 행사를 할 것이다.

(A) to attract   (B) to attracting   (C) attracting   (D) attraction

03 to부정사의 부사적 용법

부사 역할: 감정의 원인, 목적을 표현하는 to부정사 (~하기 위하여, ~해서)

to부정사가 감정 형용사 뒤에 쓰여 **감정의 원인**을 나타낼 수 있습니다. 그리고 부사로서 목적을 나타낼 때에는 '**~하기 위하여**'로
해석되며, 이는 「**in order to + 동사원형**」의 형태로 바꾸어 쓸 수 있습니다. to부정사가 목적을 나타낼 경우에는 문장의 맨 앞에
위치할 수 있습니다.

감정의 원인	glad to hear 들어서 기쁜	pleased to meet 만나서 기쁜	surprised to pass 합격해서 놀란	disappointed to fail 실패해서 실망한
목적	To succeed in business, he worked late every night. (= in order to succeed) 사업에 성공하기 위하여, 그는 매일 밤 늦게까지 일했다.			

We / are very pleased / **to announce** / that our sales figures / have increased.
우리는 / 매우 기쁩니다 / 발표하게 되어 / 우리의 매출이 / 향상되었다는 것을

실력 쌓기

A 괄호 안의 단어들 중에서 문법적으로 알맞은 것을 고르세요.

1 (For providing / To provide) better service, the hotel receives feedback from its guests.

2 We are very pleased (announcing / to announce) the best salesman of the year.

3 The old office equipment should be replaced (to increase / for increasing) work efficiency.

4 (In order to attract / To attracting) investors, a new facility is needed.

5 We are glad (offer / to offer) you a job as a customer service representative.

B 주어진 우리말을 참고하여 빈칸에 들어갈 알맞은 표현을 고르세요.

1 _____ its new product launch, Jim's Electronics will be having a special sale
this month. 신제품 출시를 축하하기 위하여 Jim's 전자는 이달에 특별 할인을 할 것이다.

(A) Celebrated   (B) To celebrating   (C) For celebrating   (D) To celebrate

2 Avon Imports will trade with any distributor _____ its customers.
Avon 수입 업체는 고객을 만족시키기 위하여 어떠한 유통사와도 거래할 것이다.

(A) satisfy   (B) has satisfied   (C) to satisfy   (D) to satisfying

04 to부정사를 취하는 동사

to부정사를 목적어와 목적격 보어로 취하는 동사

to부정사를 목적어로 취하는 동사와 동명사를 목적어로 취하는 동사를 구분해야 합니다. to부정사가 **목적어**로 쓰이면 「**주어 + 동사 + to부정사**」, 목적격 보어로 쓰이면 「**주어 + 동사 + 목적어 + to부정사**」의 어순입니다.

목적어	want to 원하다	refuse to 거부하다	need to 필요하다	agree to 동의하다
	fail to 실패하다	hope to 희망하다	offer to 권하다	plan to 계획하다
	decide to 결정하다	attempt to 시도하다	expect to 기대하다	promise to 약속하다
	propose to 제안하다	afford to ~할 여유가 있다	would like to ~하고 싶다	aim to 목표로 하다
목적격 보어	want + 목적어 + to ...가 ~하기를 원하다	ask + 목적어 + to ...에게 ~하기를 요청하다	tell + 목적어 + to ...에게 ~하라고 말하다	invite + 목적어 + to ...에게 ~하기를 제안하다
	encourage + 목적어 + to ...에게 ~하라고 격려하다	expect + 목적어 + to ...가 ~하기를 기대하다	allow + 목적어 + to ...가 ~하는 것을 허락하다	advise + 목적어 + to ...에게 ~하기를 충고하다

They / **have asked** / **the city council** / **to reconsider** / building a multiplex movie theater / in town.
그들은 요청했다 / 시의회에 / 재고할 것을 / 멀티플렉스 영화관을 건설하는 것을 / 마을에

실력 쌓기

정답 p.055

A 우리말에 맞도록 밑줄 친 부분을 올바르게 고치세요.

1 국립박물관은 박물관 직원에게 더 나은 복지 혜택을 제공하기로 약속했다.

The National Museum **promised providing** the museum staff with better benefits.

→ ....

2 정부는 주류와 불량식품에 대한 세금을 올리는 것을 원한다.

The government **wants increase** taxes on alcohol and unhealthy foods.

→ ....

3 우리는 모든 직원들이 기초 경제학 코스를 수강하는 것을 권장한다.

We **encourage all the staff members taking** a course on basic economics.

→ ....

B 주어진 우리말을 참고하여 빈칸에 들어갈 알맞은 표현을 고르세요.

1 This year, we expect .... thousands of people at the classic car show in Chicago. 올해, 우리는 시카고에서 열리는 클래식 자동차 쇼에서 수천 명의 사람들을 볼 수 있게 되기를 기대한다.

(A) to see   (B) seeing   (C) see   (D) to be seen

2 PK Bank has requested its customers .... their passwords regularly for online banking. PK 은행은 고객들에게 온라인 뱅킹을 위한 비밀번호를 규칙적으로 변경할 것을 요청했다.

(A) changes   (B) to change   (C) changing   (D) has changed

A 주어진 우리말에 맞게 알맞은 표현을 찾아 쓰세요.

apply to	fill in for	make sure
put up with	rely on	take over

1 휴가 중인 데이브를 **대신해서 일하다** _____ Dave on vacation

2 모든 일이 괜찮은지 **확인하다** _____ everything is all right

3 교통 체증을 **감수하다** _____ traffic jams

4 회사에서 그의 일을 **넘겨 받다** _____ for him at the company

differ from	enroll in	fill out
object to	pull over	shut down

5 지원서를 **작성하다** _____ an application form

6 그의 생각과는 **다르다** _____ his ideas

7 경영관리 수업에 **등록하다** _____ the business management course

8 공장 가동을 **중단하다** _____ factory operations

B 주어진 우리말에 맞게 빈 칸에 알맞은 말을 써 넣으세요.

1 내 친구 중 한 명은 졸업 후에 비영리 단체에 지원하기로 결정하였다.

→ One of my friends has decided to _____ a nonprofit organization after graduation.

2 체육관은 오래된 러닝머신의 교체 때문에 내일 임시로 문을 닫을 것입니다.

→ The gym will be _____ temporarily because we will replace the old treadmills.

3 그는 능력 있는 지역의 요리사가 되기 위해 요리 학교에 등록했다.

→ He _____ a culinary school to become a competent local chef.

4 비서가 오늘 병가를 내서, 내가 오늘 그녀의 일을 대신하고 있다.

→ The secretary called in sick today, so I am _____ her today.

PART 5 빈칸에 들어갈 알맞은 표현을 고르세요.

1 IHD laid off more than 20 employees last month in an effort ------- the company.

(A) are reorganized
(B) to reorganize
(C) reorganizing
(D) to be reorganized

2 In spite of his great qualifications, he failed ------- by the law firm.

(A) to be hired
(B) to hire
(C) hiring
(D) to be hiring

3 The consultant advised us ------- the designs of the products.

(A) to improve
(B) to be improved
(C) improving
(D) improves

4 At Comfy Sofas, our goal is ------- the most comfortable chairs and sofas.

(A) designed
(B) to design
(C) to be designed
(D) designs

5 We expect the old building ------- by the end of April.

(A) demolishing
(B) being demolished
(C) to demolish
(D) to be demolished

6 Ms. Davis's views on this matter ------- considerably from those of her colleagues.

(A) apply
(B) differ
(C) advocate
(D) differentiate

7 I need ------- my GJA Golf Club Membership, which expires on June 17.

(A) renew
(B) renewing
(C) to be renewed
(D) to renew

8 Since Kelly's retirement last year, the company has been having a hard time finding someone to ------- for her.

(A) take over
(B) pull over
(C) fill up
(D) put up with

Questions 9-12 refer to the following e-mail.

To: David Millington <dmillt@stratford.com>
From: Susan Davis <sdavis@worldtop.com>
Subject: Personnel documents

Dear Mr. Millington,

We are pleased ------- with you at World Top Travel Agency. For your first day of work, March 15,
　　　　　　　　9.

we need you ------- three forms of documents and bring them with you. First, you must complete
　　　　　10.

the personal information form, which you can download from our Web site. A copy of your

passport or driver's license and proof of your address, ------- an electric bill, are also needed.
　　　　　　　　　　　　　　　　　　　　　　　　　　11.

-------.
　12.

We are looking forward to working with you at World Top Travel Agency.

Sincerely,

Susan Davis
Manager, Human Resources Department

9　(A) to work
　　(B) to working
　　(C) for working
　　(D) has worked

10　(A) prepares
　　(B) preparing
　　(C) to prepare
　　(D) preparation

11　(A) with
　　(B) such as
　　(C) in addition to
　　(D) despite

12　(A) There are a few important documents
　　　you must fill out.
　　(B) A training course for new employees will
　　　be held this month.
　　(C) Don't forget to fill out the documents on
　　　your first day of work.
　　(D) Please make sure you bring them all
　　　so that we can quickly process your
　　　information.

Questions 13-14 refer to the following Web page.

www.blackswanhotel.com/offers

THE BLACK SWAN HOTEL

Our hotel offers:

◆ Situated in Shakespeare's birthplace

◆ Free Wi-Fi Internet access in the lobby

◆ Recently renovated and modernized while maintaining its historical value

◆ Traditional pub on the ground floor that opens until 11 o'clock

◆ Vouchers for discounted admission to Shakespeare's birthplace and Holy Trinity Church

To make a reservation, **click here** or call us at + 44 1789 290009.

The Black Swan Hotel, River Street, Stratford-upon-Avon, Warwickshire

13 What is NOT true about the Black Swan Hotel?

(A) There is a pub in the hotel building.

(B) The Internet is available in its rooms.

(C) Reservations can be done by phone.

(D) It was recently renovated.

14 According to the Web Page, what is offered at a reduced price?

(A) Tickets for a Shakespearean play

(B) Tour bus fares

(C) Drinks

(D) Tourist attractions

문제유형

True / Not true

• True / Not true 문제의 경우 지문과 선택지를 비교하면서 정답을 선택해야 하기 때문에 시간이 오래 걸리는 유형입니다.

• 정답은 지문에 나온 단어가 비슷한 뜻의 단어로 바뀌어 보기에 제시된다는 사실에 주의하며 문제를 풀도록 해야 합니다.

UNIT

06
동명사

Overview

동명사 Gerunds

Q1

동명사의 형태와 역할은 무엇인가?

동명사는 「**동사 원형-ing**」 형태로 문장에서 **명사의 역할**을 합니다.

- **Making a big decision** often requires lots of input from different people.
  중요한 결정을 하는 것은 종종 여러 사람의 의견을 필요로 한다. [주어 역할]

- Personally, I prefer **working** from home to working in the office.
  개인적으로, 나는 사무실 근무보다는 재택 근무를 선호한다. [목적어 역할]

- I heard them **arguing** about the project.
  나는 그들이 프로젝트와 관련해 논쟁을 벌이는 것을 들었다. [보어 역할]

Q2

동명사와 to부정사의 차이점은 무엇인가?

동사에 따라 동명사를 목적어로 취하기도 하며 to부정사를 목적어로 취하기도 합니다.
일부 동사는 to부정사와 동명사를 모두 목적어로 취할 수 있습니다.

- I quit **smoking**. [○] 나는 담배를 끊었다. (I quit **to smoke**. [×])
  → quit은 동명사를 목적어로 취하는 동사이다.

Q3

동명사와 명사의 성질은 완전히 동일한가?

동명사는 동사의 성질을 가지고 있기 때문에 뒤에 **목적어를 취할 수 있습니다**. 하지만, 명사는 목적어를 취할 수 없습니다. 또한 동명사는 명사의 성질도 가지고 있기 때문에 **전치사 뒤에 올 수 있습니다**.

- I am interested in **studying** *foreign languages*.
  → 동명사 studying이 전치사 in 뒤에 위치 [명사 역할]
  → 동명사 studying이 foreign languages를 목적어로 취함 [동사 역할]

01 동명사의 역할

동명사의 역할: 동사와 명사의 역할을 동시에 함

동명사는 「동사 + -ing」의 형태를 가지며, 동사의 성질과 명사의 성질 모두를 가지고 있습니다. 따라서 **명사처럼 전치사 뒤에 쓰일 수 있고, 동사처럼 목적어를 취할 수 있습니다.** 동명사는 문장에서 주어, 동사의 목적어, 전치사의 목적어, 그리고 보어 역할을 합니다.

주어	**Conducting** a customer satisfaction survey is necessary. 고객 만족도 설문 조사를 실행하는 것이 필요하다.
동사의 목적어	We recommend **booking** your flight tickets online. 우리는 귀하의 항공권을 온라인으로 예매할 것을 추천합니다.
전치사의 목적어	Who is responsible for **maintaining** the office equipment? 사무용 기기를 유지 보수하는 것을 누가 담당하고 있나요?
보어	His hobby is **going** mountain biking on weekends. 그의 취미는 주말에 산악 자전거를 타러 가는 것이다.

Reading / the manual / carefully / will help you / to understand / the device.
읽는 것은 / 설명서를 / 주의 깊게 / 당신을 도와줄 것이다 / 이해하도록 / 그 장비를

실력 쌓기

정답 p.057

A 괄호 안의 단어들 중에서 옳은 것을 고른 다음, 문장 내에서의 역할에 동그라미 치세요.

1 (Study / Studying) a foreign language requires a lot of patience. [주어, 보어]　　patience 인내심

2 His main hobby is (collecting / collects) old comic books. [보어, 목적어]

3 Why don't you use your working hours efficiently instead of (to work / working) overtime?
[동사의 목적어, 전치사의 목적어]

4 ACC, Inc. is considering (funding / funds) nonprofit organizations. [보어, 목적어]

consider 고려하다　nonprofit 비영리의

5 Ms. Kim in the Customer Service Department is fed up with (get, getting) complaints.
[주어, 전치사의 목적어]

B 주어진 우리말을 참고하여 빈칸에 들어갈 알맞은 표현을 고르세요.

1 The counselor suggested _____ into the artificial intelligence market.
그 고문은 인공지능 시장으로 확장할 것을 제안했다.

(A) expand　　　　(B) expands　　　　(C) expanding　　　　(D) expanded

2 _____ bank loans to small business owners is extremely important.
소규모 기업 소유주에게 은행 대출금을 제공하는 것은 매우 중요하다.

(A) Provide　　　　(B) Providing　　　　(C) Provides　　　　(D) For providing

02 동명사를 목적어로 취하는 동사

동명사를 목적어로 취하는 동사: 「stop, quit, finish 등 + 동명사(-ing)」
동사에 따라 동명사만을 목적어로 취하는 동사, 동명사와 to부정사 모두 명사로 취하는 동사가 있습니다.

enjoy 즐기다	finish 끝내다	stop 멈추다	quit 그만두다	
discontinue 중지하다	recommend 추천하다	suggest 제안하다	avoid 피하다	+ 동명사(-ing)
consider 고려하다	postpone 연기하다	deny 부인하다	mind 꺼리다	

▶ 동명사와 to부정사를 모두 취하는 동사 → 의미 차이 없음

start 시작하다	begin 시작하다	love 사랑하다	+ 동명사(-ing)
like 사랑하다	prefer 더 좋아하다	continue 계속하다	+ to부정사(to V)

▶ 동명사와 to부정사를 모두 취하는 동사 → 의미 차이 있음

	동명사 (-ing)	to부정사 (to V)
remember	~했던 것을 기억하다 [과거의 일]	~할 것을 기억하다 [미래의 일]
forget	~했던 것을 잊다 [과거의 일]	~할 것을 잊다 [미래의 일]

The city government / has decided / to discontinue / **running** / the number 1002 bus.
시의회는 / 결정했다 / 중단할 것을 / 운행을 / 1002번 버스

실력 쌓기
정답 p.057

A 괄호 안의 동사를 알맞은 형태로 써서 문장을 완성하세요.

1 Most elderly people in Korea want to continue ＿＿＿＿＿ after they retire. (work)

2 Mr. Anderson has just begun ＿＿＿＿＿ the new software training course. (take)

3 The director has decided to postpone ＿＿＿＿＿ more staff members. (hire) postpone 연기하다

4 I remember ＿＿＿＿＿ to the job fair in my final year of college. (go) job fair 취업 박람회

5 Brian likes ＿＿＿＿＿ in the country because of the fresh air. (live) because of ~ 때문에

B 주어진 우리말을 참고하여 빈칸에 들어갈 알맞은 표현을 고르세요.

1 The marketing director enjoys ＿＿＿＿＿ talks with potential clients to understand their needs. 그 마케팅 책임자는 잠재 고객의 요구를 이해하기 위하여 그들과 이야기하는 것을 즐긴다.

(A) having   (B) to have   (C) had   (D) for having

2 Do not forget ＿＿＿＿＿ the attendance form before submitting it to Mr. Chang.
Chang 씨에게 출석부를 제출하기 전에 서명하는 것을 잊지 마세요.

(A) signed   (B) signing   (C) signature   (D) to sign

03 자주 쓰이는 동명사 표현

동명사구 관용표현

시험에 자주 등장하는 동명사 관련 표현을 정리해 두어야 합니다. 두 가지를 기억해야 하는데 ① 전치사가 포함된 숙어 표현에서는 **전치사 뒤에 동명사**가 옵니다. ② 전치사로 쓰인 to 뒤에는 **명사나 동명사**가 옵니다.

동명사구 관용표현

have trouble/difficulty -ing ~하는 데 어려움을 겪다	go -ing ~하러 가다
spend time -ing ~하는 데 시간을 보내다	be capable of -ing ~할 수 있다
prevent ~ from -ing ...가 ~하는 것을 막다	be busy -ing ~하느라 바쁘다
be used to -ing ~하는 데 익숙하다	look forward to -ing ~하기를 고대하다
be devoted to -ing ~하는 데 헌신하다	object to -ing ~에 반대하다

The government / is **having trouble** / **making** plans / to reduce / air pollution.
정부는 / 어려움을 겪고 있다 / 계획을 세우는 것에 / 줄이는 / 대기 오염을

실력 쌓기

정답 p.058

A 밑줄 친 동명사 표현에 주의하여 문장을 해석하세요.

1 Ms. White is **used to working** long hours at her job.

→ ....

2 The executive officers **spend a lot of time taking** business management classes.

→ ....

3 Star Co. **is capable of handling** big orders.

→ ....

4 The reporter **was busy preparing** a video recording for the news program.　prepare 준비하다

→ ....

B 주어진 우리말을 참고하여 빈칸에 들어갈 알맞은 표현을 고르세요.

1 We are looking forward to .... on the beach this summer vacation.
우리는 이번 여름 휴가 동안에 해변에서 휴식을 취하는 것을 고대하고 있다.

(A) relax　　　　(B) to relax　　　　(C) relaxed　　　　(D) relaxing

2 The technician spent hours .... the errors in the new accounting program.
그 기술자는 몇 시간 동안 새로운 회계 프로그램의 오류를 수정했다.

(A) to fix　　　　(B) have fixed　　　　(C) fixing　　　　(D) fix

A 주어진 우리말에 맞게 알맞은 표현을 찾아 쓰세요.

dispose of	go into effect	have an impact on
keep ~ under control	leave out	run out of

1 오늘 부로 **효력이 발생하다** .... as of today

2 음식물 쓰레기를 **처리하다** .... food waste

3 시간이 **다 되다** .... time

4 모든 것을 **통제하다** .... everything ....

account for	carry out	comply with
have ~ in common	refrain from	take into account

5 주변 환경을 **고려하다** .... one's surroundings ....

6 규제에 **순응하다** .... the regulations

7 휴대 전화 사용을 **삼가다** .... cell phone use

8 철저한 조사를 **시행하다** .... a thorough investigation

B 주어진 우리말에 맞게 빈칸에 알맞은 말을 써 넣으세요.

1 그 회사는 그 지역을 떠나라는 명령을 받았지만 결정에 순응하기를 거부했다.

→ The company had been ordered to leave the region but refused to .... the decision.

2 그 연구 결과는 과학 분야에 엄청난 영향을 끼칠 것이다.

→ The research results will have a tremendous .... the field of science.

3 McCluskey 박사는 새로운 백신의 효과에 대한 연구를 수행하고 있다.

→ Dr. McCluskey is .... research on the effects of the new vaccine.

4 주치의는 내가 체중을 조절할 수 있도록 요가 수업을 시작할 것을 조언했다.

→ My doctor advised me to start a yoga class in order to .... my weight ....

PART 5 빈칸에 들어갈 알맞은 표현을 고르세요.

1 Barun Technologies went bankrupt last month after ------- too much money from a bank.

(A) borrow

(B) borrows

(C) to borrow

(D) borrowing

2 The new union policy will prevent the staff from ------- fired easily.

(A) get

(B) got

(C) getting

(D) being gotten

3 ------- a medium-sized heater is a better idea since bigger models consume more energy.

(A) Choice

(B) Chose

(C) Chooses

(D) Choosing

4 The factory supervisor suggested ------- the old cutting machines as soon as possible.

(A) upgraded

(B) upgrading

(C) to upgrade

(D) being upgraded

5 The campaign has had a tremendous ------- on those in their 50s who are looking at retirement plans.

(A) impact

(B) attribution

(C) donation

(D) impression

6 City planners will start ------- the parks into shopping centers.

(A) conversion

(B) converting

(C) being converted

(D) to converting

7 I forgot ------- the signed contract back to the real estate office.

(A) send

(B) to send

(C) being sent

(D) have sent

8 We were asked to ------- from talking about the recent promotions since they are a sensitive issue.

(A) avoid

(B) prevent

(C) refrain

(D) leave

Questions 9-12 refer to the following letter.

City Council
345 Best Road, Second Floor
Warwick DV35, KI 23001

Dear City Council Staff,

I am writing this letter to request more parking spaces downtown. The ------- of the shopping
9.

complex on Stanly Avenue has attracted more people into the downtown area. However, people
are having difficulty ------- places to park their cars. This has been causing a lot of inconvenience
10.

to shoppers and individuals living downtown. In fact, there was a news article mentioning this
issue in the *Warwick Times* last month. It pointed out the serious ------- of parking spots. -------.
11. **12.**

I hope you understand how serious this problem is and start planning more parking places
downtown.

Thank you.

Sincerely,
Henry Hudson

9   (A) develop
    (B) develops
    (C) developing
    (D) development

10 (A) find
    (B) finding
    (C) to find
    (D) have found

11 (A) sales
    (B) lack
    (C) fear
    (D) decrease

12 (A) Indeed, the city council has plans for the
        expansion of parking lots.
    (B) The news reporter has not been to the
        shopping complex.
    (C) It also mentioned possible places for a
        new parking garage.
    (D) The construction of the building will take
        more than two years.

Questions 13-14 refer to the following instructions.

To clean the exterior of the dishwasher, simply use a soft, damp cloth with a mild detergent. Before you clean the inside of your dishwasher, please wait until it has cooled to prevent burns. — [1] —. The reason is that it might damage the inside surface. — [2] —. To keep it looking clean and nice, rub gently with a damp sponge using dishwasher detergent. Make sure to run a normal cycle after cleaning the interior. — [3] —. It will make your dishwasher ready for normal use. — [4] —.

13 For whom is the instructions intended?

(A) Appliance users

(B) Restaurant owners

(C) Marketing planners

(D) Hotel chefs

14 In which of the positions marked [1], [2], [3], and [4] does the following sentences best belong?

"Do not use any type of cleansing products other than dishwasher detergent."

(A) [1]

(B) [2]

(C) [3]

(D) [4]

문제 유형

문장 삽입

· 문장 삽입 문제 유형은 주어진 문장을 [1] ~ [4]의 각각의 위치에 대입해보면서 답을 찾아야 합니다.

· 지문의 전체적인 맥락을 이해한 다음, 빈칸 앞뒤의 문장들 간의 논리적 관계를 잘 파악하여 가장 적절한 곳을 선택하도록 합니다.

· 연결어(therefore, however, also)나 대명사(it, they, she, they) 등이 제시되면 전후 관계를 파악하는 데 도움이 됩니다.

Overview
분사 Participles

Q1 분사란 무엇인가?

분사에는 현재분사와 과거분사가 있습니다. 현재분사는 「동사원형 + -ing」 형태이고, 과거분사는 「동사원형 + -ed」, 혹은 불규칙 변화 동사의 형태입니다.

◆ 현재분사(동사원형 + -ing): breaking, interesting, boring 등

◆ 과거분사(동사원형 + -ed): baked, planted, written 등

Q2 현재분사와 과거분사는 어떻게 다른가?

현재분사는 '~을 하는'이라는 **능동의 의미**를 지니고, **과거분사**는 '~이 된, ~을 당한'이라는 **수동의 의미**를 가집니다.

◆ 현재분사

- Look at the **people working** under the bridge. → 일하고 있는 사람들: 능동의 의미
  다리 밑에서 일하고 있는 사람들을 보세요.

◆ 과거분사

- The technician came to check the **broken computer**. → 고장 난 컴퓨터: 수동의 의미
  기술자가 고장 난 컴퓨터를 점검하러 왔다.

Q3 분사구문이란 무엇인가?

분사구문이란 분사로 시작되는 구문을 말합니다. 이는 **부사절에서 접속사와 주어를 생략**한 다음 **동사를 분사로 변형**한 구문으로서, 시간, 이유, 조건, 양보 등을 의미합니다.

- **When they heard** the news, they were shocked.

  → **Hearing** the news, they were shocked. 그 소식을 들었을 때, 그들은 충격을 받았다.
  *접속사 when과 주어 they를 생략한 다음, 동사 heard를 hearing으로 변환

01 분사의 역할

분사의 역할: ① 주격 보어 / 목적격 보어 역할 ② 명사 앞 혹은 뒤에서 수식

분사에는 **현재분사(동사원형 + -ing)**와 **과거분사(동사원형 + -ed)**가 있는데, 이들은 문장에서 be동사 다음에서 **주격 보어**(주어를 보충 설명해 주는 말) 혹은 **목적격 보어**(목적어를 보충 설명해 주는 말)로 쓰이거나, 명사 앞뒤에서 **명사를 수식**하는 역할을 합니다.

주격 보어 역할	*The copy machine* is **broken**. 복사기가 고장 났다.
목적격 보어 역할	The mechanic had *my car* **fixed**. 자동차 수리 기사가 내 차를 수리되도록 했다. I heard *them* **arguing** about the matter. 나는 그들이 그 일에 대해 논쟁하는 것을 들었다.
명사 앞에서 수식	You need a **written** *confirmation*. 당신은 서면 확인서가 필요하다. They are one of the **leading** *companies* in the business. 그들은 그 분야에서 주도적인 기업들 중 하나이다.
명사 뒤에서 수식	Please refer to the *information* **presented** in the handbook. 안내서에 제시된 정보를 참고해 주세요.

실력 쌓기

A 알맞은 분사의 형태를 고르세요.

1 I received a letter (offers / offering) me a job.

2 Did you read the report (to write / written) by me?

3 This is the decision (to make / made) at the board meeting.

4 Teaching is the most (rewarding / reward) job I've ever had.

5 His presentation is well (organized / organization).

B 주어진 우리말을 참고하여 빈칸에 들어갈 알맞은 표현을 고르세요.

1 The presentation _____ in Room 305 will describe a recent change in employee evaluation policies. 305호에서 시연되는 발표는 직원 평가 정책의 최근 변화에 대해 설명할 것이다.

(A) shows   (B) show   (C) be shown   (D) shown

2 After _____ complaints from customers, we decided to cancel the campaign.
고객들의 반복된 항의 후에, 우리는 그 캠페인을 취소하기로 했다.

(A) repeat   (B) repeated   (C) repetition   (D) to repeat

02 현재분사, 과거분사

현재분사: -ing의 형태로 '능동'의 의미를 지님
과거분사: -ed의 형태로 '수동'의 의미를 지님

현재분사는 「동사원형 + -ing」의 형태로 '~을 하는'이라는 **능동의 의미**로 쓰이며, **과거분사**는 「동사원형 + -ed」의 형태로 '~을 당한, ~하게 된'이라는 **수동의 의미**로 쓰입니다.

현재분사 (동사원형 + -ing)	능동의 의미	a fast-**growing** industry 빠르게 성장하는 산업 a **leading** manufacturer 선도하는 제조업체 long-**lasting** results 오랫동안 지속되는 결과
과거분사 (동사원형 + -ed)	수동의 의미	**trained** employees 훈련된 직원들 a **chosen** field 선택된 분야 actions **taken** by the manager 매니저에 의해 취해진 조치

Here is / some information for those / **planning** a vacation abroad.
여기에 있다 / 사람들을 위한 정보가 / 해외 여행을 계획 중인
I / am not completely opposed / to the idea / **suggested** at the meeting.
나는 / 완전히 반대하지는 않는다 / 그 아이디어에 / 회의에서 제안된

실력 쌓기

정답 p.060

A 주어진 우리말을 참고하여 괄호 안의 동사를 알맞은 형태로 써서 문장을 완성하세요.

1 매뉴얼에 제공된 정보를 참조해 주세요.

→ Please refer to the information _____ in the manual. (provide)

2 Fast & Co.는 빌트모어 지사에서 근무할 경험 많은 직원들을 찾고 있다.

→ Fast & Co. is looking for _____ workers for its Biltmore Branch. (experience)

3 그 팀이 준비한 워크샵은 매우 성공적으로 끝났다.

→ The workshop _____ by the team turned out to be very successful. (prepare)

4 이것은 정말 많은 돈을 벌 수 있는 기회이다.

→ This is a good money-_____ opportunity. (make)

B 주어진 우리말을 참고하여 빈칸에 들어갈 알맞은 표현을 고르세요.

1 The number of employees _____ in foreign countries is expected to increase.
외국에서 일하는 직원들의 수가 증가할 것으로 예상된다.

(A) work   (B) worked   (C) working   (D) being worked

2 The order _____ three days ago has not been processed yet.
3일 전에 이루어진 주문이 아직 처리되지 않았다.

(A) place   (B) placing   (C) to placing   (D) placed

03 주의해야 할 분사형 형용사

감정 형용사: ① 현재분사형(동사-ing): 사물이나 상태를 설명 /
② 과거분사형(동사-ed): 사람의 감정을 설명
동사에서 분사형으로 바뀐 형태의 감정을 표현하는 분사형 형용사의 경우, 아래와 같이 현재분사형과 과거분사형의 의미가 서로
다릅니다.

▶ 분사형 형용사

boring 지루하게 하는	bored 지루한	disappointing 실망스러운	disappointed 실망한
pleasing 즐겁게 하는	pleased 즐거운	depressing 우울하게 하는	depressed 우울한
exciting 흥미진진한	excited 흥분된	interesting 흥미로운	interested 흥미가 있는
confusing 혼란하게 하는	confused 혼란한	impressing (깊은) 인상을 주는	impressed 인상을 받은
tiring 피곤하게 하는	tired 피곤한	surprising 놀라게 하는	surprised 놀란

The news / that they are going to hire / a new marketing director / was so **surprising**.
소식은 / 그들이 고용하겠다는 / 새 마케팅 이사를 / 너무 놀라웠다
Even though we were **tired** / after the business trip, / we were glad / that a lot of progress was made.
우리가 피곤했음에도 불구하고 / 출장 후에 / 우리는 기뻤다 / 많은 진전이 이루어졌다는 것에

실력 쌓기

정답 p.061

A 알맞은 분사의 형태를 고르세요.

1 He seemed to be a little (confusing / confused) when he heard about it.

2 The news was so (depressing / depressed) that everyone in the office left early.

3 We are (exciting / excited) about the change in our working schedule.

4 They were (disappointing / disappointed) when the management decided not to give any incentives.

B 주어진 우리말을 참고하여 빈칸에 들어갈 알맞은 표현을 고르세요.

1 It is _____ to see how the new employees get used to the company environment.
새로운 직원들이 어떻게 회사 환경에 적응하는지 지켜보는 것은 흥미롭다.
(A) interests   (B) interesting   (C) interested   (D) to interest

2 We are _____ to announce that the new cafeteria is opening next Friday.
새 구내 식당이 다음 주 금요일에 개업하게 되었다는 것을 알리게 되어 기쁩니다.
(A) please   (B) pleases   (C) pleased   (D) pleasing

04 분사구문

분사구문: 「접속사 + 주어 + 동사」 → 분사가 포함된 구

분사구문이란 시간, 이유 등의 **부사절의 접속사와 주어를 생략**한 다음 **현재분사를 이용해 절이 아닌 구로 만든 것**을 말합니다. 접속사 다음에 능동태의 동사가 쓰인 경우 동사는 현재분사의 형태로 바뀝니다. 수동태의 경우에는 「be + 과거분사」에서 be가 being으로 바뀌는데, 이때 being은 생략되는 경우가 많아서 분사구문이 과거분사로 시작하는 경우도 있습니다.

Because I felt tired, I didn't want to work overtime.
→ **Feeling tired**, I didn't want to work over time. 피곤함을 느껴서, 나는 야근하고 싶지 않았다.
Because the document was written in Japanese, we couldn't understand it.
→ **(Being) written in Japanese**, we couldn't understand it. 일본어로 작성되어 있어서, 우리는 그것을 이해할 수 없었다.

▶ 분사구문의 종류

이유	**Having no job**, Krista couldn't pay her bills. 직업이 없어서, Krista는 공과금을 내지 못했다.
동시 동작	I met a lot of interesting people **traveling around Europe**. 나는 유럽 일대를 여행하며 흥미로운 사람들을 많이 만났다.
연속 동작	**(After) Talking to my boss**, I decided to transfer to the Sales Department. 나의 상사에게 이야기한 다음, 나는 영업부로 옮길 것을 결심했다. **Having finished the write-up of the report**, we wanted to take a day off. 보고서 작성을 마친 다음, 우리는 하루 휴가를 원했다.

Spending so much money / on a recent commercial, / we / cannot afford / another one.
너무 많은 돈을 써서 / 최근 광고에 / 우리는 / 여유가 없다 / 또 다른 광고를 할

실력 쌓기
정답 p.061

A 주어진 우리말을 참고하여 알맞은 분사의 형태를 고르세요.

1 런던으로 이사온 후에, 그는 친구들과 어울릴 시간이 없었다.
→ (Moving / Moved) to London, he couldn't find any time to hang out with his friends.

2 독일어로 번역되어서, 그 책은 인기 있을 것 같지 않다.
→ (Translated / Translating) into German, the book is not likely to be popular.

3 규정을 잘 이해하지 못해서, 우리는 엄청난 실수를 했다.
→ Not (understanding / understood) the regulations, we made a terrible mistake.

B 주어진 우리말을 참고하여 빈칸에 들어갈 알맞은 표현을 고르세요.

1 _____ the team report, we all went out for dinner.
팀 보고서를 완성한 후에, 우리는 모두 저녁을 먹으러 나갔다.

(A) Complete   (B) To complete   (C) Completed   (D) Completing

2 After _____ the security system, experts concluded that passwords should be changed on a regular basis. 보안 시스템을 점검한 후에, 전문가들은 비밀번호가 정기적으로 변경되어야 한다는 결론을 내렸다.

(A) examine   (B) examined   (C) examining   (D) have examined

토익 필수 어휘 ✓ 형용사

A 주어진 우리말에 맞게 알맞은 단어를 찾아 쓰세요.

demanding	reliable	accessible
inexpensive	temporary	spacious

1 쉽게 **접근할 수 있는**   easily _____

2 **신뢰할 수 있는** 정보   _____ information

3 **힘든** 과정   a _____ course

4 **비싸지 않은** 호텔   _____ hotels

rewarding	dependent	confidential
valuable	affordable	exceptional

5 **보람 있는** 경험   a _____ experience

6 **감당할 수 있는** 가격으로   at _____ prices

7 **특출한** 직원   an _____ employee

8 **기밀** 서류   _____ documents

B 주어진 우리말에 맞게 빈칸에 알맞은 말을 써 넣으세요.

1 Smith 씨는 도전적이고 보람 있는 직업을 찾고 있다.

→ Mr. Smith is looking for a job that is challenging and _____.

2 Ocean Paradise 호텔은 대중교통으로 쉽게 접근할 수 있다.

→ The Ocean Paradise Hotel is easily _____ by public transportation.

3 우리의 사업을 보호하기 위하여 기밀 정보를 파기하는 것은 중요하다.

→ It is crucial that you shred _____ information to protect our business.

4 홍보 행사를 준비하는 것에 있어서, Gilmore 씨는 특별히 뛰어나다.

→ When it comes to organizing promotional events, Ms. Gilmore is _____.

PART 5 빈칸에 들어갈 알맞은 표현을 고르세요.

1 One of our goals is to provide quality products at ------- prices.

(A) demanding
(B) valuable
(C) affordable
(D) incomplete

2 To repair the ------- equipment will cost much more money than we expected.

(A) exist
(B) exists
(C) existing
(D) existed

3 There has been a ------- concern about adopting a new system.

(A) grow
(B) grew
(C) growing
(D) grown

4 For detailed information on the location, please see the ------- map.

(A) enclose
(B) enclosure
(C) enclosing
(D) enclosed

5 Everyone agrees that your contributions to Next Law Firm have been -------.

(A) accessible
(B) exceptional
(C) economic
(D) complimentary

6 ------- unemployed, Jessica is having a hard time making ends meet.

(A) Being
(B) Is
(C) Be
(D) To be

7 Workers are expected to wear newly ------- protective clothing.

(A) purchase
(B) purchases
(C) purchasing
(D) purchased

8 After ------- about the increase in the minimum wage, Brown, Inc. laid off 30 percent of its entire workforce.

(A) hearing
(B) to hear
(C) heard
(D) been heard

Questions 9-12 refer to the following announcement.

> We are ------- to announce the appointment of Ms. Katarina Louis as our new CEO. ------- her
>   **9.**   **10.**
>
> entire career in business development and marketing, she is joining us with extensive experience
>
> in all areas of business. ------- joining our company, she worked for ESCO, Inc. as a vice president
>   **11.**
>
> for 10 years, where she actively expanded its business development. -------. She was successful
>   **12.**
>
> in managing multiple departments and teams and had a strong commitment to positive outcomes.
>
> I am pretty sure she will lead our company successfully by presenting us with new visions for the
>
> future of our company. Please join me in welcoming Katarina Louis.

9   (A) please
    (B) pleasure
    (C) pleased
    (D) pleasing

10 (A) Spent
    (B) To spend
    (C) Having spent
    (D) Being spent

11 (A) Concerning
    (B) Prior to
    (C) After
    (D) As soon as

12 (A) Ms. Louis has proven her ability to develop new business models.
    (B) After 20 years of dedication, Ms. Louis is leaving us.
    (C) Ms. Louis would like to join our company.
    (D) Ms. Louis' academic background is in the area of computer engineering.

Questions 13-14 refer to the following form.

Name	*Jennifer Brown*
Phone number	*808-555-2234*
Date of stay	*January 1-3*
Room number	*307*

purpose of your stay:

■ pleasure   □ business   □ meeting / conference

Please indicate how you are satisfied with the following services.

	Excellent	Good	Fair	Poor
pleasant greeting	□	□	■	□
waiting time at check-in	□	■	□	□
housekeeping	□	■	□	□
room amenities	□	■	□	□
room service meals	■	□	□	□
restaurants & bars	□	□	□	■

13 Why did Ms. Brown visit the hotel?

(A) For vacation

(B) For business

(C) For academic activities

(D) For a charity event

14 What is indicated about the hotel restaurants and bars?

(A) They were not satisfactory.

(B) The service at them was great.

(C) They were reasonable.

(D) They were beyond her expectations.

지문유형

양식

• 양식의 종류 다음과 같은 것들이 있습니다.

송장 (invoice)	물품의 구매 내역을 보여주는 명세서
일정표 (schedule)	모임, 회의, 컨퍼런스 등의 일정표
표, 양식 (form, table)	설문지, 평가표, 식당의 메뉴 등

• 양식 지문의 경우 정보가 간략하게 요약되어 있기 때문에 다른 유형의 지문들에 비해 필요한 정보를 빠르게 찾을 수 있습니다. 따라서 양식 지문 관련 문제를 최대한 빠른 시간 내에 풀어서 다른 유형의 지문들에 할애할 수 있는 시간을 확보해야 합니다.

UNIT

08

접속사

Overview

접속사 Conjunctions

Q1 접속사란 무엇인가?

접속사란 단어와 단어, 구와 구, 절과 절을 연결해 주는 품사입니다. 접속사는 아래와 같이 크게 3가지로 구분할 수 있습니다.

등위접속사	단어, 구, 절 등을 대등하게 연결합니다. 예) and, but, so 등
상관접속사	하나의 짝을 이루어, 단어, 구, 절 등을 연결합니다. 예) both A and B, not only A but also B 등
종속접속사	종속접속사에는 명사절 접속사와 부사절 접속사가 있습니다. 이때 접속사가 포함된 절은 다른 절에 종속되어 있기 때문에 독립적으로 쓰일 수 없습니다. 예) that, whether, when, if 등

Q2 명사절 접속사와 부사절 접속사란 무엇인가?

명사절 접속사	접속사가 이끄는 절이 문장 안에서 명사의 역할인 주어, 목적어, 보어의 역할을 할 때, 이 접속사를 명사절 접속사라고 합니다. 명사절 접속사에는 that / if / whether 등이 있습니다.
부사절 접속사	접속사가 이끄는 절이 문장 안에서 부사와 같이 문장 전체를 수식하는 역할을 할 때, 이 접속사를 부사절 접속사라고 합니다. 대표적인 부사절 접속사로는 when, if, because 등이 있습니다.

- It is necessary **that** you wear a protective helmet. [명사절 접속사]
  당신은 안전모를 착용할 필요가 있다.

- **When** you hear the news, you will be surprised. [부사절 접속사]
  당신이 그 소식을 들으면, 당신은 놀랄 것이다.

01 등위접속사 / 상관접속사

등위접속사: and, but, or, so
상관접속사: both A and B, either A or B 등

등위접속사는 단어, 구, 절 등을 대등하게 연결하는 접속사를 말하며, and, but, or, so 등이 있습니다. **상관접속사는 두 단어가 짝을 이루어 단어나 구를 연결하는 접속사를 말합니다.** 상관접속사에는 both A and B, either A or B, neither A nor B 등이 있습니다.

등위접속사	and 그리고	상관접속사	both A and B A와 B 둘 다
	but 그러나		either A or B A와 B 둘 중 하나
	or 또는		neither A nor B A와 B 둘 다 아닌
	so 그래서		not only A but also B A뿐만 아니라 B도

He left the office, **and** went to the cafeteria. 그는 사무실에서 나와서 구내 식당으로 갔다.
I had to apply for the job, **but** I didn't. 나는 그 일에 지원해야 했지만 그렇게 하지 않았다.

You can **either** visit the office **or** call this number. 당신은 사무실을 방문하든지, 아니면 이 번호로 연락할 수 있다.
Susan wanted to get **not only** a pay raise **but also** a bonus. Susan은 임금 인상뿐만 아니라, 보너스도 받고 싶어 했다.

실력 쌓기

정답 p.063

A 주어진 우리말을 참고하여 빈칸에 들어가기에 알맞은 접속사를 쓰세요.

1 나는 서둘러야 해서, 작별인사 없이 떠났다.

→ I was in a hurry, _____ I left without saying goodbye.

2 나의 상사와 동료 둘 다 그 아이디어를 좋아했다.

→ _____ my boss _____ coworkers liked the idea.

3 당신은 이것을 팩스로 보내거나, 메일로 보낼 수 있다.

→ You can _____ send this by fax _____ by mail.

4 이것은 매니저와 스태프 모두에게 유용한 정보이다.

→ This is information that is useful for _____ managers _____ staff.

B 주어진 우리말을 참고하여 빈칸에 들어갈 알맞은 표현을 고르세요.

1 You can pick up the brochure _____ ask me for one.
당신은 브로셔를 직접 가져 오든지, 아니면 나에게 요청할 수 있다.

(A) and　　　　(B) or　　　　(C) but　　　　(D) so

2 He accepted _____ Jenny's proposal nor mine.
그는 Jenny의 제안도 나의 제안도 받아들이지 않았다.

(A) and　　　　(B) neither　　　　(C) both　　　　(D) not only

02 명사절 접속사

명사절 접속사: that / if / whether

명사절을 이끄는 접속사에는 that / if / whether가 있습니다. that절은 '~라는 것'이라는 의미이고, if / whether는 '~인지, 아닌지'라는 의미입니다. 이들 접속사가 이끄는 절은 명사와 같이 문장에서 **주어, 목적어, 보어의 역할**을 합니다.

주어 역할	It is important **that** you get to work right on time. 당신이 정시에 출근하는 것은 중요하다. → that절이 주어로 쓰일 때에는 가주어 it으로 대체됩니다.
보어 역할	The reality is **that** we can't afford another employee. 현실은 우리가 또 다른 직원을 뽑을 여유가 없다는 것이다. My question is **whether** he wants to quit the job or not. 나의 의문점은 그가 일을 그만두고 싶어 하는지 아닌지이다.
목적어 역할	I think **that** he had enough qualifications for the position. 나는 그가 그 일에 충분한 자격 요건을 갖췄다고 생각한다.

실력 쌓기

정답 p.063

A 접속사의 의미에 유의하면서 각각의 문장을 해석하세요.

1 It is surprising **that** the company cafeteria menu has been improved.

→ _____

2 I wonder **whether** the new system will meet our customers' needs.

→ _____

3 Our problem is **that** we cannot accommodate so many people in this hotel.

→ _____

4 I don't remember **if** we check the water filter regularly or not.

→ _____

B 주어진 우리말을 참고하여 빈칸에 들어갈 알맞은 표현을 고르세요.

1 We are not sure _____ he will be able to prove his managerial skills or not.
우리는 그가 자신의 경영 능력을 입증할 수 있을지 없을지 확신하지 못한다.

(A) whether (B) that (C) and (D) which

2 I completely forgot _____ I submitted the application.
나는 내가 신청서를 제출했다는 것을 완전히 잊어 버렸다.

(A) which (B) what (C) but (D) that

03 부사절 접속사 I (시간, 조건)

시간과 조건의 부사절 접속사: when, if

시간의 부사절 접속사	when ~할 때 as ~함에 따라, ~하면서 as soon as ~하자마자	while ~하는 동안 before ~하기 전에 after ~한 후에	by the time ~할 때쯤에 until ~할 때까지 since ~한 이래로
조건의 부사절 접속사	if 만일 ~라면 unless 만일 ~가 아니라면	provided that ~ = if providing that ~= if	once 일단 ~하면 as long as ~하는 한

When we called the museum, we found out that it doesn't have any space to display the items.
우리가 박물관에 전화 했을 때, 우리는 작품들을 전시할 공간이 없다는 것을 알게되었다.
If (= Provided that / Providing that) you don't have any further questions, we will move on to the next item on the agenda. 추가 질문이 없다면, 우리는 의제 상의 다음 안건으로 넘어가겠습니다.

Tip! 시간과 조건의 부사절에서는 미래 시제일 때 반드시 현재 동사를 사용합니다.
- **When** the editors **finish** reviewing your article, they **will notify** you. [will finish (×)]
  편집자들이 당신의 기사 검토를 끝냈을 때 그들이 당신에게 알려줄 것이다.

실력 쌓기

정답 p.064

A 주어진 우리말을 참고하여 괄호 안의 접속사들 중 의미상 알맞은 것을 고르세요.

1 Johnson 씨는 학교를 마친 후에, 회계사로 일하기 시작했다.
   → (After / Before) Mr. Johnson left school, he started working as an accountant.

2 길을 걷다가 오래 전 학교 친구를 우연히 만났다.
   → (As / Since) I was walking down the street, I ran across my old friend from school.

3 새 광고가 TV에서 방송된 이후로 판매가 급증했다.
   → Our sales have dramatically increased (when / since) the new commercial was aired on TV.

4 우리가 마감 기한을 맞춘다면, 우리는 유급 휴가를 얻을 수 있을 것이다.
   → (Providing that / As soon as) we meet the deadline, we will be able to take paid vacation.

B 주어진 우리말을 참고하여 빈칸에 들어갈 알맞은 표현을 고르세요.

1 _____ you have further questions, we will wrap up the session.
   추가 질문이 없으면, 이번 회기를 마치도록 하겠습니다.
   (A) When   (B) If   (C) Since   (D) Unless

2 I knew nothing about the recent change in the hiring procedures _____ you told me.
   나는 고용 절차의 최근 변동 사항에 대해 당신이 말해 줄 때까지 아무것도 알지 못했다.
   (A) when   (B) provided that   (C) until   (D) as long as

04 부사절 접속사 II (이유, 양보, 목적, 결과)

이유, 양보, 목적, 결과의 부사절 접속사: because, although, so that, so ~ that

이유의 부사절 접속사 (~ 때문에)	because, as, since	목적의 부사절 접속사 (~하기 위해서)	in order that ~ so that ~
양보의 부사절 접속사 (~에도 불구하고)	though, although, even though	결과의 부사절 접속사 (너무 ~해서 …하다)	so ~ that such ~ that

Because nobody wanted to work overtime, we couldn't get it done before the deadline.
아무도 초과 근무를 하고 싶어 하지 않아서, 우리는 마감 전에 그 일을 끝낼 수 없었다.
Although Tim doesn't enjoy his marketing job, he works hard.
Tim은 마케팅 업무를 즐기지는 않지만, 열심히 한다.

Tip! so ~ that / such ~ that 구문에서 so 다음에는 형용사나 부사만 오고, such 다음에는 형용사와 함께 명사가 반드시
와야 합니다.

- The weather was **so** <u>beautiful</u> **that** we wanted to go out for a walk.
- It was **such** a <u>beautiful</u> <u>day</u> **that** we wanted to go out for a walk.
  날씨가 너무 아름다워서 우리는 산책하러 나가기를 원했다.

실력 쌓기

정답 p.064

A 괄호 안에서 의미상 알맞은 접속사를 고른 다음 각각의 문장을 해석하세요.

1 We need to cut back on our spending (since / that) we are short of money this month.

   → _____

2 (Though / Such that) it's a national holiday, most of the convenience stores in this area
   are open for 24 hours.

   → _____

3 The team will start a new promotion (so that / whether) the company can make more
   profits next month.

   → _____

B 주어진 우리말을 참고하여 빈칸에 들어갈 알맞은 표현을 고르세요.

1 _____ the number of staff members has grown, Mr. Brown still takes care of all
   the small things. 직원의 수가 늘었음에도 불구하고, Brown 씨는 여전히 사소한 일들을 처리한다.

   (A) As   (B) So that   (C) Providing   (D) Although

2 _____ companies started utilizing robot technology, security guards are in danger
   of losing their jobs. 회사들이 로봇 기술을 사용하기 시작했기 때문에, 경비원들이 직업을 잃을 위기에 처해 있다.

   (A) While   (B) In order that   (C) Because   (D) If

A 주어진 우리말에 맞게 알맞은 표현을 찾아 쓰세요.

competitive edge	managerial skills
further information	promising candidate
hiring procedure	professional advancement

1 **경쟁력 우위**를 향상시키다   improve its _____

2 기술 및 **관리 능력**   technical and _____

3 **자세한 정보**를 위하여   for _____

4 **승진**에 관심이 있는   interested in _____

undervalued property	qualified applicant
aspiring manager	innovative ideas
additional information	dramatic decrease

5 **혁신적인 아이디어**를 찾아보다   look for _____

6 가장 **적합한 지원자**   the most _____

7 인구의 **극적인 감소**   the _____ in population

8 젊고 **포부가 큰 매니저**   a young and _____

B 주어진 우리말에 맞게 빈칸에 알맞은 말을 써 넣으세요.

1 Jones 씨는 혁신적인 아이디어의 중요성을 항상 강조했었다.

→ Mr. Jones always emphasized the importance of _____.

2 아동 수의 극적인 감소는 심각한 문제이다.

→ The _____ in the number of children is a critical issue.

3 고위 임원직에 지원하기 위하여 관리 능력이 필요하다.

→ _____ are required to apply for the senior executive position.

4 Son 씨의 명성은 그의 승진에 도움을 주었다.

→ Mr. Son's great reputation has helped his _____.

PART 5 빈칸에 들어갈 알맞은 표현을 고르세요.

1 The orders that we placed last week are likely to arrive ------- on Wednesday or Thursday.

(A) both
(B) either
(C) not only
(D) neither

2 Almost all companies want to know ------- a newly hired person can adjust to their environment.

(A) whether
(B) when
(C) that
(D) in order that

3 CRI, Inc. is trying to innovate in order to gain a ------- edge.

(A) qualified
(B) competitive
(C) suitable
(D) promising

4 Please refer to the enclosed manual ------- you have a problem with your device.

(A) if
(B) unless
(C) as long as
(D) as

5 It is necessary to understand ------- most customers have high expectations about expensive products.

(A) that
(B) what
(C) whether
(D) because

6 ------- the company is based in Asia, most of its products are exported to countries around the world.

(A) If
(B) When
(C) That
(D) Although

7 ------- you understand the rules and regulations in this place, you will feel a lot more comfortable.

(A) So that
(B) Whether
(C) In case of
(D) Once

8 For ------- information regarding tax issues, please contact your local council.

(A) further
(B) high
(C) preferred
(D) numerous

Questions 9-12 refer to the following letter.

Blue Bear Travel Agency
342 Remington Avenue
New York, NY 10021

Dear Mr. Christopher Lee,

I am sorry to inform you ------- we have filled the travel agent position you recently applied for.
9.

------- we thoroughly reviewed your qualifications, we found out your experience and career goals
10.

are not compatible with the direction of our company. -------, we offered the position to a
11.

candidate who is more appropriate for us. -------. We wish you success in your career.
12.

Yours truly,

Deborah Parker
HR manager

---

9 (A) that
   (B) when
   (C) which
   (D) whether

10 (A) Before
   (B) As long as
   (C) After
   (D) In order that

11 (A) Besides
   (B) Unfortunately
   (C) Nevertheless
   (D) In addition

12 (A) Thank you so much for your interest in us.
   (B) I am sorry about the inconvenience.
   (C) I appreciate your concern regarding this matter.
   (D) You are always welcome to visit us.

Questions 13-14 refer to the following online chat discussion.

Peter Johnson	5:05 P.M.	What time should we check in for the flight to Hong Kong tomorrow?
Sarah Taylor	5:09 P.M.	It is departing at 11:00 A.M., and we need to check in by 9:00 A.M.
Peter Johnson	5:10 P.M.	Why don't we check in early at around 8:00 A.M.? Then, we can go over the materials for our presentation before leaving. We won't have time before the meeting in Hong Kong.
Sarah Taylor	5:11 P.M.	Good idea!
Tony Dixon	5:19 P.M.	I double-checked everything for the presentation. What do you want to review?
Peter Johnson	5:20 P.M.	I want to look at the discount rates and the product prices.
Tony Dixon	5:21 P.M.	Is anything wrong with those figures? I'm sure they are all in order.
Peter Johnson	5:22 P.M.	Mr. Davis in Finance told me this morning that we can give our client an extra 3% discount.
Tony Dixon	5:23 P.M.	Okay. Sounds good.
Sarah Taylor	5:25 P.M.	Great! We can go to a café on the other side of immigration next to the duty-free store.

`Send`

13 What is the purpose of the online chat discussion?

(A) To choose a restaurant to eat at
(B) To discuss some contract details
(C) To ask about duty-free shopping
(D) To arrange a meeting before a flight

14 At 5:21 P.M., what does Mr. Dixon mean when he writes, "They are all in order"?

(A) He does not want to change some details.
(B) He believes some figures are correct.
(C) He is certain when a meeting will be held.
(D) He feels that his manager has to make a decision.

문제 유형

의도 파악

- 문자 메시지와 온라인 채팅 지문에서 출제되는 유형으로서, 지문에서 해당 표현의 의미를 올바르게 설명하고 있는 보기를 선택해야 합니다.
- 인용된 문장 앞뒤의 내용을 통해 해당 표현의 정확한 의미를 파악해야 합니다. 즉, 대화의 전체적인 흐름을 알아야 풀 수 있습니다.

UNIT

09

전치사

Overview
전치사 Preposition

Q1 전치사란 무엇인가?

전치사는 **명사 앞에 위치하는 단어**라는 뜻입니다. 즉, 전치사는 기본적으로 명사의 앞에 위치하며 **시간, 장소, 방향, 위치** 등을 의미합니다.

in the summer 여름에	**on** Friday 금요일에	**at** the airport 공항에서

Q2 전치사의 종류는?

전치사의 종류는 매우 다양합니다. 시간, 장소와 어울리는 in, on, at 등 기본적인 전치사의 쓰임을 먼저 알아 두고, 그 이외의 다양한 전치사와 전치사구들도 정리해 두어야 합니다.

◆ 시간

in / on / at ~에	for / during ~ 동안	by / until ~까지
before ~ 전에	from ~부터	since ~ 이래로

◆ 장소

in ~ 안에	on ~ 위에	at 특정 지점에

◆ 방향 / 위치

into ~의 안으로	out of ~의 밖으로	from ~으로부터
in front of ~ 앞에	behind ~의 뒤에	across ~의 건너편에
next to ~ 옆에	around ~ 주위에	along ~을 따라서

01 시간 전치사

시간을 나타내는 전치사 in, on, at

in, on, at은 대표적인 시간 전치사로 각각의 쓰임을 알아두어야 합니다. 그리고 until, by와 같이 우리말 해석(~까지)은 같지만 문장에서 쓰임이 다른 전치사도 구분할 수 있어야 합니다.

in + 연, 월, 계절	in 2024 2024년에		in October 10월에		in winter 겨울에
on + 날짜, 요일, 특정일	on Monday 월요일에			on March 15 3월 15일에	
	on Christmas day 크리스마스에			on Saturday morning 토요일 아침에	
at + 시각, 시점	at 10:30 10시 30분에		at lunchtime 점심시간에		at noon 정오에

▶ 혼동하기 쉬운 시간 전치사

until ('계속'의 의미) by ('완료'의 의미)	~까지	wait until Friday 금요일까지 기다리다 submit by Friday 금요일까지 제출하다
for + 구체적인 숫자 during + 명사 (기간)	~ 동안	live in New York for 20 years 20년 동안 뉴욕에 살다 sleep during the movie 영화 보는 동안 자다

The annual audit / of the company / is expected / to be conducted / **in March.**
연례 회계 감사가 / 그 회사의 / 예상된다 / 진행될 것으로 / 3월에

실력 쌓기

정답 p.066

A 괄호 안의 단어들 중에서 알맞은 전치사를 고르세요.

1 The art exhibition will be held tomorrow afternoon (in, on, at) 4:00.
   exhibition 전시회

2 The safety inspection has been postponed (until, by) next month.
   inspection 점검

3 Nelson's Book Café has not made a profit (for, during) six months.
   profit 이윤

4 They will be back from their business trip (in, on, at) Sunday.

5 Mr. Morris was promoted to chief financial officer (in, on, at) 2020.
   promote 승진하다 chief financial officer 최고 재무 책임자

B 주어진 우리말을 참고하여 빈칸에 들어갈 알맞은 표현을 고르세요.

1 The food choices for the banquet next Saturday must be sent to the caterer _____ this Friday. 다음 주 토요일에 있을 연회 음식 선정 결과는 이번 주 금요일까지 음식 공급자에게 보내져야 한다.

   (A) at   (B) on   (C) by   (D) until

2 He visits _____ noon every day except Saturday and Sunday.
   그는 토요일과 일요일을 제외하고 매일 정오에 방문한다.

   (A) in   (B) on   (C) at   (D) for

02 장소, 방향, 위치 전치사

장소, 방향, 위치의 전치사 in, on, at

in, on, at은 시간 전치사일 뿐만 아니라 장소 앞에도 사용됩니다. 장소 외에도 방향, 위치 전치사를 각각의 의미와 함께 알아 두도록 합시다.

▶ 장소 전치사

in + 공간 안 (도시, 국가, 마을, 건물 안)	in Australia 호주에　　in London 런던에	in the village 마을에　　in the room 방에
on + 표면 위 (거리, 층, 메뉴, 목록)	on Pine Street Pine 가에 on the menu 메뉴에	on the second floor 2층에 on the list 목록에
at + 특정 지점 (공항, 역, 이벤트)	at the airport 공항에　　at the station 역에	at the wedding 결혼식에

▶ 방향, 위치 전치사

to ~로 out of ~ 밖으로 into ~ 안으로	out of ~ 밖으로 by (= next to, beside) ~ 옆에 throughout 곳곳에	in front of ~ 앞에 along ~을 따라서 behind ~ 뒤에

The faculty members / will be given / parking spaces / **on the second floor.**
교직원들은 / 주어질 것이다 / 주차 공간이 / 2층에

실력 쌓기

A 괄호 안의 전치사들 중에서 알맞은 것을 고르세요.

1　There are a few spacious conference rooms (on, in) the hotel.　　　spacious 넓은

2　The disease spread fast (throughout, at) the country.　　　disease 질병　spread 퍼지다

3　To register for the program, please complete an application form (at, on) the BC Learning Center.　　　complete 완성하다　application form 신청 양식

4　Mr. Morris is busy preparing for the quarterly seminar (in, at) Seattle.　　　quarterly 분기별

5　You can find the safe (next to, out of) the printer.　　　safe 금고

B 주어진 우리말을 참고하여 빈칸에 들어갈 알맞은 표현을 고르세요.

1　The new branch office is located ＿＿＿＿＿＿ Maple Street across from the library.
　　그 새 지점은 도서관 건너편에 있는 Maple 가에 위치해 있다.
　　(A) in　　　　　　(B) on　　　　　　(C) at　　　　　　(D) for

2　Mr. King got out of the taxi and walked ＿＿＿＿＿＿ the main building.
　　King 씨는 택시에서 내려 본관으로 걸어 들어갔다.
　　(A) into　　　　　(B) between　　　　(C) as　　　　　　(D) at

03 기타 전치사

기타 다양한 전치사: 수단의 by, 자격의 as 등

전치사의 종류는 매우 다양합니다. by, as, with 등과 같이 자주 쓰이는 전치사들과 그 의미는 아래와 같습니다.

전치사	의미	예	전치사	의미	예
by	교통 수단 통신 수단 수동태 차이	by train 기차로 by e-mail 이메일로 by Harry Harry에 의해서 by 3 percent 3퍼센트 차이로	with	도구 동반	with a key 열쇠로 with Mark Mark와 함께
as	자격	as the manager 매니저로서	about, on, regarding	주제	on/about/regarding the issue 그 문제에 관해서

Even / when you are away on business, / you / can contact us / **by e-mail**.
심지어 / 당신이 출장 중일 때에도 / 당신은 / 우리에게 연락할 수 있다 / 이메일로

실력 쌓기

정답 p.067

A 괄호 안의 우리말을 참고하여 빈칸에 들어갈 알맞은 전치사를 쓰세요.

1 My salary has been increased ( ) 5 percent. (5퍼센트 차이로)   increase 증가하다

2 We can send the quote either ( ) e-mail or fax. (이메일 또는 팩스로)   quote 견적

3 Please lock the door ( ) the key when you leave the office. (열쇠로)

4 The newest camera model from Digital World comes ( ) an extra lens. (추가 렌즈와 함께)

5 Ms. Evans has resigned ( ) the senior marketing manager last Tuesday. (수석 마케팅 매니저로서)
     resign 퇴임하다

B 주어진 우리말을 참고하여 빈칸에 들어갈 알맞은 표현을 고르세요.

1 During the last quarter, Dream Furniture's profits rose .... 9 percent.
지난 분기 동안, Dream 가구의 수익이 9퍼센트만큼 상승했다.

(A) by   (B) at   (C) with   (D) on

2 You are only allowed to enter the factory .... the proper safety gear.
당신은 적절한 안전 장비가 있어야만 공장에 들어갈 수 있다.

(A) at   (B) with   (C) by   (D) as

04 전치사 vs. 접속사

전치사와 접속사의 구분: 전치사 뒤에는 '명사(구)' / 접속사 뒤에는 '주어 + 동사'

전치사와 접속사가 같은 의미를 가질 때에는 각각의 품사를 정확히 구분할 수 있어야 합니다. **명사나 명사구 앞에는 전치사를** 써야 하지만, 주어와 동사를 갖추고 있는 **절 앞에는 접속사를** 써야 합니다.

의미	전치사	접속사	예
~ 때문에	because of due to owing to	because since as	**because of** the noise [전치사 + 명사] **Because** it was noisy, ~ [접속사 + 주어 + 동사]
~에도 불구하고	in spite of despite	although though	**in spite of** the rain [전치사 + 명사] **Although** it rained, ~ [접속사 + 주어 + 동사]
~하는 동안	during	while	**during** the game [전치사 + 명사] **While** I was playing the game, ~ [접속사 + 주어 + 동사]

Because of / the deteriorating weather conditions, / all the flights / have been canceled.
때문에 / 악화되는 날씨 상황 / 모든 비행기는 / 취소되었다

실력 쌓기

정답 p.067

A 주어진 우리말의 의미와 같아지도록 각각의 빈칸에 알맞은 말을 쓰세요.

1 그의 모든 노력에도 불구하고, 그는 5초 차이로 챔피언 결정전의 승리를 놓쳤다.
   → (   ) all his efforts, he failed to win the championship by 5 seconds.
   → (   ) he made an effort, he failed to win the championship by 5 seconds.

2 시험을 보는 동안 질문을 주의 깊게 읽도록 하세요.
   → Make sure you read the questions carefully (   ) you are taking the test.
   → Make sure you read the questions carefully (   ) the test.

3 좋지 않은 날씨 때문에 야외 행사는 연기될지도 모른다.
   → The outdoor event might be postponed (   ) the weather is awful.
   → The outdoor event might be postponed (   ) the awful weather.

B 주어진 우리말을 참고하여 빈칸에 들어갈 알맞은 표현을 고르세요.

1 _____ his debts, he stopped spending money on luxury goods.
   빚 때문에, 그는 사치품에 대한 소비를 그만두었다.

   (A) Because   (B) Because of   (C) Since   (D) Until

2 _____ she was in poor health, she continued to do her job.
   그녀는 건강이 좋지 않음에도 불구하고, 그녀의 일을 계속했다.

   (A) Despite   (B) As   (C) While   (D) Although

A 주어진 우리말에 맞게 알맞은 단어를 찾아 쓰세요.

typically	approximately	incrementally
periodically	shortly	efficiently

1 **약** 1,000달러의 비용이 들다   cost _____ $1,000

2 **점차** 나아지다   improve _____

3 **곧** 준비가 되다   be ready _____

4 **주기적으로** 업데이트하다   update _____

marginally	promptly	readily
mutually	arguably	regrettably

5 **쉽게** 이해할 수 있는   _____ comprehensible

6 **상호** 이익이 되는   _____ beneficial

7 할 수 있는 한 **빨리**   as _____ as we can

8 **아주 조금** 떨어지다   drop _____

B 주어진 우리말에 맞게 빈칸에 알맞은 말을 써 넣으세요.

1 새 공장을 건설하는 데 약 5년이 걸렸다.

→ Building the new factory took _____ five years.

2 모든 식재료는 현지 상점에서 쉽게 구할 수 있다.

→ All the ingredients are _____ available at local shops.

3 테마파크 조성 계획은 시와 주민들에게 상호 이익이 된다.

→ The plan to build a theme park is _____ beneficial to the city and its residents.

4 회사의 정책에 따르면 모든 직원들은 이메일에 빨리 대응해야 한다.

→ The company policy states that all employees must respond to e-mails _____.

빈칸에 들어갈 알맞은 표현을 고르세요.

1 Evan's Restaurant will close ------- 9 o'clock starting next week.

(A) at

(B) in

(C) on

(D) to

2 Employees who would like to take their summer vacations must inform Mr. Wilson in the HR Department ------- October 21.

(A) by

(B) until

(C) for

(D) as

3 The CEO will not be coming to the office ------- next week.

(A) with

(B) at

(C) until

(D) on

4 The train for Berlin departing at 7:30 P.M. will be arriving -------.

(A) arguably

(B) readily

(C) shortly

(D) carefully

5 Toby's Surfing is located ------- Great Beach Road next to the police station.

(A) in

(B) on

(C) at

(D) by

6 The UNESE is a large organization with a lot of offices ------- the world.

(A) on

(B) at

(C) along

(D) throughout

7 ------- construction delays on Lake Street, it takes 15 more minutes to get to work.

(A) Because of

(B) Since

(C) As

(D) In spite of

8 The results of overseas expansion were only ------- above expectations.

(A) necessarily

(B) permanently

(C) commonly

(D) marginally

PART 6

지문을 읽고 빈칸에 들어갈 알맞은 보기를 고르세요.

Questions 9-12 refer to the following advertisement.

Homemade Furniture Co. is pleased to announce that we have completed the renovations and will

reopen ------- Thursday, February 20. We promise ------- providing the best quality furniture in
       9.   **10.**

town with affordable prices.

To celebrate our reopening, we invite you to our special sale. In the months of February and

March, all sofas and beds are 30 percent off. In addition, if your ------- is over $300, you will get
                     11.

an additional 5 percent off. Call us now at (818) 987-0008. -------.
                     12.

---

9   (A) to
    (B) in
    (C) at
    (D) on

10   (A) continue
    (B) to continue
    (C) continuing
    (D) continuous

11   (A) purchase
    (B) purchases
    (C) purchasing
    (D) purchased

12   (A) Please make sure you order before April.
    (B) Don't forget that the special gifts are limited.
    (C) We are sorry for the inconvenience.
    (D) We will be happy to answer any questions you may have.

Questions 13-16 refer to the following article.

International Gentle Art Award

September 15 - Gentle Art is a nonprofit organization and has been hosting an international design contest for the last 8 years. This contest is to encourage young designers to be creative and to show their talent.

This year, participants will design a poster that represents the following concept: "We respect one another." The top ten finalists will be awarded a Gentle Art Award certificate, and the winner will be awarded 10,000 dollars. The contest is open to all individuals and groups. Entries must be submitted online. Visit the official Web site at www.gentleart.com.

13 What does the article discuss?

(A) An annual art exhibition

(B) A new style of architecture

(C) An art competition

(D) A business contract

14 For whom is the article most likely intended?

(A) Art students

(B) Travel agencies

(C) Advertisers

(D) Gallery owners

15 What will the participants design?

(A) A logo

(B) A poster

(C) A book cover

(D) A stamp

16 What should people do if they want to participate in the event?

(A) Send an e-mail

(B) Fax an application form

(C) Phone the organization

(D) Register on the Web site

지문유형

기사

- 기사 지문은 학습자들이 가장 어렵게 느끼는 지문 유형입니다. 딱딱한 글의 성격과 비교적 많은 분량 때문에 내용을 파악하는 것이 쉽지 않습니다. 따라서, 가장 먼저 기사의 주제가 무엇인지를 파악해야 합니다.
- 전체적인 주제를 파악한 다음 세부적인 정보를 파악해야 합니다. 기사에 등장하는 인물이나 회사에 관한 문제, 기사에 언급되지 않은 정보를 묻는 문제 등이 출제됩니다.

Overview

관계대명사 / 관계부사
Relative Pronouns / Relative Adverbs

Q1 관계대명사와 관계대명사절이란 무엇인가?

한 단어로 된 형용사는 'a **beautiful** girl'과 같이 명사의 앞에서 명사를 수식합니다. 하지만 절이 명사를 수식하려면 'a girl **who has beautiful hair**'와 같이 명사 뒤에서 수식해야 합니다. 여기에서 who를 관계대명사라고 하며, 관계대명사가 이끄는 절을 관계대명사절(형용사절)이라고 합니다.

* I met a man **who works at the bank.** 나는 은행에서 일하는 남자를 만났다.

→ 관계대명사절이 명사를 수식

Q2 관계대명사의 종류에는 어떤 것이 있는가?

관계대명사의 종류에는 주격, 소유격, 목적격이 있으며, 관계대명사절의 수식을 받는 명사인 **선행사**에 따라 알맞은 관계대명사를 사용해야 합니다.

선행사	주격 관계대명사	소유격 관계대명사	목적격 관계대명사
사람	who / that	whose	who(m) / that
사물, 동물	which / that	whose	which / that

Q3 관계부사란 무엇인가?

관계부사에는 where, when, why, how가 있고, 이는 관계대명사와 비슷한 구조를 가지고 있습니다. 관계부사는 수식을 받는 명사가 장소, 시간, 이유, 방법을 의미하는 경우에 쓰입니다.

* This is the place **where I got married.** 여기는 내가 결혼한 장소이다.

→ 관계부사절이 장소 명사를 수식

01 주격 관계대명사

who, which, that: 관계대명사가 주어 역할을 할 때 사용

관계대명사절은 명사를 뒤에서 수식하는 형용사절로서, who, which, that과 같은 관계대명사가 관계대명사절을 이끌면서 앞에 있는 명사(선행사)를 수식하는 구조입니다. 관계대명사가 주어 역할을 할 경우 이를 주격 관계대명사라고 합니다. 'a friend **who** called me (내게 전화한 친구)'와 같이 선행사가 사람이면 주격관계대명사는 who나 that이 사용되며, 'a company **which** sells computers (컴퓨터를 판매하는 회사)'와 같이 선행사가 사물이면 which나 that이 사용됩니다.

▶ 주격 관계대명사

Mr. Garcia's duty is to supervise **workers**. + ~~They~~ build power plants.

→ Mr. Garcia's duty is to supervise **workers** *who build power plants.* [발전소를 건설하는 근로자들]
                           선행사   주격 관계대명사(= that)

These periodicals / are very useful / for anyone / **who is interested** / in economics.
이 정기 간행물들은 / 매우 유용하다 / 사람들을 위해 / 관심이 있는 / 경제에

실력 쌓기

정답 p.069

A 괄호 안에 알맞은 주격 관계대명사를 넣고 밑줄 친 부분을 해석하세요.

1 We need to hire <u>someone (   ) has excellent public speaking skills.</u>
  → _____ **public speaking** 대중 연설

2 Geology is the study of <u>the rocks and solids (   ) make up the Earth.</u>
  → _____ **make up** 형성하다

3 <u>A lot of the products (   ) are traded online</u> are cheaper than their regular prices.
  → _____ **trade** 거래하다

4 John Cox is <u>one of the managers (   ) is interested</u> in leading the upcoming project.
  → _____ **upcoming** 곧 있을

B 주어진 우리말을 참고하여 빈칸에 들어갈 알맞은 표현을 고르세요.

1 Katie enjoys listening to radio programs _____ deal with serious political issues.
Katie는 심각한 정치 문제를 다루는 라디오 프로그램 청취를 즐긴다.

(A) who   (B) which   (C) whom   (D) where

2 John Davis is a linguist _____ developed an innovative approach to language teaching. John Davis는 혁신적인 언어 교육 접근법을 개발한 언어학자이다.

(A) who   (B) in which   (C) whom   (D) which

02 목적격 관계대명사

who, whom, that, which: 관계대명사가 목적어 역할을 할 때 사용

'a friend **who I called** (내가 전화한 친구),' 'the position **which I applied for** (내가 지원한 일)'와 같이 관계대명사절이 목적어 역할을 할 수 있습니다. 이때 관계대명사절의 수식을 받는 선행사가 **사람이면** who, whom, that, 선행사가 **사물이면** which, that을 쓸 수 있습니다. 또한, **목적격 관계대명사는 생략할 수 있다**는 것도 알아 두어야 합니다.

▶ 목적격 관계대명사

> The senior analyst was happy with the **report**. + I submitted the report.
>
> → The senior analyst was happy with the **report** *which I submitted*. [내가 제출한 그 보고서]
> 　　　　　　　　　　　　　　선행사　목적격 관계대명사(= that)

The decision / **which the vice president made** / caused / serious financial troubles.
그 결정은 / 부사장이 한 / 초래했다 / 심각한 재정 문제를

실력 쌓기

정답 p.070

A 밑줄 친 관계대명사가 올바르면 괄호 안에 O를 쓰고, 틀리면 고쳐 쓰세요.

1　The black suit **who** you ordered is currently out of stock. (　　　　)　　**out of stock** 재고가 없는

2　Ellis Morris was one of the best researchers **that** I have ever worked with. (　　　　)

3　The guest speaker **whom** I saw at the forum spoke both English and French fluently.
　　　　　　　　　　　　　　　　　　　　　　　　　　　　　　　　　　　(　　　　)

4　European Dining carefully chooses fresh vegetables **whom** are organically grown.
　　　　　　　　　　　　　　　　　　　　　　　　　　　　　　　　　　　(　　　　)

5　The engineers **which** I used to work with were exceptionally talented. (　　　　)
　　　　　　　　　　　　　　　　　　　　　　　　　　　　　　　　talented 재능이 있는

B 주어진 우리말을 참고하여 빈칸에 들어갈 알맞은 표현을 고르세요.

1　These are the perfect marketing plans ＿＿＿＿＿ the management has been looking for.
　　이것이 경영진이 찾고 있던 완벽한 마케팅 계획이다.
　　(A) who　　　　　(B) that　　　　　(C) how　　　　　(D) whom

2　This building was designed by an architect ＿＿＿＿＿ I studied with in Italy.
　　이 빌딩은 이탈리아에서 나와 함께 공부한 건축가에 의해 설계되었다.
　　(A) who　　　　　(B) which　　　　　(C) he　　　　　(D) him

03 소유격 관계대명사 vs. 관계대명사 what

whose: 관계대명사가 소유격 역할을 할 때 사용
what: 선행사를 포함하는 관계대명사

소유격 관계대명사는 whose로, 이는 선행사가 사람이나 사물일 때 모두 사용됩니다. 'a girl **whose** father is a lawyer (아버지가 변호사인 소녀)'에서처럼, whose가 '소녀의'를 뜻하는 **소유격 역할**을 합니다. 관계대명사 **what**은 선행사를 포함하는 관계대명사로서, what 앞에는 **선행사가 올 수 없습니다.**

▶ 소유격 관계대명사

> The company is looking for **people.** + Their first language is Chinese.
>
> → The company is looking for **people** *whose first language is Chinese.* [모국어가 중국어인 사람들]
>   선행사   소유격 관계대명사(= that)

▶ 관계대명사 what

> The staff member did not understand what the manager said. [선행사 없음]
>   = **the thing that(= which)** the manager said

실력 쌓기

정답 p.070

A 괄호 안의 관계대명사 중에서 올바른 것을 고르세요.

1 What was the name of the photographer (who / whose / which) photos are displayed in City Hall?
            display 전시하다

2 A misunderstanding is (that / what / whose) caused a lot of tension in the office.

3 I met the writer (who / whose / whom) book won the American Literature Award for best novel.

4 (That / What / Which) she said at the press conference was true.   **press conference** 기자회견

5 The company is hiring an accountant (which / who / whose) responsibilities will include budget management.   **accountant** 회계사 **budget** 예산

B 주어진 우리말을 참고하여 빈칸에 들어갈 알맞은 표현을 고르세요.

1 _____ the consultant told us was the best advice for our company.
컨설턴트가 우리에게 말한 것이 우리 회사를 위한 최고의 조언이었다.

  (A) What   (B) Who   (C) Which   (D) That

2 Employees _____ names are not on the list must contact Mr. Perry in the Accounting Department. 목록에 자신의 이름이 없는 직원들은 회계 부서의 Perry 씨에게 연락해야 한다.

  (A) who   (B) whose   (C) whom   (D) their

04 관계부사

where, when, why, how: 장소, 시간, 이유, 방법의 명사를 수식하는 관계부사절

관계부사는 선행사가 장소, 시간, 이유, 방법을 의미하는 명사일 경우에 사용되는데, 선행사가 장소일 때에는 where, 시간일 때에는 when, 이유일 때에는 why, 방법일 때에는 how가 사용됩니다. 관계대명사 뒤에는 주어나 목적어가 빠진 불완전한 문장이 오는 반면, **관계부사 뒤에는 완전한 문장**이 나옵니다.

▶ 관계부사

where	**the house** where I was born 내가 태어난 그 집	why	**the reason** why I quit the job 내가 일을 그만둔 그 이유
when	**the day** when we first met 우리가 처음 만난 그 날	how	**the way** I run my business how I run my business 내가 내 사업을 운영하는 방식 * the way와 how는 함께 쓸 수 없다.

The reason / why I am resigning / is / that the company / needs new leadership.
그 이유는 / 내가 사임하는 / 회사가 / 이다 / 새로운 리더십이 필요로 하기

실력 쌓기

정답 p.070

A 우리말에 맞게 괄호 안에 알맞은 관계부사를 쓰세요.

1 나는 내가 전에 인턴으로 일했던 회사에 지원했다.

→ I applied to the company (   ) I once worked as an intern.

2 그것이 Garcia 씨가 경제적인 위기를 다루는 방식이었다.

→ That was (   ) Mr. Garcia handled the financial crisis.

3 내가 Kim 씨를 마지막으로 본 날은 우리가 중국 시장에 관한 회의에 참석했을 때였다.

→ The last time I saw Mr. Kim was the day (   ) we attended the conference about the Chinese market.

4 우리는 왜 당신이 그런 결정을 내렸는지 궁금하다.

→ We are curious about the reason (   ) you made that decision.

B 주어진 우리말을 참고하여 빈칸에 들어갈 알맞은 표현을 고르세요.

1 The place _____ we went for the company dinner served a great seafood buffet.
우리가 회식을 위해 갔던 장소는 훌륭한 해산물 뷔페를 제공했다.

(A) when   (B) where   (C) why   (D) how

2 Smartphones are changing _____ people interact with one another.
스마트폰은 사람들이 서로 소통하는 방식을 변화시키고 있다.

(A) when   (B) where   (C) why   (D) how

A 주어진 우리말에 맞게 알맞은 표현을 찾아 쓰세요.

hastily made	gradually increasing	widely known
relatively high	originally predicted	thoroughly reviewed

1 **급하게 이루어진** 결정　　　　　　　_____ decisions

2 **점점 증가하는** 생활비　　　　　　　_____ living costs

3 **널리 알려진** 제품　　　　　　　　　_____ products

4 **상대적으로 높은** 주거 비용　　　　　_____ housing costs

properly installed	randomly selected	currently available
unanimously decided	readily available	conveniently located

5 **적절히 설치된** 조명　　　　　　　　_____ lighting

6 **임의로 선택된** 참가자들　　　　　　_____ participants

7 **현재 이용 가능한** 대중 교통　　　　_____ transportation

8 **만장일치로 결정된** 정책　　　　　　_____ policies

B 주어진 우리말에 맞게 빈칸에 알맞은 말을 써 넣으세요.

1 우리는 지금 이용 가능한 2인실이 없습니다.

→ We do not have any double rooms _____ at the moment.

2 적절히 설치된 난방 시스템만 있다면 이례적으로 추운 이 겨울을 잘 견뎌낼 수 있을 것이다.

→ If we have _____ heating systems, we can get through this unusually cold winter.

3 원래 예측되었던 것처럼, 그 회사는 대규모 정리해고를 단행하기로 했다.

→ The company has decided to carry out massive layoffs as _____ _____.

4 지속적으로 상승하는 유가 때문에 많은 사람들이 신차 구입을 포기했다.

→ A lot of people have given up on buying new cars due to _____ _____ oil prices.

| 정답 | **A** 1 hastily made 2 gradually increasing 3 widely known 4 relatively high 5 properly installed 6 randomly selected 7 currently available 8 unanimously decided
B 1 currently available 2 properly installed 3 originally predicted 4 gradually increasing

PART 5 빈칸에 들어갈 알맞은 표현을 고르세요.

1 Applicants ------- applications have passed the screening process will receive an e-mail from the HR Department.

(A) whose

(B) who

(C) whom

(D) their

2 Anne Lewinski is an accomplished figure skater ------- won the world championship three years in a row.

(A) which

(B) who

(C) her

(D) she

3 Most of their new products are ------- made, so they did not get any good reviews from customers.

(A) carefully

(B) hastily

(C) promptly

(D) thoroughly

4 Many people visit the place ------- the founder of IBS Co. was born.

(A) where

(B) it

(C) that

(D) its

5 The Smart Process Management Software is ------- our company needs to improve work efficiency.

(A) which

(B) that

(C) what

(D) whose

6 I want to work for a company ------- specializes in the importing business.

(A) who

(B) which

(C) whose

(D) what

7 The magazines ------- you are looking for are available for free on the Internet.

(A) which

(B) who

(C) when

(D) where

8 We are pleased to announce the center has decided to hire researchers who are ------- known in the field of AI technology.

(A) precisely

(B) widely

(C) skillfully

(D) abruptly

PART 6 지문을 읽고 빈칸에 들어갈 알맞은 보기를 고르세요.

Questions 9-12 refer to the following memo.

Dear all employees,

I would like to let you know that management has decided to postpone the company workshop, which was scheduled for December 3. As you know, we are dealing with the biggest order ------- **9.** we have ever received. It will be too difficult ------- the event into our schedule at this busy time. **10.**

-------. Mr. Lee in the HR Department will e-mail you as soon as the date is set. If you have any **11.**

------- questions, feel free to contact Mr. Lee at (055) 343-6655. **12.**

---

9 (A) who
   (B) that
   (C) whose
   (D) where

10 (A) to fit
   (B) fitting
   (C) fit
   (D) being fit

11 (A) It is best to cancel the workshop.
   (B) A new date has not been arranged yet.
   (C) The workshop is only for new employees.
   (D) This postponement will cause a serious loss.

12 (A) far
   (B) further
   (C) farther
   (D) furthest

Questions 13-14 refer to the following information.

Maliki Community Center Preschool

MCC Preschool provides children with a quality education and care in a safe environment. We accept children from 8 months of age to preschool age. We have been licensed by the state of Hawaii for the past 30 years and have been trying our best to promote children's development and education. MCC is trying to meet the needs of in-state working parents by taking good care of their children while they are at work.

We are also open to out-of-state families who want to continue their children's education while they are still on vacation. MCC allows families to enjoy their vacation in Hawaii while their children engage in cultural and educational opportunities. For more information about us, please call us at (808) 223-2223.

---

13 What is the information mainly about?

(A) Educational opportunities for children

(B) Vacation programs for parents

(C) Volunteer programs for seniors

(D) Cultural experiences in Hawaii

14 What can be inferred about out-of-state families?

(A) They are mainly interested in cultural activities.

(B) They don't want to be educated in Hawaii.

(C) They are trying to move to Hawaii.

(D) They usually visit Hawaii for vacation.

문제 유형

추론

- 추론 문제는 지문을 읽고 행간에 숨어 있는 의도나 정보를 파악해야 하는 문제로서, 문제를 풀기 위한 단서가 지문에 직접적으로 제시되지 않기 때문에 까다로운 유형에 속합니다.

- 반드시 문제를 먼저 읽고 무엇을 추론해야 하는지를 파악한 다음, 지문의 맥락을 파악하면서 정답의 단서를 찾아 야 합니다.

11

가정법

Overview

가정법 The Subjunctive Mood

Q1 가정법이란?

실제와 반대의 상황을 가정해서 이야기할 때 쓰는 구문을 가정법이라고 합니다. 가정법의 종류에는 가정법 과거, 가정법 과거완료, 가정법 미래가 있는데, Unit 11에서는 가정법 과거와 가정법 과거완료에 대해 학습하면서 가정법의 기본적인 개념을 이해해 보도록 하겠습니다. **가정법 과거는 현재 사실의 반대 상황**을 가정하는 것이며, **가정법 과거완료는 과거 사실의 반대 상황**을 가정하는 것입니다.

◆ 가정법 과거

- If I **were** you, I **would not say** that to her.
  내가 당신이라면, 나는 그녀에게 그런 말을 하지는 않을 텐데.

◆ 가정법 과거완료

- If I **had had** more time, I **would have been** able to help you.
  나에게 시간이 조금 더 있었다면, 당신을 도울 수 있었을 텐데.

Q2 단순 조건문과 가정법의 차이점은?

단순 조건문은 일어날 가능성이 있는 상황을 나타낼 때, 가정법은 현실적으로 일어날 가능성이 없거나 불가능한 상황을 나타낼 때 씁니다.

◆ 단순 조건문

- If I **find** your watch, I **will let** you know. 내가 너의 시계를 찾으면, 너에게 알려 줄게.
  → 시계를 찾을 수도 있고 찾지 못할 수도 있지만, 찾으면 알려주겠다는 의미

◆ 가정법

- If I **found** your watch, I **would let** you know. 내가 너의 시계를 찾으면, 너에게 알려 줄 텐데.
  → 현실적으로 찾을 가능성이 없음을 의미

01 단순 조건문, 가정법

단순 조건문: 일어날 수 있는 일을 단순하게 가정
가정법: 사실과 정반대의 상황을 가정

단순 조건문은 현실에서 **일어날 수 있는 일**을 단순하게 가정해 볼 때 쓰는 문장입니다. 이는 '만일 ~라면, …할 것이다'라는 의미이며, if절에는 현재 시제, 주절에는 미래 시제를 씁니다. 반면 **가정법**은 실제와 **정반대의 사실**을 가정할 때 쓰는 문장으로, if절에는 동사의 과거형이나 과거 완료형, 주절에는 조동사의 과거형인 「would / could / might」나 과거완료형인 「would have p.p.」를 씁니다.

가정법 과거는 현재의 사실을 반대로 가정하는 것이며, **가정법 과거완료**는 과거의 사실을 반대로 가정하는 것입니다.

단순 조건문	If I **meet** him in person, I **will discuss** the matter. 내가 그를 직접 만난다면, 그 문제들을 상의해 볼 것이다. → 만날 수도 있고 만나지 않을 수도 있음
가정법	If I **met** him in person, I **would discuss** the matter. 내가 그를 직접 만난다면, 그 문제들을 상의해 볼 텐데. → 만날 가능성이 없음

If / I see Maria / this afternoon, / I / will set up a meeting / for next Friday.
만일 / 내가 Maria를 본다면, / 오늘 오후에 / 나는 / 회의를 잡을 것이다 / 다음 주 금요일로

If / I **were** a manager, / I / **would give** you / a raise. 만일 / 내가 매니저라면, / 내가 / 너에게 해 줄 텐데 / 임금 인상을
→ 가정법 과거의 if절에서 be동사는 주어에 상관없이 were를 씁니다.

실력 쌓기

정답 p.072

A 우리말에 맞게 주어진 동사의 형태를 변형하여 문장을 완성하세요.

1 그가 어디에 있는지 내가 알고 있다면, 나는 즉시 그를 만나러 갈 텐데. (know, go)

→ If I (　　　) where he is, I (　　　) to meet him right away.

2 만일 내일 비가 오면, 야유회는 취소되고 정상 근무합니다. (rain, be canceled)

→ If it (　　　) tomorrow, the retreat (　　　), and we will be on regular duty.

3 내가 당신의 입장이라면, 신문에 광고된 그 자리에 지원할 텐데. (be, apply)

→ If I (　　　) in your position, I (　　　) for the position advertised in the paper.

4 당신이 정기적으로 컴퓨터를 백업하면, 중요한 데이터를 잃어버리지 않을 것이다. (back up, not lose)

→ If you (　　　) your computer on a regular basis, you (　　　) important data.

B 주어진 우리말을 참고하여 빈칸에 들어갈 알맞은 표현을 고르세요.

1 If your injury gets worse, you ＿＿＿＿＿ have to see a doctor immediately.
당신의 부상이 악화되면, 즉시 의사에게 가야 할 것이다.

(A) will　　　　(B) should　　　　(C) would　　　　(D) might

2 If I were you, I ＿＿＿＿＿ to serve as an assistant coordinator.
내가 당신이라면, 대리로 계속 근무할 텐데.

(A) continues　　　(B) continued　　　(C) will continue　　　(D) would continue

02 가정법 과거, 가정법 과거 완료

가정법 과거: 현재 사실의 반대를 가정할 때 「If I were you, ~」

가정법 과거완료: 과거 사실의 반대를 가정할 때 「If I had been you, ~」

가정법 과거는 현재 사실의 반대를 가정할 때, **가정법 과거완료**는 과거 사실의 반대를 가정할 때 씁니다. 가정법 과거에서는 if절에 과거형 동사를, 주절에는 조동사의 과거형(would, could, might)을 씁니다. 가정법 과거완료에서는 if절에 과거완료형 동사를, 주절에는 「would + have + 과거분사」의 형태를 씁니다.

	if절 (주어 + 과거형 동사)	주절 (주어 + would + 동사원형)
가정법 과거	If I **had** the right tools, (지금) 나에게 알맞은 도구가 있다면,	I **would repair** my bike. (지금) 내 자전거를 수리할 텐데.
	if절 (주어 + 과거완료형 동사)	주절 (주어 + would have + 과거분사)
가정법 과거완료	If I **had had** the right tools, (과거에) 나에게 알맞은 도구가 있었다면,	I **would have repaired** my bike. (과거에) 내 자전거를 수리했을 텐데.

If / you **applied** / for the job, / you **would get** it. 만일 / 당신이 지원한다면, / 그 일에 / 당신은 그 일자리를 얻을 수 있을 텐데

If / you **had ordered** the item / in advance, / you **would** already **have gotten** it.

만일 / 당신이 그 물건을 주문했더라면 / 미리 / 당신은 그것을 이미 받았을 텐데

실력 쌓기

정답 p.073

A 우리말에 맞게 주어진 동사의 형태를 변형하여 문장을 완성하세요.

1 영업 실적이 그렇게 나쁘지 않으면, 우리가 며칠 쉴 수 있을 텐데.

→ If sales were not so bad, we (   ) a few days off. (take)

2 내가 당신의 어려움에 대해 알았더라면, 당신을 도우려고 했을 텐데.

→ If I had known about your difficulty, I (   ) to help you. (try)

3 내가 당신이라면, 그 원피스를 환불할 텐데.

→ If I (   ) you, I would return the dress. (be)

4 당신이 나를 파티에 초대했더라면, 나는 기꺼이 수락했을 텐데.

→ If you (   ) me to your party, I would gladly have gone to it. (invite)

B 주어진 우리말을 참고하여 빈칸에 들어갈 알맞은 표현을 고르세요.

1 If the merchandiser had attended the auction, she ＿＿＿＿＿ a better deal.

그 MD가 경매에 참석했더라면, 그녀는 더 나은 물건을 찾을 수 있었을 텐데.

(A) would find　　　(B) found　　　　　(C) would have found　　(D) would be founded

2 If you ＿＿＿＿＿ closer to your workplace, you would use your car a lot less.

당신이 직장에서 더 가까운 곳에 산다면, 당신은 차를 훨씬 덜 사용할 텐데.

(A) live　　　　　(B) living　　　　　(C) lives　　　　　(D) lived

03 혼합 가정법

혼합 가정법: If you had done it, it would be ~ (당신이 ~했더라면, 지금 …할 텐데)

혼합 가정법은 가정법 과거와 가정법 과거완료가 혼합된 형태로, '(과거에) ~했더라면 (지금) …할 텐데'라는 의미입니다. if절에는 과거완료형 동사를 쓰고, 주절에는 「would + 동사원형」의 형태를 써서 만듭니다. 이때 주절에는 현재임을 나타낼 수 있는 now, at the moment, today와 같은 부사가 함께 쓰이는 경우가 많습니다.

	if절 (주어 + 과거완료형 동사)	주절 (주어 + would + 동사원형)
혼합 가정법	If I **had** not **stayed** up all night, (과거에) 내가 밤을 새지 않았더라면,	I **would** not **be** so tired now. (지금) 피곤하지 않을 텐데.
	If we **had spent** more money on advertisements, (과거에) 광고에 더 많은 돈을 썼더라면,	we **would** not **be** having difficulty attracting more customers at the moment. (지금) 더 많은 고객을 모으는 데 어려움을 겪지 않을 텐데.

If / the company **had gotten** a loan / from the bank, / it / **would** not **be** / suffering a financial crisis / now.
만일 / 회사가 대출을 받았더라면 / 은행에서 / 회사는 / 있지 않을 텐데 / 재정 위기에 / 지금

실력 쌓기

정답 p.073

A 밑줄 친 동사에 주의하여 문장을 해석하세요.

1 If the train **had left** a little earlier, we **would not be** late for the meeting.

→ _____

2 If you **had not helped** me with this project, I **would not be** finished with it.

→ _____

3 If the railroad workers **had not gotten** a pay raise, they **would go** on strike.

→ _____

4 If Mr. Bruno **had not made** that big mistake, he **would be** eligible for a promotion.

→ _____

B 주어진 우리말을 참고하여 빈칸에 들어갈 알맞은 표현을 고르세요.

1 If the landlord _____ a lower rent, I would be a tenant here in this apartment.
만일 집주인이 더 낮은 월세를 제안했더라면, 나는 지금 이 아파트의 세입자일 텐데.

(A) offer　　　　(B) offers　　　　(C) has offered　　　　(D) had offered

2 If Danny had not had your assistance, he _____ not be finished with the course now. Danny가 당신의 도움을 받지 못했더라면, 그는 지금 그 과정을 끝내지 못했을 텐데.

(A) will　　　　(B) would　　　　(C) would have　　　　(D) had

토익 필수 어휘 ✓ 전치사 어구 I

A 주어진 우리말에 맞게 알맞은 표현을 찾아 쓰세요.

in charge of	in honor of	in terms of
out of order	prior to	regardless of

1 조사 결과에 **상관없이** .... the survey results
2 지난 분기 영업 실적과 **관련하여** .... last quarter's sales figures
3 재무팀을 **담당하고 있는** .... the finance division
4 전 CEO를 **기리기 위한** 행사 an event .... the previous CEO

in case of	in advance	in response to
in place of	in spite of	out of print

5 비상 상황이 **발생할 때에는** .... an emergency
6 3일 **먼저** 3 days ....
7 궂은 날씨에도 **불구하고** .... the bad weather
8 최근의 이메일에 대한 **응답으로** .... a recent e-mail

B 주어진 우리말에 맞게 빈칸에 알맞은 말을 써 넣으세요.

1 저희 매장은 제품의 질적인 면에서 최상의 것을 제공하기 위해 최선을 다하고 있습니다.
→ Our store is trying our best to provide what is best .... product quality.

2 오늘 저녁 만찬은 20년 간의 근무 이후에 이곳을 떠나는 상무님을 기리기 위한 것입니다.
→ Tonight's dinner is .... an executive who is leaving after 20 years of service here.

3 내가 찾고 있던 책은 절판되었다고 한다.
→ The book I have been looking for is said to be ....

4 고객들의 나쁜 평가에도 불구하고, 그들은 그 제품을 계속 생산하기로 결정하였다.
→ .... bad reviews from customers, they have decided to keep producing the item.

PART 5 빈칸에 들어갈 알맞은 표현을 고르세요.

1   If you ------- any help, I will be willing to assist you.

(A) need
(B) needed
(C) be needed
(D) had needed

2   I ------- my job more if it was closer to my place.

(A) enjoy
(B) will enjoy
(C) would enjoy
(D) would have enjoyed

3   If I were in your position, I ------- a closer look at the situation.

(A) took
(B) will take
(C) would take
(D) would have taken

4   The plan for a new highway will be proceeding ------- opposition from the environmentalists.

(A) in spite of
(B) in terms of
(C) in place of
(D) in charge of

5   If they had checked the package properly, the food would not ------- bad.

(A) gone
(B) going
(C) to go
(D) have gone

6   If the weather is fine tomorrow, we ------- able to host an open-air concert.

(A) were
(B) will be
(C) would be
(D) would have been

7   If you plan to resign, please note that it is in the company's regulations that you must notify us three weeks -------.

(A) prior to
(B) with regard to
(C) in advance
(D) in response

8   The clients would not ------- so confused now if the travel agency had posted travel information on its Web site.

(A) be
(B) being
(C) have been
(D) to be

Questions 9-12 refer to the following memo.

To: Department Heads
From: Jessica Parker
Date: December 15
Subject: Employees' Bonus Leave

On January 1, we are going to start a new company policy ------- employees' annual leave. Every
                                                                          9.
year, one employee from each department will receive bonus leave if he / she ------- outstanding
                                                                                  10.
performance. The eligible employees will receive an additional three days of annual leave. We are
going to have a meeting to finalize the list of employees eligible for bonus leave. -------. I -------
                                                                                      11.   **12.**
grateful if you could give me a list of eligible employees before the meeting.

I hope to see you all at the meeting.

9   (A) despite
    (B) with regard to
    (C) as long as
    (D) in contrast to

10 (A) do
    (B) does
    (C) doing
    (D) did

11 (A) We might cancel the meeting because of
        it.
    (B) The meeting is going to be tomorrow
        morning at 10.
    (C) No one in your department is eligible for
        a bonus.
    (D) The meeting room is occupied at the
        moment.

12 (A) will be
    (B) would be
    (C) would have been
    (D) have been

Questions 13-17 refer to the following online form and e-mail.

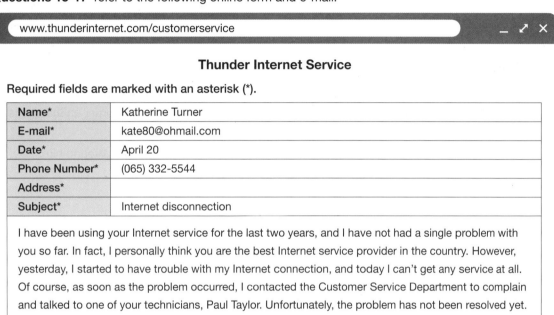

www.thunderinternet.com/customerservice

— ↗ ✕

Thunder Internet Service

Required fields are marked with an asterisk (*).

Name*	Katherine Turner
E-mail*	kate80@ohmail.com
Date*	April 20
Phone Number*	(065) 332-5544
Address*	
Subject*	Internet disconnection

I have been using your Internet service for the last two years, and I have not had a single problem with you so far. In fact, I personally think you are the best Internet service provider in the country. However, yesterday, I started to have trouble with my Internet connection, and today I can't get any service at all. Of course, as soon as the problem occurred, I contacted the Customer Service Department to complain and talked to one of your technicians, Paul Taylor. Unfortunately, the problem has not been resolved yet. I would like to know when I can get Internet back.

E-Mail Message

To:	Katherine Turner <kate80@ohmail.com>
From:	Jane Davis <Davis_1021@thunder.com>
Date:	April 21
Subject:	RE: Internet disconnection

Dear Ms. Turner,

I am terribly sorry that you are dissatisfied with our service. Thunder Internet Service is proud of providing the best quality service to its customers. Therefore, we will settle this issue in a prompt manner.

I have talked to the technical team, and they assume that some of your equipment must have suffered a mechanical malfunction. We would like to dispatch a technician to your home to check your equipment tomorrow. The technician you talked to will give you a call first thing tomorrow morning to schedule a visit. His phone number is (312) 667-2211. You can call him directly if you do not hear from him early tomorrow.

Sincerely,

Jane Davis

13 What information is NOT included on the form?

(A) An e-mail address

(B) A telephone number

(C) A home's location

(D) The service problem

14 On which date did the interruption of the service begin?

(A) April 19

(B) April 20

(C) April 21

(D) April 22

15 What is the purpose of the e-mail?

(A) To inform a person of a technician's visit

(B) To give a customer a refund

(C) To apologize for a late shipment

(D) To complain about a product

16 In the e-mail, the word "assume" in paragraph 2, line 1, is closest in meaning to

(A) concur

(B) suppose

(C) present

(D) allow

17 What is suggested about Paul Taylor?

(A) He visited Ms. Turner.

(B) He will talk to Ms. Turner on the phone.

(C) He is on vacation.

(D) Ms. Turner has not talked to him.

UNIT

12

일치

Overview

일치 Agreement

Q1

시제의 일치란 무엇인가?

시제 일치의 기본 원칙은 **주절의 시제에 따라 종속절의 시제를 일치**시키는 것입니다. 주절의 시제가 현재일 때는 종속절에 어떤 시제가 와도 상관없지만, 주절의 시제가 과거일 경우 종속절에는 과거, 과거완료가 와야 합니다.

- I **was** convinced that he **robbed** the bank. [○]
- I **was** convinced that he **had robbed** the bank [○]
  나는 그가 은행을 털었다고 확신했다.
- I **was** convinced that he **robs** the bank [×]
  → 주절의 시제가 과거이므로 종속절에 현재 시제를 쓸 수 없다.

Q2

동사의 수 일치란 무엇인가?

동사의 수 일치란 주어의 형태에 따라 동사의 수를 단수 혹은 복수형으로 일치시키는 것을 말합니다. 주어가 단순한 경우에는 쉽게 수를 일치시킬 수 있지만, 주어가 전치사구나 관계대명사의 수식을 받을 때에는 어떤 명사에 동사를 일치시켜야 할지 잘 판단해야 합니다.

- The **lecturer has** gone on to the next topic. [단수 주어-단수 동사]
  그 강사는 다음 주제로 넘어 갔다.
- The guest **speakers** at the conference **have** distributed handouts.
  학회에서 외부 강사들이 유인물을 나눠 주었다. [복수 주어-복수 동사]

01 시제의 일치와 예외

시제 일치의 원칙: 종속절 동사의 시제를 주절 동사의 시제와 일치 시킨다.

주절 동사의 시제가 현재일 때 종속절 동사의 시제는 현재, 과거, 미래 등 어떤 것이든 올 수 있습니다. 주절 동사의 시제가 과거일 경우 종속절에는 과거나 과거완료 형태의 동사만이 올 수 있습니다.

주절의 시제	주절	종속절
주절의 시제가 현재일 때	I **am** aware that	he **[is / was / will be]** involved in that scandal. → 현재, 과거, 미래 모두 가능
주절의 시제가 과거일 때	The man **told** me that	he **[joined / had joined / would join]** the team a few months ago. → 과거, 과거완료, 조동사 과거형 가능

▶ 시제 일치의 예외

① 일반적인 진리, 사실, 습관: 주절의 시제와 관계 없이 항상 현재 시제로 씁니다.
② 역사적인 사실, 과거에 일어난 일: 주절의 시제와 관계 없이 항상 과거 시제를 씁니다.

실력 쌓기

정답 p.076

A 밑줄 친 동사의 형태에 유의하여 각각의 문장을 해석하세요.

1 The president said that he **would lay off** some of the employees.

→ _____

2 Jack told me that he **enjoys** his current job very much now.

→ _____

3 The newspaper says that Furnish & Co. **went** bankrupt a few days ago.

→ _____

4 The doctor said that washing your hands frequently **prevents** infection.

→ _____

B 주어진 우리말을 참고하여 빈칸에 들어갈 알맞은 표현을 고르세요.

1 The driver told me that I _____ train tickets at any station.
기사는 내가 어느 역에서든 열차 티켓을 구매할 수 있다고 말했다.

(A) purchase   (B) will purchase   (C) could purchase   (D) has purchased

2 Everybody knows that this company _____ in the 1920s.
이 회사가 1920년대에 설립되었다는 것을 모두가 알고 있다.

(A) is established   (B) was established
(C) has been established   (D) would be established

02 주어-동사의 수 일치

수 일치: 주어가 단수일 경우에는 단수 동사 / 주어가 복수일 때는 복수 동사

문장의 주어가 단수인지 복수인지에 따라 동사의 형태를 일치시켜야 하는데, 주어가 단수일 때는 단수 동사를(am, is, has, goes 등), 주어가 복수일 때는 복수 동사(are, have, go 등)를 써야 합니다. 다만, 주어가 전치사구, 분사구, 관계대명사절 등의 수식을 받을 때는 문장의 주어가 무엇인지를 파악한 다음, 해당 주어에 동사의 수를 일치시켜야 합니다.

주어의 종류	예
단수 명사 복수 명사	The flower is beautifully placed on the balcony. [단수 명사 + 단수 동사] The flowers are supposed to arrive in 10 minutes. [복수 명사 + 복수 동사]
명사 + 전치사구	The professors *at my university* are mostly from the United States. 수식어구　　　　　　　　　　　　　　　　　[the professors와 are를 일치]
명사 + 분사구	The letter *offering me a job* has finally arrived. [the letter와 has를 일치] 수식어구
명사 + 관계대명사절	The students *whom I met at the seminar* were interested in my research. 수식어구　　　　　　　　　　　　　[the students와 were를 일치]

실력 쌓기

정답 p.076

A 밑줄 친 수식어구에 주의하여 알맞은 동사의 형태를 고른 다음, 각각의 문장을 해석하세요.

1 Most senior citizens **in developed countries** (are / is) enjoying a lot of social benefits.

　→ _____

2 The staff members **at this hotel** (are / is) willing to help you during your stay.

　→ _____

3 Factory workers **who are suffering from backaches** (need / needs) to see a company doctor.

　→ _____

4 A small-business owner **seeking promotional ideas** (has / have) visited the PR agency.

　→ _____

B 주어진 우리말을 참고하여 빈칸에 들어갈 알맞은 표현을 고르세요.

1 Most of the classes on politics taught by professor Chang _____ difficult to understand. Chang 교수가 가르치는 대부분의 정치학 수업은 이해하기 어렵다.

(A) is　　　　　　(B) are　　　　　　(C) was　　　　　　(D) be

2 People driving long distances _____ often reported to be more tired at work.
장거리 운전을 하는 사람들은 직장에서 더 피곤함을 느끼는 것으로 종종 보고된다.

(A) is　　　　　　(B) are　　　　　　(C) being　　　　　　(D) to be

03 주의해야 할 수 일치

셀 수 없는 명사 / to부정사 / 동명사 / that절 주어 + 단수 동사
주어가 셀 수 없는 명사이거나, to부정사, 동명사, that절 등일 경우, 이들 주어는 모두 단수로 취급하여 단수 동사를 씁니다.

주어의 종류	예
셀 수 없는 명사	My **luggage** is missing again. [셀 수 없는 명사 + 단수 동사]
to부정사	**To meet your needs** is our priority. [to부정사 주어 + 단수 동사]
동명사	**Working out regularly** keeps your heart healthy. [동명사 주어 + 단수 동사]
that절	**That she (should) be at the meeting** is essential. [that절 주어 + 단수 동사] = It is essential **that she (should) be at the meeting**.

Advertising / **is** absolutely necessary / when / you launch / a new product.
광고는 / 절대적으로 필요하다 / ~할 때 / 당신이 출시할 때 / 신제품을

실력 쌓기
정답 p.076

A 알맞은 형태의 동사를 고른 다음, 각각의 문장을 해석하세요.

1 The damage to the car (were / was) worse than we thought.

→ _____

2 Working with parents (is / are) so stressful for teachers.

→ _____

3 There (has / have) been an increasing demand for solar energy.

→ _____

4 To hire a sales representative with a lot of experience (is / are) crucial now.

→ _____

B 주어진 우리말을 참고하여 빈칸에 들어갈 알맞은 표현을 고르세요.

1 Experiencing a high level of stress often _____ serious diseases.
높은 수준의 스트레스를 겪는 것은 종종 심각한 질병을 초래한다.
(A) cause (B) causes (C) causing (D) have caused

2 It _____ extremely difficult to find a qualified candidate for this position.
이 직무에 자격을 갖춘 지원자를 찾는 것은 매우 어렵다.
(A) is (B) be (C) are (D) were

04 수량 표현 관련 수 일치

some of the 복수 명사 + 복수 동사 / some of the 단수 명사 + 단수 동사

명사가 수와 양을 표현하는 한정사(most, all, some, any 등)와 함께 쓰일 경우 수 일치에 주의해야 합니다. 한정사 다음에 나오는 명사가 복수 명사일 경우 복수 동사와 함께, 단수 명사(혹은 셀 수 없는 명사)일 경우 단수 동사와 함께 써야 합니다.

주어	동사	예
most / all / some / any / + of the 복수 명사 half / many	복수 동사	Most of the **participants** were satisfied with the presentation. 복수 명사　복수 동사
most / all / some / any / + of the 불가산 명사 half / much	단수 동사	Some of the **equipment** belongs to that department. 불가산 명사　단수 동사
every / each + 단수 명사	단수 동사	Every **product** is labeled with a price. 단수 명사　단수 동사　　*every가 들어간 주어는 항상 단수 동사 사용
each of the + 복수 명사	단수 동사	Each of the **seats** has a headset. 복수 명사 단수 동사　　*each가 들어간 주어는 항상 단수 동사 사용
a number of + 복수 명사	복수 동사	A number of **people** are travel abroad nowadays. 복수 명사 복수 동사
the number of + 복수 명사	단수 동사	The number of **people** traveling abroad is increasing. 복수 명사　　　　　　단수 동사

실력 쌓기

정답 p.076

A 알맞은 형태의 동사를 고른 다음, 각각의 문장을 해석하세요.

1 Most of the details in this brochure (is / are) considered wrong.

→ _____

2 Half of this money (have / has) to be spent on purchasing office supplies.

→ _____

3 Every computer (are / is) carefully maintained by the Technical Department.

→ _____

B 주어진 우리말을 참고하여 빈칸에 들어갈 알맞은 표현을 고르세요.

1 A number of athletes from Europe _____ in the tournament every year.
유럽의 많은 선수들이 그 토너먼트에 매년 참가한다.

(A) participate　　　(B) participates　　　(C) participating　　　(D) participated

2 The number of children using smartphones _____ been growing for the past few years. 스마트폰을 사용하는 아이들의 숫자가 최근 몇 년 동안 증가하고 있다.

(A) is　　　　　(B) has　　　　　(C) have　　　　　(D) are

A 주어진 우리말에 맞게 알맞은 표현을 찾아 쓰세요.

as for	in excess of	in recognition of
in light of	in time	superior to

1 저조했던 영업 실적에 **비추어 보면** .... the poor sales performance

2 20만 달러를 **초과하여** .... 20 million dollars

3 필요한 비용에 **관해서는** .... the necessary costs

4 여름 시즌에 **맞게** .... for the summer season

ahead of	contrary to	in accordance with
in an effort to	in favor of	in the event of

5 새로운 규칙에 **따라** .... the new law

6 일정보다 **빠르게** .... schedule

7 주택 개발에 **찬성하여** .... housing developments

8 비용을 최소화하려는 **노력의 일환으로** .... minimize costs

B 주어진 우리말에 맞게 빈칸에 알맞은 말을 써 넣으세요.

1 우리 모두의 기대와는 달리 그 메뉴는 꽤 많은 고객들을 끌고 있는 것 같다.

→ .... all our expectations, the menu seems to be attracting quite a number of customers.

2 저보다 먼저 가시면, 제가 따라가도록 할게요.

→ If you go .... me, I will meet you there.

3 그 의류 회사는 계절의 변화에 맞춰서 새로운 라인의 의류와 액세서리를 출시했다.

→ The clothing company has launched a new line of clothes and accessories .... for the change in seasons.

4 당신이 최근에 한 요청과 관련해서, 유감스럽게도 우리는 당신의 요구를 수용할 수 없습니다.

→ .... the request that you recently made, we are sorry to say that we cannot accommodate your needs.

정답 p.000

PART 5 빈칸에 들어갈 알맞은 표현을 고르세요.

1 They decided to take away individual printers in a(n) ------- to cut costs in the office.

(A) terms

(B) effort

(C) time

(D) respect

2 The housekeeper claimed that she ------- every sink in the house last week.

(A) clean

(B) cleans

(C) cleaned

(D) have cleaned

3 Some of the workers in this plant ------- to improve their working environment.

(A) want

(B) wants

(C) has wanted

(D) wanting

4 A number of tourists visiting Korea ------- that the purpose of their visit is shopping.

(A) say

(B) says

(C) saying

(D) be said

5 Employees are no longer allowed to take more than 20 minutes of breaks in ------- with the company's new rules.

(A) excess

(B) according

(C) accordance

(D) spite

6 Each of the hotel guests ------- given a free beach bag and towel after arriving.

(A) to be

(B) was

(C) are

(D) were

7 The number of patients reporting side effects from this medicine ------- been increasing since last month.

(A) has

(B) have

(C) had

(D) having

8 Most of the workers at the construction site ------- exhausted from the extra work.

(A) was

(B) were

(C) has

(D) have

228

Questions 9-12 refer to the following letter.

Dear Sir / Madam,

I have been a member of your fitness center for the past 3 years. And I have been enjoying

working out there. However, recently, going to the spa ------- something I want to avoid. I find it
          9.

so unpleasant. Most of the shower rooms ------- so dirty. The floors are always littered with paper.
                        10.

I would like to ------- my membership at the center. -------. I hope these conditions can be
            11.   **12.**

improved for the benefit of all concerned.

---

9   (A) have become
    (B) had become
    (C) has become
    (D) having become

11 (A) reserve
    (B) stay
    (C) maintain
    (D) go on

10 (A) is
    (B) are
    (C) am
    (D) being

12 (A) And I want to cancel my registration.
    (B) But I want to get good value for my
        money.
    (C) And I am sorry about the inconvenience.
    (D) But I would like a full refund.

Questions 13-17 refer to the following notice and e-mails.

Notice: Convention Center Elevators to Be out of Service

Please be advised that all the elevators in the convention center will be out of service for repairs during the period of June 20-25 next week. If you have a concern related to this upcoming service interruption, please contact officemaintenance@convention.org.

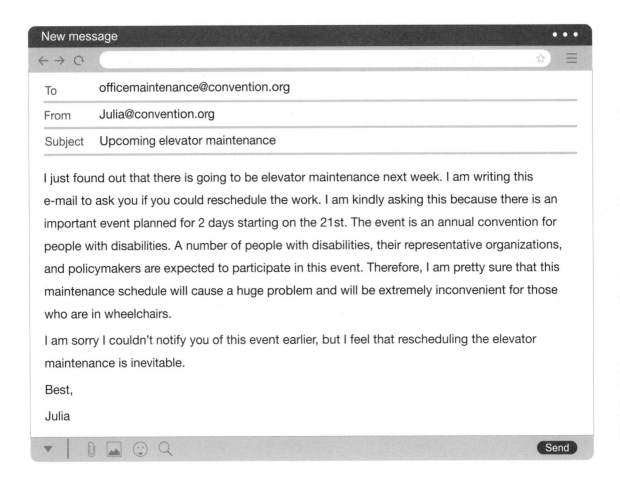

New message

To   officemaintenance@convention.org

From   Julia@convention.org

Subject   Upcoming elevator maintenance

I just found out that there is going to be elevator maintenance next week. I am writing this e-mail to ask you if you could reschedule the work. I am kindly asking this because there is an important event planned for 2 days starting on the 21st. The event is an annual convention for people with disabilities. A number of people with disabilities, their representative organizations, and policymakers are expected to participate in this event. Therefore, I am pretty sure that this maintenance schedule will cause a huge problem and will be extremely inconvenient for those who are in wheelchairs.

I am sorry I couldn't notify you of this event earlier, but I feel that rescheduling the elevator maintenance is inevitable.

Best,

Julia

Send

TO Julia@convention.org
FROM officemaintenance@convention.org
SUBJECT Upcoming elevator maintenance

Thank you for bringing this matter to my attention. I had no idea about what is scheduled to be happening on those dates when I was organizing this maintenance. Rescheduling is not what I can decide on my own. I need to talk with the maintenance company to see if I can change the dates. After I talk with them, I will see what I can do about your request.

Thanks,

Brian

13 What is the purpose of the notice?

(A) To notify readers of a change in the maintenance schedule

(B) To announce the opening of a convention center

(C) To announce the malfunctioning of the elevators

(D) To inform readers about maintenance on the elevators

14 In the first e-mail, the word "inevitable" in paragraph 2, line 2, is closest in meaning to

(A) unavoidable

(B) complicated

(C) describable

(D) optional

15 What is Julia's concern?

(A) People with disabilities will not be interested in the conference.

(B) Participants at the conference will be inconvenienced.

(C) The maintenance schedule has not been fixed yet.

(D) The maintenance work was not satisfactory.

16 What was Brian NOT aware of?

(A) The fact that there is a convention planned

(B) The fact that people with disabilities often visit the building

(C) The fact that the elevators are not working

(D) The fact that elevator maintenance costs a lot

17 How will Brian take care of Julia's concern?

(A) He will cancel the maintenance schedule.

(B) He will contact the maintenance company.

(C) He will talk to his manager.

(D) He will reschedule the maintenance right away.

문제 유형 | 동의어 찾기

- 동의어 찾기 문제는 지문에 사용된 어휘와 바꿔 쓸 수 있는 어휘를 고르는 유형입니다.
- 문제에 주어진 어휘의 의미를 모른다고 하더라도, 해석을 통하여 단어의 의미를 유추하여 정답을 고를 수 있습니다.

쉽고 빠르게 끝내는 토익 입문서

개정판

참 쉬운 토익

박혜영·전지원 공저

입문편

LC+RC

정답 및 해설

다락원

참 쉬운

개정판

토익

LC+RC

입문편

정답 및 해설

UNIT 01 인물 사진

01 | 1인 인물 사진 p.012

유형 파악하기 🎧 01-01

|정답| (D)

실력 쌓기

A 🎧 01-02

1 A man is lying down on a sofa.
2 A woman is paying for some food.
3 She is reaching for a lamp.
4 He is sweeping the floor.

1 남자가 소파에 누워 있다.
2 여자가 음식 값을 지불하고 있다.
3 그녀는 램프에 손을 뻗고 있다.
4 그는 바닥을 청소하고 있다.

어휘 lie down 눕다 reach for ~을 향해 손을 뻗다

B 🎧 01-03

| 1 (A) | 2 (C) |

1
(A) A man is trying on a pair of shoes.
(B) A man is polishing some boots.
(C) A man is displaying some items.

(A) 남자가 신발을 신어 보고 있다.
(B) 남자가 부츠를 광내고 있다.
(C) 남자가 물품을 진열하고 있다.

해설 사진 속 인물이 상점에서 신발을 신어보고 있는 사진이다. '(신발, 옷 등을) 입어 보다'의 뜻을 가진 표현은 try on이고, 이를 현재진행 시제(be -ing)로 표현한 보기인 (A)가 정답이다.

어휘 try on (옷이나 신발 등을) 입어 보다 polish 광을 내다

2
(A) She is reviewing a document.
(B) She is putting on glasses.
(C) She is typing on a laptop.

(A) 그녀는 문서를 검토하고 있다.
(B) 그녀는 안경을 쓰는 중이다.
(C) 그녀는 노트북으로 타이핑하고 있다.

해설 여자가 책상에 앉아서 컴퓨터로 일하고 있는 사진이므로, 'work on a computer (컴퓨터로 일하다)' 또는 'type on a laptop (노트북으로 타이핑하다)'가 정답 표현이 될 수 있다. 정답은 (C)이다.

02 | 2인 인물 사진 p.013

유형 파악하기 🎧 01-04

|정답| (D)

실력 쌓기

A 🎧 01-05

1 They are loading some packages into a truck.
2 The women are carrying trays to a sink.
3 The men are staring at each other.
4 The people are watching a presentation.

1 그들은 트럭에 짐들을 싣고 있다.
2 여자들이 싱크대로 쟁반을 옮기고 있다.
3 남자들은 서로 쳐다보고 있다.
4 사람들이 발표를 보고 있다.

어휘 tray 쟁반 stare 쳐다보다, 응시하다

B 🎧 01-06

| 1 (B) | 2 (B) |

1
(A) They are chopping up some vegetables.
(B) They are wearing aprons.
(C) They are boiling water on a stove.

(A) 그들은 채소들을 자르고 있다.
(B) 그들은 앞치마를 입고 있다.
(C) 그들은 난로에서 물을 끓이고 있다.

해설 두 명의 여자가 주방에 있는 사진이다. 두 사람의 동작이나 상태를 묘사하는 것을 선택해야 하는데, 두 명 모두 앞치마를 두르고 있는 상태이므로 '(앞치마, 모자, 옷 등을) 입다'라는 의미인 동사 wear가 가장 적절하다. 따라서 wear가 현재진행 시제와 함께 쓰인 보기 (B)가 정답이다. 옷을 입고 있는 상태는 wear로 표현하고, 옷을 입고 있는 동작은 put on으로 표현한다는 사실을 알아 두자.

어휘 chop 썰다, 자르다 stove 난로

2
(A) The men are riding horses.
(B) The men are leaning against a fence.
(C) The men are taking a picture of the scenery.

(A) 남자들이 말을 타고 있다.
(B) 남자들이 울타리에 기대고 있다.
(C) 남자들이 풍경 사진을 찍고 있다.

해설 두 남자가 울타리에 기대고 있는 사진이다. '(울타리, 벽 등에) 기대다'는 lean against로 표현할 수 있으므로 (B)가 정답이다.

03 | 3인 이상 인물 사진   p.014

유형 파악하기   🎧 01-07

|정답| (D)

실력 쌓기

A   🎧 01-08

1 The <u>workers</u> are <u>moving</u> some furniture.
2 <u>A man</u> is <u>pointing at</u> a painting.
3 <u>One of the men</u> is taking a book off the shelf.
4 Some of the shoppers <u>are pushing</u> carts.

1 인부들이 가구들을 옮기고 있다.
2 남자가 그림을 가리키고 있다.
3 남자들 중 한 명이 책꽂이에서 책을 꺼내고 있다.
4 몇몇 쇼핑객들이 카트를 밀고 있다.

어휘 point at (손가락으로) ~을 가리키다 shelf 선반, 책꽂이

B   🎧 01-09

1 (A)	2 (B)

1
(A) Some <u>people</u> are <u>holding</u> on to the railing.
(B) Some <u>women</u> are <u>resting</u> under a tree.
(C) One of the <u>men</u> is <u>taking off</u> his backpack.

(A) 몇몇 사람들이 난간을 잡고 있다.
(B) 몇몇 여자들이 나무 아래에서 쉬고 있다.
(C) 남자들 중 한 명이 배낭을 벗고 있다.

해설 몇몇 사람들이 난간을 잡고 있으므로 정답은 (A)이다. '(난간 등을) 꼭 잡다, ~에 매달리다'의 뜻을 갖는 hold on to가 가장 적절한 표현이므로 정답은 (A)이다. railing은 '난간'이라는 뜻으로 토익에 자주 등장하는 어휘이다.

어휘 railing 난간 backpack 배낭

2
(A) Some <u>people</u> are <u>working</u> on a computer.
(B) One of the <u>women</u> is <u>wearing</u> a pair of glasses.
(C) The <u>men</u> are <u>looking</u> at each other.

(A) 몇몇 사람들은 컴퓨터로 일하고 있다.
(B) 여자들 중 한 명이 안경을 쓰고 있다.
(C) 남자들은 서로를 쳐다보고 있다.

해설 여러 사람이 미팅을 하고 있는 사진이다. '안경을 쓰고 있다'는 'wear a pair of glasses'로 표현할 수 있으므로 (B)가 정답이다.

어휘 work on a computer 컴퓨터로 일하다 look at each other 서로를 쳐다보다

실전 연습   p.016

🎧 01-11

1 (C)	2 (A)	3 (A)	4 (D)

1
(A) He is writing on a board.
(B) He is rolling up his sleeves.
(C) He is gesturing with his hands.
(D) He is speaking into a microphone.

(A) 그는 칠판에 쓰고 있다.
(B) 그는 소매를 걷어 올리고 있다.
(C) 그는 손으로 동작을 취하고 있다.
(D) 그는 마이크에 대고 말을 하고 있다.

해설 남자가 손을 펴는 제스처를 취하며 말하고 있다. 보기 중에서 이 동작을 가장 잘 묘사하는 표현은 (C)의 'He is gesturing with his hands.'이다. 사진에서 마이크는 보이지 않기 때문에 (D)는 오답이다.

어휘 sleeve 소매

2
(A) The man is wearing a tie.
(B) The man is putting files on a shelf.
(C) The woman is writing in her notebook.
(D) The people are facing each other.

(A) 남자는 넥타이를 착용하고 있다.
(B) 남자는 책꽂이에 파일들을 놓고 있다.
(C) 여자는 공책에 쓰고 있다.
(D) 사람들은 서로 쳐다보고 있다.

해설 남자가 넥타이를 매고 있으므로 '(넥타이, 모자, 옷 등을) 입고 있다'를 뜻하는 동사 wear가 쓰인 보기 (A)가 정답이다. 옷을 입고 있는 상태는 동사 wear로, 옷을 입고 있는 동작은 put on으로 표현한다.

3
(A) A man is hammering a nail.
(B) A man is using some office equipment.
(C) A man is putting on a safety helmet.
(D) A man is replacing some furniture.

(A) 남자는 망치로 못을 박고 있다.
(B) 남자는 사무용 비품을 사용하고 있다.
(C) 남자는 안전모를 쓰는 중이다.
(D) 남자는 가구들을 재배치하고 있다.

(C) A TV is being taken down from the wall.

(해설) 남자가 망치를 들고 일하는 사진이다. '못을 박다'라는 표현은 'hammer a nail'이므로 정답은 (A)이다. 보기 (B)는 'office equipment(사무용 비품)'가 적절하지 않은 표현이므로 오답이다. put on은 '입고 있는 동작'을 의미하기 때문에 (C)도 오답이다.

(어휘) **nail** 못 **equipment** 장비

4

(A) Some men are getting off a train.

(B) Travelers are pulling their suitcases.

(C) Passengers are boarding a train.

(D) Some people are waiting on the platform.

(A) 몇몇 남자들이 열차에서 내리고 있다.

(B) 여행자들이 그들의 여행 가방을 끌고 있다.

(C) 승객들이 열차에 탑승하고 있다.

(D) 몇몇 사람들이 지하철 승강장에서 기다리고 있다.

(해설) 열차가 역에 도착했고, 사람들은 탑승하기 위해 기다리고 있다. 따라서 정답은 (D)이다.

(어휘) **suitcase** 여행 가방 **board** 탑승하다 **platform** 승강장

UNIT 02 | 사물 및 배경 사진

01 | 사물 묘사 p.020

유형 파악하기 🎧 02-01

| 정답 | (C)

실력 쌓기

A 🎧 02-02

1 Cars are parked on the road.
2 Food is being served on a plate.
3 Some suitcases are lined up in the lobby.
4 A projector is attached to the ceiling.

1 자동차들이 도로에 주차되어 있다.
2 음식이 접시에 담겨 제공되고 있다.
3 몇몇 여행 가방들이 로비에 줄지어 있다.
4 프로젝터가 천장에 달려 있다.

(어휘) **suitcase** 여행 가방 **ceiling** 천장

B 🎧 02-03

1 (B)	2 (C)

1

(A) A personal trainer is standing next to a treadmill.

(B) Some machines are placed in a row.

(C) A TV is being taken down from the wall.

(A) 개인 트레이너가 러닝머신 옆에 서 있다.

(B) 몇몇 기계들이 일렬로 배치되어 있다.

(C) TV가 벽에서 분리되고 있다.

(해설) 사람이 보이지 않는 사진이기 때문에 personal trainer가 들린 보기 (A)는 오답이다. 현재진행수동태는 사람의 동작을 묘사할 때 사용되는 시제이기 때문에 보기 (C) 또한 오답이다. 따라서 보기 (B)가 정답이다.

(어휘) **treadmill** 러닝머신 **in a row** 일렬로 **take down** 분리하다

2

(A) Trees are being trimmed.

(B) People are crossing a road.

(C) Cars are parked on one side of the road.

(A) 나무들이 다듬어지고 있다.

(B) 사람들이 길을 건너고 있다.

(C) 자동차들이 도로의 한쪽에 주차되어 있다.

(해설) 나무를 자르거나 길을 건너는 사람은 보이지 않기 때문에 (A)와 (B)는 정답이 아니다. 차들이 도로 한쪽에 주차되어 있는 모습을 묘사한 보기 (C)가 정답이다.

02 | 배경 묘사 p.021

유형 파악하기 🎧 02-04

| 정답 | (D)

실력 쌓기

A 🎧 02-05

1 A door has been left open.
2 Some boxes have been piled next to a chair.
3 Labels have been attached to clothes.
4 Some people have gathered in front of a building.

1 문이 열린 채로 있다.
2 몇몇 상자들이 의자 옆에 쌓여 있다.
3 상표들이 옷에 붙어 있다.
4 몇몇 사람들이 건물 앞에 모였다.

(어휘) **attach** 붙이다 **gather** 모이다

B 🎧 02-06

1 (B)	2 (C)

1

(A) Beach towels have been set on a chair.

(B) Parasols have been arranged in a row.

(C) A group of people has gathered on the beach.

(A) 비치 타월들이 의자 위에 놓여 있다.

(B) 파라솔들이 일렬로 배열되어 있다.

(C) 한 무리의 사람들이 해변에 모여 있다.

해설 파라솔이 일렬로(in a row) 놓여 있는 사진이므로 이를 가장 잘 묘사한 보기 (B)가 정답이다. 사진에서 비치 타월(beach towel)은 보이지 않으므로 (A)는 오답이며, 사람도 보이지 않으므로 (C) 또한 정답이 될 수 없다.

어휘 in a row 일렬로

2

(A) A boat is passing under the bridge.

(B) The houses have the same height.

(C) There are some trees planted near the houses.

(A) 다리 밑에 배가 지나가고 있다.

(B) 집들의 높이가 모두 같다.

(C) 집들 근처에 나무들이 심어져 있다.

해설 사진에서 배의 모습은 보이지 않으므로 (A)는 오답이며, 건물들의 높이가 서로 다르기 때문에 (B) 역시 정답이 아니다. 건물 주위에 나무들이 있기 때문에 정답은 (C)이다.

어휘 height 높이

실전 연습
p.023

🎧 02-08

1	(A)	2	(B)	3	(A)	4	(C)

1

(A) Some fruit has been set outside.

(B) All of the baskets are empty.

(C) A worker is stocking shelves in a grocery store.

(D) Tags have been attached to some fruit.

(A) 과일들이 밖에 놓여 있다.

(B) 모든 바구니들이 비어 있다.

(C) 한 일꾼이 식품점에서 선반을 채우고 있다.

(D) 몇몇 과일에 태그가 붙어 있다.

해설 '과일이 밖에 놓여 있다'를 뜻하는 보기 (A)가 정답이다. 바구니는 모두 가득 차 있기 때문에 (B)는 오답이며, 사진에 사람은 보이지 않으므로 worker(일하는 사람)가 들리는 보기 (C)도 오답이다.

어휘 stock (물품을) 채우다   shelf 선반

2

(A) There is a lamp in the middle of the room.

(B) Some chairs are positioned upside down.

(C) All of the seats are occupied.

(D) A waitress is serving food in a restaurant.

(A) 방 한 가운데에 램프가 있다.

(B) 몇몇 의자들이 거꾸로 놓여 있다.

(C) 모든 좌석이 사용 중이다.

(D) 웨이트리스가 식당에서 음식을 서빙하고 있다.

해설 사진에서 보이지 않는 lamp(전등)가 들리는 보기 (A)와 waitress(여자 종업원)가 언급된 보기 (D)는 오답이다. 몇몇 의자들이 거꾸로 놓여 있는 장면을 가장 잘 묘사한 보기 (B)가 정답이다.

어휘 upside down 거꾸로   occupied 사용 중인

3

(A) Some cars have stopped at the crosswalk.

(B) Pedestrians are crossing a street.

(C) A bus is passing through a toll gate.

(D) A car is being towed away.

(A) 몇몇 자동차들이 횡단보도 앞에 멈춰 있다.

(B) 보행자들이 길을 건너고 있다.

(C) 버스가 톨게이트를 지나고 있다.

(D) 자동차가 견인되고 있다.

해설 몇몇 차량들이 횡단보도 앞에 정차하고 있는 사진이므로 정답은 (A)이다. 길을 건너는 보행자(pedestrian)는 보이지 않으므로 보기 (B)는 오답이며, 견인되고 있는(being towed) 자동차도 없기 때문에 (D) 역시 정답이 될 수 없다.

어휘 crosswalk 횡단보도   pedestrian 보행자   tow 견인하다

4

(A) A tree is being planted.

(B) A park is full of people.

(C) There is a bench by the river.

(D) A bicycle is leaning against a railing.

(A) 나무가 심어지고 있다.

(B) 공원이 사람들로 가득 차 있다.

(C) 강가에 벤치가 있다.

(D) 자전거가 난간에 기대어 있다.

해설 강가에 벤치가 놓여 있는 사진이다. 이를 가장 잘 묘사하는 보기는 (C)의 There is a bench by the river이다. 자전거가 난간에 기대어 있는 것은 아니기 때문에 보기 (D)는 정답이 아니다.

어휘 lean 기대다   railing 난간, 울타리

PART 2
질의 – 응답

UNIT 03 의문사 의문문 I

01 who 의문문
p.028

유형 파악하기
🎧 03-01

1 (A)	2 (C)

실력 쌓기

A
🎧 03-02

1
Q Who will be responsible for the new project?
A Mr. Cooper, the manager of the Accounting Department.

Q 누가 새 프로젝트를 담당할 것인가요?
A 회계부서의 매니저인 Cooper 씨요.

2
Q Who should I talk to about the problem?
A You should go to see the secretary.

Q 이 문제에 대해 누구에게 얘기해야 하나요?
A 당신은 비서를 만나야 해요.

어휘 be responsible for ~에 책임이 있다 secretary 비서

B
🎧 03-03

1 (B)	2 (A)

1
Who heard the news first?
(A) Nobody liked the news.
(B) I think Ms. Jimenez did.

누가 그 소식을 가장 먼저 들었나요?
(A) 아무도 그 소식을 좋아하지 않았어요.
(B) 제 생각에는 Jimenez 씨인 것 같아요.

해설 누가 소식 가장 먼저 들었는지를 묻는 질문에 대해 '사람의 이름(Ms. Jimenez)'을 언급한 (B)가 가장 적절한 대답이다.

2
Who did you decide to transfer?
(A) We haven't finalized it yet.
(B) Jack wasn't transferred to the team.

당신들은 누구를 전근 보낼 것인지 결정했나요?
(A) 우리는 아직 그것을 결정하지 않았어요.
(B) Jack은 그 팀으로 보내지지 않았어요.

해설 전근을 보낼 사람이 누구인지를 묻는 질문에 대해, '아직 결정하지 않았다'는 내용의 (A)가 정답이 될 수 있다. 이와 같이 확실하지 않다는 의미의 보기가 들릴 경우, 이것이 정답이 되는 경우가 많다는 사실을 알아 두자.

어휘 finalize 끝내다; 최종적으로 승인하다 transfer 전근시키다

02 what 의문문
p.029

유형 파악하기
🎧 03-04

1 (A)	2 (B)

실력 쌓기

A
🎧 03-05

1
Q What are you planning to do after work?
A I don't have anything planned yet.

Q 퇴근 후에 무엇을 할 계획인가요?
A 아직 아무런 계획이 없어요.

2
Q What kind of job are you looking for?
A I would like to do promotional work.

Q 당신은 어떤 종류의 일자리를 찾고 있나요?
A 저는 홍보 업무를 하고 싶어요.

어휘 promotional 홍보의, 판촉의

B
🎧 03-06

1 (A)	2 (A)

1
What time do you usually leave for work?
(A) Around 8 in the morning.
(B) I am going to leave the company.

당신은 대개 몇 시에 출근하나요?
(A) 아침 8시쯤에요.
(B) 저는 퇴사하려고 해요.

해설 몇 시에 회사로 출근하느냐는 내용으로 '시간'을 묻는 문제이다. 이에 대해 대략적인 시간을 언급한 (A)가 정답이 된다. (B)는 'leave'를 반복하여 혼동을 유발하고 있다.

2
What do you think about the new manager?
(A) He seems like a nice person.
(B) I think this is the right choice.

새 매니저에 대해 어떻게 생각해요?

(A) 그는 좋은 사람인 것 같아요.

(B) 저는 이것이 옳은 선택이라고 생각해요.

해설 새 매니저에 대해 어떻게 생각하냐는 '의견'을 묻는 질문에 대한 알맞은 대답은 '좋은 사람인 것 같다'고 답한 (A)이다. (B)의 경우 'I think ~'로 시작하여 정답이라고 생각하기 쉽지만, 뒤에 나오는 내용이 질문과 관련이 없다.

어휘 leave for work 출근하다　leave the company 회사를 그만 두다

---

03 | which 의문문
p.030

유형 파악하기　🎧 03-07

1 (A)	2 (A)

실력 쌓기

A　🎧 03-08

1

Q Which repair shop would you recommend?

A I don't know much about this area.

Q 어떤 수리점을 추천해 주시겠어요?

A 저는 이 지역에 대해 많이 알고 있지 않아요.

2

Q Which of the applicants has more experience?

A The one from Missouri.

Q 어떤 지원자가 더 많은 경험을 갖고 있나요?

A 미주리에서 온 사람요.

어휘 repair shop 수리점　recommend 추천하다　applicant 지원자

B　🎧 03-09

1 (A)	2 (B)

1

Which firm are you going to hire to do research?

(A) The one we usually work with.

(B) I have been working at that firm.

연구를 하기 위해 어떤 업체를 선정할 건가요?

(A) 우리가 주로 같이 일하는 곳요.

(B) 저는 그 기업에서 일해 오고 있어요.

해설 조사를 위한 업체로 어디를 선정할 것이냐는 질문에 대해 늘 일하던 곳을 정할 것이라고 답한 (A)가 정답이 된다. (B)는 동일한 단어인 firm을 반복하여 혼동을 유발한 오답이다.

2

Which of the candidates is more qualified?

(A) He doesn't have enough qualifications.

(B) The one with the master's degree.

어느 후보자가 더 자격이 있나요?

(A) 그는 충분한 자격을 갖추지 못하고 있어요.

(B) 석사 학위를 소지한 사람요.

해설 어떤 지원자가 더 자격을 갖추고 있느냐는 질문에 대해 '석사 학위가 있는 지원자'라고 구체적인 자격을 밝히고 있는 (B)가 정답이다. the one은 candidate의 반복을 피해 대신해서 사용되었다.

어휘 qualified 자격이 있는　master's degree 석사 학위

실전 연습
p.032

🎧 03-11

1 (A)	2 (C)	3 (B)	4 (C)	5 (C)
6 (A)	7 (C)	4 (B)	9 (C)	10 (B)

1

Who is in charge of the German branch?

(A) The vice president.

(B) I don't want to take any responsibility.

(C) The branch made a huge success.

독일 지사의 담당자는 누구인가요?

(A) 부사장님요.

(B) 저는 어떠한 책임도 맡고 싶지 않아요.

(C) 그 부서는 큰 성공을 거두었어요.

해설 독일 지사를 누가 담당하고 있는지를 묻는 질문에 대해 부사장이라고 답한 (A)가 정답이 된다. (B)는 be in charge of와 의미상 연관이 있는 responsibility를 사용하여 혼동을 유발하고 있다.

어휘 in charge of ~을 맡아서, 담당하여　vice president 부사장

2

What would you care to have for dinner?

(A) I don't care for coffee.

(B) Seafood doesn't agree with me.

(C) How about Italian food?

저녁은 무엇으로 하시겠어요?

(A) 커피는 먹고 싶지 않아요.

(B) 해산물은 제 몸에 잘 안 받아요.

(C) 이탈리아 음식은 어떨까요?

해설 저녁 식사로 무엇을 먹고 싶은지를 묻는 질문에 대해 이탈리아 음식을 제안하는 내용의 (C)가 질문에 대한 대답으로 적절하다.

어휘 care ~을 좋아하다　agree (음식, 기후 등이) 몸에 맞다.

3

What made you leave the company?

(A) I didn't make it.

(B) I was not satisfied with the salary.

(C) Sam decided to quit his job.

당신은 무엇 때문에 퇴사했나요?

(A) 저는 그것을 해내지 못했어요.

(B) 급여에 만족하지 못했어요.

(C) Sam은 퇴사하기로 결심했어요.

해설 퇴사하는 이유를 묻고 있는 질문에 대해 '급여가 만족스럽지 못하다'고 구체적인 내용을 말하고 있는 (B)가 정답이다.

어휘 make it 해내다; 시간에 맞춰 도착하다 salary 급여

4

Which of you will go to Rio?

(A) I didn't tell him yet.

(B) I have never been there.

(C) I think I will have to go.

당신들 중 누가 리오에 갈 예정인가요?

(A) 저는 아직 그에게 말하지 않았어요.

(B) 저는 그곳에 가 본 적이 없어요.

(C) 제가 가야 할 것 같아요.

해설 당신들 중 누가 리오에 갈 것이냐는 질문에 대해 자신이 가야 할 것 같다고 답한 (C)가 가장 적절한 대답이다.

5

Who should I talk to about the problem?

(A) It's hard to tell.

(B) Let's go to the copy store.

(C) The manager will be able to help you.

이 문제에 대해 누구에게 말해야 하나요?

(A) 말하기 어렵네요.

(B) 복사점에 가요.

(C) 관리자가 당신을 도와줄 수 있을 거예요.

해설 그 문제에 대해 누구와 이야기해야 하느냐는 질문에 대해 직접적으로 사람(the manager)을 언급하고 있는 (C)가 정답이 된다.

6

What type of transportation do you usually use?

(A) I usually take the subway.

(B) The one down the street.

(C) I can't find the bus stop.

당신은 대개 어떤 종류의 교통수단을 이용하나요?

(A) 주로 지하철을 타요.

(B) 길 아래편에 있는 거요.

(C) 버스 정류장을 찾지 못하겠어요.

해설 어떤 종류의 교통 수단을 주로 이용하느냐는 질문에 대해 구체적인 교통 수단인 지하철(the subway)을 언급한 (A)가 정답이 된다. (C)의 경우 bus stop에서 bus만을 듣고 정답으로 고르지 않도록 주의한다.

어휘 transportation 교통수단

7

Who was that call from?

(A) He is a security officer.

(B) The new accountant will call you.

(C) Mike in the Personnel Department.

누구에게서 전화가 왔었나요?

(A) 그는 경비원이에요.

(B) 새 회계사가 당신에게 전화할 거예요.

(C) 인사팀의 Mike요.

해설 전화가 누구에게서 온 것인지 묻는 질문에 대해 인사팀의 Mike라고 사람의 이름으로 답한 (C)가 정답이 된다. 인물의 신원을 밝힌 (A)와 (나중에) 전화할 사람을 언급한 (B) 둘 다 오답이다.

어휘 security officer 경비원 accountant 회계사

8

What is wrong with this computer?

(A) It's a new one.

(B) It won't turn on.

(C) Press the red button.

이 컴퓨터에 무슨 문제가 있나요?

(A) 그것은 새것이에요.

(B) 켜지지 않아요.

(C) 빨간색 버튼을 누르세요.

해설 컴퓨터에 무슨 문제가 있느냐는 질문에 대해 '켜지지 않는다'고 문제의 내용을 언급하고 있는 (B)가 정답이 된다.

9

Who came to the workshop?

(A) I haven't met the director.

(B) The shop is closed for a month.

(C) Every employee in the Sales Department.

누가 워크샵에 왔었나요?

(A) 저는 그 임원을 만난 적이 없어요.

(B) 그 상점은 한 달 동안 문을 닫아요.

(C) 영업 부서의 모든 직원요.

해설 누가 워크샵에 왔는지 묻는 질문에 대해 영업부의 모든 직원들이라고 답한 (C)가 가장 적절한 내용의 응답이다.

10

Which consulting firm is better for us?

(A) I didn't need any consulting.

(B) The one we visited yesterday.

(C) I would prefer to work there.

어느 자문 회사가 우리에게 더 좋은가요?

(A) 저는 자문을 필요로 하지 않았어요.

(B) 우리가 어제 방문했던 곳요.

(C) 저는 그곳에서 근무하는 것을 선호해요.

해설 어느 자문 회사가 우리에게 더 나은지를 묻는 질문에 대해 '우리가 어제 방문했던 그곳'이라고 답한 (B)가 정답이 된다.

01 | when 의문문
p.034

유형 파악하기
♪ 04-01

1 (A)	2 (A)

실력 쌓기

A
♪ 04-02

1

Q When are you going to pick up the laundry?

A After work.

Q 당신은 언제 세탁물을 찾을 것인가요?

A 퇴근 후에요.

2

Q When do we have to contact the supplier?

A After the manager approves the purchase.

Q 우리는 언제 공급자에게 연락을 해야 하나요?

A 관리자가 구매를 승인한 후에요.

어휘 laundry 세탁물 supplier 공급자, 공급 회사 approve 승인하다

B
♪ 04-03

1 (A)	2 (A)

1

When is the retirement party?

(A) It is scheduled for Thursday.

(B) At the hotel.

은퇴 기념 파티는 언제인가요?

(A) 목요일로 예정되어 있어요.

(B) 호텔에서요.

해설 은퇴 기념 파티가 열리는 때를 묻는 질문에 대해 목요일로 예정되어 있다고 '날짜'를 언급한 (A)가 정답이 된다. (B)는 장소 (where)를 묻는 질문에 적합한 대답이다.

2

When do you think you can finish the report?

(A) It depends on Mr. Lee.

(B) The report hasn't been released yet.

당신은 언제 그 보고서를 마무리할 수 있을 것 같나요?

(A) Lee 씨에게 달려 있어요.

(B) 보고서는 아직 발표되지 않았어요.

해설 보고서를 마무리할 수 있는 때를 묻고 있는 문제인데, 이에 대해 'Lee 씨에게 달려 있다'라고 답한 (A)가 대답으로 가장 적절하다.

이 문제에서 볼 수 있는 것처럼 when으로 시작하는 문제에 대한 정답으로 시간을 언급한 보기가 항상 정답으로 출제되는 것은 아니다.

02 | where 의문문
p.035

유형 파악하기
♪ 04-04

1 (A)	2 (B)

실력 쌓기

A
♪ 04-05

1

Q Where should I go for more information?

A Go to the front desk.

Q 더 많은 정보를 얻으려면 어디로 가야 할까요?

A 안내 데스크로 가세요.

2

Q Where did you get the brochure?

A Daniel gave me one.

Q 당신은 어디에서 브로셔를 구했나요?

A Daniel이 저에게 하나 줬어요.

B
♪ 04-06

1 (B)	2 (A)

1

Where should I put this printer?

(A) It ran out of paper.

(B) Over there next to the desk.

이 프린터를 어디에 두어야 할까요?

(A) 그것은 용지가 떨어졌어요.

(B) 저쪽 책상 옆에요.

해설 프린터 놓을 위치(where)를 묻는 질문에 대해 '저쪽 책상 옆에'라고 답한 (B)가 정답이 된다. 용지가 다 떨어졌다고 말한 (A)도 프린터와 관련이 있지만, 위치를 묻는 질문과 어울리지 않는다.

2

Where are we going for dinner?

(A) I reserved a table at an Italian restaurant.

(B) I have already eaten.

우리는 어디에서 저녁을 먹을 건가요?

(A) 이탈리아 식당에 자리를 예약했어요.

(B) 저는 이미 먹었어요.

해설 어디에서 저녁을 먹을지를 묻는 질문에 대해 이탈리아 식당을 예약해 두었다고 말한 (A)가 정답이 된다.

어휘 reserve a table 자리를 예약하다

유형 파악하기   🎧 04-07

1 (A)	2 (B)

유형 파악하기   🎧 04-10

1 (A)	2 (A)

실력 쌓기

A   🎧 04-08

1

Q Why don't we leave a little early?

A Sounds good.

Q 조금 더 일찍 떠나는 것이 어떨까요?

A 좋은 생각이에요.

2

Q Why did you call him back?

A I just wanted to ask for more details.

Q 당신은 왜 그에게 다시 전화를 걸었나요?

A 더 자세한 정보들을 묻고 싶었을 뿐이에요.

어휘 detail 세부 사항, 자세한 정보

B   🎧 04-09

1 (A)	2 (B)

1

Why weren't you promoted this time?

(A) My evaluation was not that good.

(B) The campaign was successful.

당신은 왜 이번에 승진이 되지 않았나요?

(A) 저의 평가가 좋지 않았어요.

(B) 광고는 성공적이었어요.

해설 승진이 되지 않은 '이유'를 묻는 질문에 대해 자신의 평가가 좋지 않았다고 답한 (A)가 정답이 된다. (B)는 promote의 다른 뜻인 '판매를 촉진하다'에서 연상되는 어휘인 campaign을 사용하여 혼동을 유발하였다.

2

Why don't you talk to the director?

(A) I didn't apply for it.

(B) I already did.

이사님께 이야기하는 것이 어떨까요?

(A) 거기에 지원하지 않았어요.

(B) 이미 그렇게 했어요.

해설 이사님과 이야기해 보는 것이 어떠냐는 '제안'에 대해 이미 해 보았다고 말한 (B)가 정답이 된다.

실력 쌓기

A   🎧 04-11

1

Q How is the new person in the Sales Department?

A He is adjusting to his job.

Q 영업부의 신입 직원은 어때요?

A 그는 자신의 업무에 적응하고 있어요.

2

Q How soon can I get the results back?

A Not until this Friday.

Q 얼마나 빨리 결과물을 받을 수 있을까요?

A 이번 주 금요일이나 되어서요.

어휘 adjust to ~에 적응하다

B   🎧 04-12

1 (A)	2 (B)

1

How can we improve sales?

(A) We need aggressive marketing.

(B) The items are not for sale.

어떻게 판매를 향상시킬 수 있을까요?

(A) 공격적인 마케팅이 필요해요.

(B) 그 품목들은 판매용이 아니에요.

해설 판매를 향상시킬 수 있는 '방법'을 묻는 질문에 대해 공격적인 마케팅이 필요하다고 답한 (A)가 정답이 된다.

2

How many complaints did we get last week?

(A) We should do something about it.

(B) Fewer than I had expected.

지난주에 우리는 얼마나 많은 불만 사항을 접수했죠?

(A) 우리는 그것에 대해 무엇인가를 해야 해요.

(B) 제가 예상했던 것보다 적어요.

해설 '얼마나 많은 불만 사항들을 받았는가'라는 '수량'을 묻는 질문에 대한 적절한 응답으로는 '예상했던 것보다 적다'라고 말한 (B)이다.

어휘 improve 향상시키다 aggressive 공격적인 complaint 불평

실전 연습

🎧 04-14

1	(A)	2	(C)	3	(C)	4	(B)	5	(C)
6	(C)	7	(A)	8	(A)	9	(B)	10	(C)

1

Why do you want to be transferred?

(A) I want a change.

(B) You can use public transportation.

(C) Because I am not available.

당신은 왜 전근을 가고 싶어 하나요?

(A) 저는 변화를 원해요.

(B) 당신은 대중 교통을 이용할 수 있어요.

(C) 시간이 안 되어서요.

해설 전근을 원하는 '이유'를 묻는 질문에 대한 대답으로는 '변화가 필요하다'라고 답한 (A)가 가정 적절하다. '이유'를 묻는 질문이라고 해서 (C)의 because만 듣고 정답으로 고르지 않도록 주의하자.

어휘 transfer 전근시키다 available 이용할 수 있는

2

How far away is the stationery store?

(A) It's not fixed yet.

(B) I would like further information.

(C) It's two blocks from here.

문구점이 얼마나 멀리 있나요?

(A) 그것은 아직 수리되지 않았어요.

(B) 저는 추가적인 정보를 원해요.

(C) 여기에서 두 블록 떨어진 곳에 있어요.

해설 문구점이 얼마나 멀리 떨어져 있는지를 묻는 질문에 대해 '여기서부터 두 블록 떨어져 있다'고 답한 (C)가 가장 적절한 대답이다. (B)의 further는 '추가적인' 이라는 의미로 '거리'를 의미하지 않는다.

어휘 stationery store 문구점

3

Why don't we take a day off?

(A) Because we don't have time.

(B) You should turn it off.

(C) I'd love to, but I am too busy.

우리 하루 휴가를 얻는 게 어떨까요?

(A) 우리에게 시간이 없어서 그래요.

(B) 당신은 그것을 끄는 것이 좋아요.

(C) 저도 그러고 싶지만, 너무 바빠요.

해설 하루 쉬는 것이 어떠냐는 질문에 대해, 그러고 싶지만 너무 바쁘다고 답한 (C)가 정답이 된다. 'Why don't we ~'는 '~하는 것이 어때?'라는의미로서, 상대방에게 '제안을 할 때 쓰는 표현이다.

어휘 take a day off 하루 휴가를 내다 turn off ~을 끄다

4

Where do you want to go on your next vacation?

(A) I am leaving next month.

(B) I haven't decided yet.

(C) I took a trip last year.

당신은 다음 휴가 때 어디에 가고 싶은가요?

(A) 다음 달에 떠나요.

(B) 아직 결정하지 못했어요.

(C) 작년에 여행했어요.

해설 다음 휴가로 어디에 가고 싶은지를 묻는 질문에 대해 아직 결정하지 못했다고 말한 (B)가 정답이 된다.

5

When do you think Anne will be back?

(A) She is leaving in a moment.

(B) I will get back to you later.

(C) Not until this Thursday.

당신은 Anne이 언제 돌아올 거라고 생각해요?

(A) 그녀는 곧 떠날 거예요.

(B) 제가 나중에 당신에게 회신 전화를 할게요.

(C) 이번 주 목요일 이후에요.

해설 Anne이 언제 돌아올 것 같은지 묻는 질문에 대해 이번 주 목요일 이후에나 온다고 답한 (C)가 정답이 된다. 'Not until this Thursday'는 '이번 목요일까지는 오지 않는다'라는 의미로서, 목요일 이후에 올 것이라는 뜻으로 이해할 수 있다.

어휘 in a moment 곧, 바로

6

How often do you get a regular checkup?

(A) I haven't checked it yet.

(B) Twice a day.

(C) Every two years.

당신은 얼마나 자주 정기 검진을 받나요?

(A) 저는 그것을 아직 확인하지 않았어요.

(B) 하루에 두 번요.

(C) 2년마다요.

해설 얼마나 자주 정기 검진을 받는지 '빈도'를 묻는 질문에 대해 2년 마다 한 번씩이라고 답한 (C)가 정답이 된다. (B)의 '하루에 두 번'도 '빈도'를 묻는 질문에 대한 답이 될 수 있지만, 정기 검진을 하루에 두 번 받을 수는 없으므로 이는 정답이 될 수 없다.

어휘 regular checkup 정기 검진

7

Where should I go about this problem?

(A) Go to the Customer Service Department.

(B) Nobody could sort it out.

(C) Visit anytime you want.

11

이 문제에 대해 제가 어디로 가야 하죠?

(A) 고객 서비스 부서로 가세요.

(B) 누구도 그것을 처리할 수 없을 거예요.

(C) 원하실 때 언제든지 방문해 주세요.

해설 장소를 묻는 질문으로, '이 문제에 대해 어디로 가야 하는지'를 묻고 있다. 이에 대해 '고객 서비스 부서로 가라'고 답한 (A)가 정답이 된다. (B)는 의미상 적절한 응답이 될 수 없으며, (C)는 시간을 묻는 질문에 대한 응답이다.

어휘 sort out ~을 정리하다, ~을 처리하다

8

Why weren't you at the meeting this morning?

(A) **I had a dental appointment.**

(B) I couldn't make it to the seminar.

(C) I am usually busy in the afternoon.

왜 오늘 아침 회의에 참석하지 않았나요?

(A) 치과 예약이 있었어요.

(B) 세미나에 시간 맞춰 도착하지 못했어요.

(C) 오후에는 대개 바빠요.

해설 아침 회의에 참석하지 못한 이유를 묻는 질문에 대해, '치과 예약이 있었다'고 말하며 이유를 언급하고 있는 (A)가 정답이 된다. 세미나에 제시간에 도착하지 못했다는 내용의 (B)는 회의에 늦은 이유가 될 수 없다. 아침 회의에 참석하지 못한 이유를 묻는 질문에 대해 오후에 바쁘다는 내용의 (C)도 적절한 응답이 될 수 없다.

9

How much time do you have now?

(A) I don't have a watch.

(B) **Sorry. I have to leave now.**

(C) Sally probably won't be here.

지금 시간이 얼마나 있나요?

(A) 지금 시계를 갖고 있지 않아요.

(B) 미안해요. 저는 지금 가야 해요.

(C) 아마 Sally는 여기에 없을 거예요.

해설 지금 시간이 얼마나 있는가를 묻는 질문에 대해 미안하지만 지금 가야 한다고 답한 (B)가 정답이 된다.

10

Where did you stay when you were in town?

(A) I couldn't find it.

(B) I was out of town.

(C) **I stayed at my friend's.**

도시에 있을 때 어디에 있었나요?

(A) 그것을 찾을 수 없었어요.

(B) 시외에 있었어요.

(C) 친구의 집에 있었어요.

해설 시내에 있을 때 어디에서 머물렀느냐는 질문에 대해 친구 집에 있었다고 답한 (C)가 정답이 된다. (B)는 town을 반복한 오답이다.

01 | be동사, do동사 의문문   p.042

유형 파악하기   ∩ 05-01

1 (A)	2 (B)

실력 쌓기

A   ∩ 05-02

1

Q Are there any direct flights to Boston?

A No, they stopped the service.

Q 보스턴으로 가는 직항편이 있나요?

A 아니요, 그들은 서비스를 중지했어요.

2

Q Did you enjoy the staff dinner last night?

A Yes, it was a lot better than I had expected.

Q 어젯밤의 직원 회식은 즐거웠나요?

A 네, 제가 기대했던 것보다 훨씬 더요.

B   ∩ 05-03

1 (B)	2 (B)

1

Was Mr. Cox at the meeting on Monday?

(A) He is the company president.

(B) **No, he had another appointment.**

Cox 씨가 월요일 회의에 있었나요?

(A) 그는 회사의 대표예요.

(B) 아니요, 그는 다른 약속이 있었어요.

해설 was로 시작하는 be동사 과거형 의문문으로, Cox 씨가 미팅에 있었는지를 묻는 질문이다. 따라서 다른 약속이 있었다고 대답한 보기 (B)가 정답이다.

2

Did Jane go to the bank to deposit the checks?

(A) There is one near City Hall.

(B) **Yes, she did that this morning.**

Jane은 수표를 예금하러 은행에 갔었나요?

(A) 시청 근처에 하나 있어요.

(B) 네, 그녀는 오늘 아침에 그 일을 했어요.

해설 일반동사의 과거형 의문문으로서 did로 시작하고 있다. Jane이 수표를 입금하러 은행에 갔는지를 묻는 내용이므로 오늘 아침에 갔다고 대답한 보기 (B)가 정답이다.

어휘 appointment 약속 deposit 예금하다 check 수표

02 | 조동사 의문문

유형 파악하기   ∩ 05-04

1 (A)	2 (C)

실력 쌓기

A   ∩ 05-05

1

Q Could you remind Mr. White to send us the invoice?

A I'll call him right away.

Q 우리에게 송장을 보내 줄 것을 White 씨에게 다시 한 번 알려 주시겠어요?

A 바로 전화할게요.

2

Q Would you take this file to the sales team?

A Sure, I'll do it right now.

Q 이 파일을 영업부에 갖다 줄 수 있나요?

A 물론이죠, 지금 바로 할게요.

B   ∩ 05-06

1 (B)	2 (B)

1

Can you proofread this document before I submit it?

(A) Thank you so much.

(B) **Of course, I'd love to.**

제가 이 서류를 제출하기 전에 교정을 봐 주실 수 있나요?

(A) 정말 고마워요.

(B) 물론이죠, 그렇게 할게요.

해설 'Can you ~?'는 상대방에게 부탁을 하는 조동사 의문문이다. 문서의 교정을 봐 줄 수 있는지를 묻고 있으므로, 부탁을 들어주는 답변인 (B)가 정답이 된다.

2

Should I reschedule the press conference?

(A) Yes, it was impressive.

(B) **Yes, Friday would be better.**

기자 회견의 일정을 조정해야 할까요?

(A) 네, 그것은 인상적이었어요.

(B) 네, 금요일이 더 좋겠어요.

해설 'Should I ~?'는 '제가 ~하는 것이 좋을까?'를 의미하는 조동사 의문문이다. '기자 회견을 재조정하는 것이 좋을까?'라는 질문에 '네, 금요일이 더 좋겠어요.'라고 답한 보기 (B)가 정답이다.

어휘 press conference 기자 회견   impressive 인상적인

---

03 | 현재완료, 수동태 의문문

유형 파악하기   ∩ 05-07

1 (B)	2 (A)

실력 쌓기

A   ∩ 05-08

1

Q Is High Street blocked now?

A Yes, it's being repaired.

Q High 가는 현재 통행 금지인가요?

A 네, 그곳은 수리 중이에요.

2

Q Has Janet signed up for the training program?

A I am not really sure.

Q Janet은 교육 프로그램을 신청했나요?

A 저도 잘 모르겠어요.

어휘 repair 수리하다   sign up for ~을 신청하다

B   ∩ 05-09

1 (B)	2 (B)

1

Have you been to the French restaurant on Broadway?

(A) I live on a busy street.

(B) **Yes, three times.**

Broadway에 있는 프랑스 식당에 가 봤어요?

(A) 저는 번화가에 살고 있어요.

(B) 네, 세 번요.

해설 현재완료(have + p.p.)를 사용하여 경험을 묻는 질문이다. 프랑스 식당에 가 본 적이 있는지 묻는 질문에 세 차례 가 봤다고 답한 보기 (B)가 정답이다.

2

Have the registration forms been sent?

(A) Fill in all the blanks.

(B) **They were sent yesterday.**

신청서들은 발송되었나요?

(A) 빈칸을 모두 작성하세요.

(B) 그것들은 어제 발송되었어요.

해설 현재완료 수동태(have been + p.p.)를 사용한 의문문이다. 신청서들이 발송되었는지를 묻는 질문에 대해 어제 보내졌다고 답한 보기 (B)가 가장 적절한 응답이다.

어휘 busy street 번화가   registration form 신청서

1 (C)	2 (A)	3 (A)	4 (A)	5 (B)
6 (A)	7 (C)	8 (C)	9 (C)	10 (A)

1

Was the previous advertising campaign successful?

(A) He was quite successful.

(B) How about radio shows?

(C) **Yes, it was the best I've ever seen so far.**

이전의 광고 캠페인은 성공적이었나요?

(A) 그는 꽤 성공적이었어요.

(B) 라디오 쇼는 어때요?

(C) 네, 그것은 제가 지금까지 봤던 것들 중 최고였어요.

해설 be동사의 과거형 의문문이다. 이전 광고 캠페인이 성공적이었는지에 대한 질문에, 지금까지 본 최고의 것이었다고 답한 보기 (C)가 정답이다. (A)는 successful을 반복한 오답 보기이며 (B)는 질문과 전혀 관계 없는 내용이다.

2

Is Mr. Anderson in today?

(A) **No, he's not.**

(B) Why not?

(C) Yesterday was cold.

Anderson 씨는 오늘 자리에 있나요?

(A) 아니요, 그는 없어요.

(B) 좋아요.

(C) 어제는 추웠어요.

해설 Anderson 씨가 오늘 자리에 있는지를 묻는 be동사 의문문에 대해 그가 자리에 없다고 답한 보기 (A)가 가장 적절한 응답이다.

3

Has the CEO arrived from Chicago yet?

(A) **Yes, he is in his office.**

(B) He is busy at the moment.

(C) He signed the contract.

최고경영자가 이미 시카고에서 도착했나요?

(A) 네, 그는 그의 사무실에 있어요.

(B) 그는 지금 바빠요.

(C) 그는 계약서에 서명했어요.

해설 현재완료 의문문으로서 최고경영자가 도착했는지를 묻고 있다. yes로 답하며 '그가 사무실에 있다'고 답한 (A)가 정답이다. '그는 지금 바쁘다'는 내용의 (B)와 '계약서에 서명했다'는 내용의 (C)는 모두 질문에 대한 적절한 응답이 아니다.

어휘 **at the moment** 바로 지금

4

Can you play baseball this Friday?

(A) **I'd love to, but I have plans.**

(B) Yes, I'll be interested in watching it.

(C) The stadium was full of people.

이번 주 금요일에 야구를 할 수 있나요?

(A) 그러고 싶지만, 저는 계획이 있어요.

(B) 네, 그것을 관람하는 것은 흥미로울 것 같네요.

(C) 경기장은 사람들로 가득했어요.

해설 이번 주 토요일에 야구를 할 수 있는지 묻는 질문에 대해 정중하게 거절한 (A)가 가장 적절한 응답이다. (C)는 baseball에서 연상되는 어휘인 stadium을 사용하여 혼동을 주고 있다.

5

Could you post this notice on the board?

(A) Yes, she went to the post office.

(B) **Sure, after I finish this e-mail.**

(C) I am sorry I can't go to the meeting.

이 공지 사항을 게시판에 게시해 줄 수 있어요?

(A) 네, 그녀는 우체국으로 갔어요.

(B) 물론이죠, 이 이메일을 마무리한 다음에요.

(C) 미안하지만 저는 회의에 참석할 수 없어요.

해설 게시판에 공지 사항을 올릴 수 있는지 묻는 질문에 작성 중인 이메일을 마무리하고 할 수 있다고 답한 (B)가 정답이다. (A)는 질문에서 들린 단어인 post가 포함된 post office를 사용한 오답이다.

6

Did you change the supplier for beverages?

(A) **Yes, the new company has better prices.**

(B) For twelve people.

(C) I prefer cold drinks.

음료수 공급 업체를 변경했나요?

(A) 네, 새 회사가 더 나은 가격을 책정하고 있어요.

(B) 12인분요.

(C) 저는 차가운 음료를 더 좋아해요.

해설 음료 공급 업체를 변경했는지 묻는 내용의 일반동사의 과거형 의문문이다. 긍정으로 답하며 새로운 회사가 가격이 저렴하기 때문이라는 이유까지 설명한 (A)가 정답이다. (C)는 beverage를 듣고 연상되는 어휘인 drink를 사용한 오답 보기이다.

7

Is there a laundry room in the apartment building?

(A) It needs to be washed.

(B) It closes at 7 o'clock.

(C) **It's on the first floor.**

아파트 건물에 세탁실이 있나요?

(A) 그것은 세탁을 할 필요가 있어요.

(B) 그곳은 7시에 문을 닫아요.

(C) 그것은 1층에 있어요.

해설 'Is there a ~?'는 '~이 있나요?'라는 뜻이다. 아파트 건물에 세탁실이 있는지 물었기 때문에 1층에 있다고 말하며 위치를 알려 주는 (C)가 정답이다. (B)는 'What time ~'에 대한 답이다.

8

Should I print out Mr. Taylor's résumé?
(A) He got a promotion last month.
(B) The interview was difficult.
(C) Yes, I need three copies.

Taylor 씨의 이력서를 출력해야 하나요?
(A) 그는 지난달에 승진했어요.
(B) 면접은 어려웠어요.
(C) 네, 세 부 필요해요.

해설 'Should I ~?'는 '제가 ~하는 것이 좋을까요?'라는 뜻의 조동사 의문문이다. 'Taylor 씨의 이력서를 제가 출력할까요?'라고 묻는 질문에 '네, 세 부 필요해요'라고 대답한 (C)가 정답이 된다. (B)의 interview는 résumé에서 연상되는 어휘를 사용한 오답이다.

어휘 résumé 이력서 promotion 승진

9

Is Helen going to the company appreciation dinner?
(A) Are you invited?
(B) I had a big lunch.
(C) Yes, she told me she would.

Helen은 회사 감사 만찬에 가나요?
(A) 당신은 초대 받았어요?
(B) 저는 점심을 많이 먹었어요.
(C) 네, 그녀는 그렇게 할 거라고 저에게 말했어요.

해설 회사 감사 만찬에 Helen이 가는지를 묻는 질문에 대해 '가기로 했다'고 답한 보기 (C)가 정답이다.

어휘 appreciation dinner 감사 만찬, 사은 행사

10

Has the road been closed for construction?
(A) Yes, it will last for 2 weeks.
(B) Let's move to a quieter area.
(C) It was built last year.

도로가 공사 때문에 폐쇄된 건가요?
(A) 네, 그것은 2주 동안 계속될 거예요.
(B) 더 조용한 곳으로 이동하죠.
(C) 그것은 작년에 건설되었어요.

해설 현재완료 수동태 의문문으로, 도로가 공사 때문에 폐쇄되었는지를 묻고 있다. 이에 대해 긍정으로 답하면서 '2주 동안 공사가 지속될 것'이라고 답한 보기 (A)가 정답이다.

UNIT 06 특수 의문문, 평서문

01 부정, 부가의문문
p.048

유형 파악하기 ∩ 06-01

| 1 (A) | 2 (B) |

실력 쌓기

A ∩ 06-02

1
Q Didn't you arrange the company banquet?
A Yes, Mr. Simpson and I did that together.
Q 당신이 회사 만찬을 준비하지 않았나요?
A 네, Simpson 씨와 제가 함께 했어요.

2
Q The fax machine on the second floor is working, isn't it?
A No, it is out of order.
Q 2층의 팩스 기기는 작동하고 있어요, 그렇지 않아요?
A 아니요, 그것은 고장 났어요.

B ∩ 06-03

| 1 (A) | 2 (A) |

1
Isn't it supposed to be sunny today?
(A) That's what I heard.
(B) We are supposed to.

오늘은 화창하다고 하지 않았나요?
(A) 저도 그렇게 들었어요.
(B) 우리는 그래야 해요.

해설 'be supposed to 동사 원형'은 '~하기로 되어 있다'의 의미이다. '오늘 화창하다고 하지 않았나요?'에 대한 답으로 '나도 그렇게 들었다'라고 답한 보기 (A)가 정답이다. 보기 (B)는 질문에 들린 표현인 supposed to를 반복하여 혼란을 주는 오답이다.

2
The presentation was very interesting, wasn't it?
(A) Yes, I learned a lot.
(B) I thought it was today.

발표가 매우 흥미로웠어요, 그렇지 않았나요?
(A) 네, 저는 많은 것을 배웠어요.
(B) 저는 오늘이라고 생각했어요.

해설 부가의문문으로, 발표가 흥미로웠는지를 묻고 있다. 이에 대해 긍정으로 답한 다음, 많이 배웠다고 말한 (A)가 정답이다.

유형 파악하기　　　　🎧 06-04

1 (A)	2 (B)

유형 파악하기　　　　🎧 06-07

1 (A)	2 (C)

실력 쌓기

A　　　　🎧 06-05

1

Q Do you know who led the budget presentation?

A Yes, Ms. Lopez did.

Q 예산안 발표를 누가 했는지 아시나요?

A 네, Lopez 씨가 했어요.

2

Q How about going to the concert on Saturday evening?

A I'd love to, but I will be out of town.

Q 토요일 저녁에 콘서트에 가는 게 어때요?

A 저도 그러고 싶지만, 저는 시외에 있을 거예요.

어휘 **budget** 예산 **presentation** 발표

B　　　　🎧 06-06

1 (B)	2 (A)

1

Why don't we advertise the new product on TV?

(A) Because the design is poor.

(B) It is too late to change the marketing plan.

신제품을 TV에서 광고하는 것이 어떨까요?

(A) 디자인이 좋지 않아서요.

(B) 마케팅 계획을 변경하기에는 너무 늦었어요.

해설 '~하는 것이 어때요?'를 뜻하는 'Why don't you ~?' 형태의 권유의문문이다. TV에 신제품을 광고하는 것이 어떤지를 묻는 질문에 '마케팅 계획을 변경하는 것은 너무 늦었다'며 간접적으로 거절의 의사를 표현한 (B)가 정답이다. (A)는 이유를 묻는 Why 의문문에 대한 답이다.

2

Can you tell me when Dr. Morgan is available?

(A) He is free this Friday.

(B) I need to see a doctor.

언제 Morgan을 만날 수 있는지 저에게 알려 주시겠어요?

(A) 그는 금요일에 시간이 있어요.

(B) 저는 진료를 받아야 해요.

해설 간접의문문으로서, 이 문제의 경우 when에 집중해야 한다. Morgan 박사가 언제 시간이 되는지를 묻고 있으므로, 이번 주 금요일에 시간이 있다고 답한 (A)가 정답이다.

실력 쌓기

A　　　　🎧 06-08

1

Q The projector is not working properly.

A It was okay a few minutes ago.

Q 프로젝터가 제대로 작동하지 않아요.

A 몇 분 전에는 괜찮았어요.

2

Q Will you e-mail Ms. Williams, or should I do it?

A I sent her an e-mail already.

Q 당신은 Williams 씨에게 이메일을 보낼 건가요, 아니면 제가 보내야 하나요?

A 제가 이미 그녀에게 이메일을 보냈어요.

B　　　　🎧 06-09

1 (A)	2 (B)

1

Would you rather take the subway to the stadium or take a taxi?

(A) Either one is fine with me.

(B) I took the subway this morning.

당신은 경기장까지 지하철과 택시 중 어느 것을 타고 싶은가요?

(A) 어느 것이든 좋아요.

(B) 저는 오늘 아침에 지하철을 탔어요.

해설 'would rather 동사 원형'은 'would prefer (~하고 싶다)'와 같은 의미이다. 지하철과 택시 중 하나를 선택하는 의문문으로 둘 중 어느 것이나 좋다고 답한 (A)가 정답이다.

2

The manager has decided to postpone the product launch date.

(A) Why did he come here?

(B) Until when?

매니저가 제품의 출시일을 연기하기로 결정했어요.

(A) 그는 왜 여기에 왔어요?

(B) 언제로요?

해설 '매니저가 제품 출시일을 연기하기로 결정했다'는 평서문이 제시되었다. 이에 대한 가장 적절한 답변은 '언제까지 연기되었는데요?'라고 묻는 (B)이다.

어휘 **postpone** 연기하다 **launch** 출시하다

실전 연습

p.052

🎧 06-11

1 (A)	2 (C)	3 (B)	4 (C)	5 (A)
6 (B)	7 (A)	8 (A)	9 (C)	10 (A)

1

You work on Saturdays, don't you?

(A) **Not unless I have an important meeting.**

(B) I work at a bank.

(C) Are you busy?

당신은 토요일에 근무해요, 그렇지 않나요?

(A) 중요한 회의만 없다면 하지 않아요.

(B) 저는 은행에서 일해요.

(C) 당신은 바쁜가요?

해설 토요일에 근무하는지를 묻는 부가의문문이다. 이에 대한 가장 적절한 답은 '중요한 회의가 없다면 일하지 않는다'라고 답한 (A)이다.

2

I'd love to take you to the airport this Friday.

(A) Friday is the busiest day.

(B) I need to book a ticket.

(C) **Thanks. That would be helpful.**

제가 이번 주 금요일에 당신을 공항까지 데려다 드릴게요.

(A) 금요일은 가장 바쁜 날이에요.

(B) 저는 티켓을 예매해야 해요.

(C) 고마워요. 정말 도움이 될 거예요.

해설 이번 주 금요일에 공항에 데려다 주겠다고 말한 평서문에 대해 고맙다고 제안을 받아들인 (C)가 응답으로 가장 자연스럽다. (B)는 airport와 연관된 표현인 'book a ticket (티켓을 예매하다)'을 사용하여 혼란을 주고 있다.

3

These applicant files are ordered by name, aren't they?

(A) They are the top 5 applicants.

(B) **As far as I know.**

(C) I've already placed the order.

이 지원 서류들은 이름순으로 정리되어 있어요, 그렇지 않나요?

(A) 그들은 상위 5명의 지원자들이에요.

(B) 제가 아는 한 그래요.

(C) 제가 이미 그 주문을 했어요.

해설 신청서들이 이름순으로 정리되어 있는지를 묻고 있다. 이에 대해 '제가 아는 한 (그렇다)'이라고 답한 (B)가 가장 적절한 응답이다. (C)의 order는 '주문하다'라는 의미로, 문제의 order(순서)와 다른 의미이다.

어휘 applicant 지원자   place an order 주문을 하다

4

Doesn't the bus to the park run every 20 minutes?

(A) It has a beautiful garden.

(B) Yes, once every hour.

(C) **Yes, the next one will be in 10 minutes.**

공원으로 가는 버스가 20분마다 운행되지 않나요?

(A) 그곳에는 아름다운 정원이 있어요.

(B) 네, 매 시간마다 한 번요.

(C) 네, 다음 것은 10분 뒤에 올 거예요.

해설 공원으로 가는 버스가 20분마다 출발하는지를 묻는 부정의문문이므로, 긍정이면 yes, 부정이면 no라고 답해야 한다. yes로 답한 후, 다음 버스는 10분 후에 도착한다고 말한 (C)가 정답이 된다.

5

Would you like to join the sales team?

(A) **Yes, thank you for the offer.**

(B) He is a great sales representative.

(C) They won the competition.

영업부에 합류하지 않겠어요?

(A) 네, 제안해 주셔서 고마워요.

(B) 그는 훌륭한 판매 대리인이에요.

(C) 그들은 대회에서 우승했어요.

해설 영업부에 합류하고 싶은지 묻는 질문이다. 이에 대해 긍정적으로 답한 후 제안해 주어서 고맙다고 말한 보기 (A)가 정답이다.

어휘 sales representative 판매 대리인   competition 경쟁, 대회

6

How about conducting a customer survey?

(A) I haven't purchased it yet.

(B) **Yes, we should do it this month.**

(C) A lot of people signed up.

고객 설문 조사를 해보는 게 어때요?

(A) 저는 아직 그것을 구입하지 않았어요.

(B) 네, 우리는 이번 달에 그것을 하는 것이 좋겠어요.

(C) 많은 사람들이 등록을 했어요.

해설 'How about -ing?'는 '~하는 것이 어때?'라는 의미이다. 고객 설문을 실시하는 것에 대한 의견을 묻는 질문에 이번 달에 하는 것이 좋다고 답한 보기 (B)가 정답이다.

어휘 conduct 수행하다   survey 설문 조사

7

Wasn't Mr. Williams at the meeting?

(A) **No, he was away on business.**

(B) Yes, everybody was busy.

(C) He is in the office now.

Williams 씨가 회의에 없었나요?

(A) 없었어요, 그는 출장 중이었어요.

(B) 네, 모두 바빴어요.

(C) 그는 지금 사무실에 있어요.

해설 Williams 씨가 회의 때 없었는지를 묻는 부정의문문이다. 이에 대한 답으로 없었다고 답한 후(no), '출장 갔다'고 말한 보기 (A)가 정답이다. 보기 (C)는 현재 시제이므로 정답이 될 수 없다.

8

The photocopier needs to be fixed as soon as possible.

(A) I didn't even know it is broken.

(B) Mr. Shin fixed it.

(C) Five copies, please.

복사기는 최대한 빨리 수리되어야 해요.

(A) 저는 그것이 고장 난 사실도 몰랐어요.

(B) Shin 씨가 그것을 고쳤어요.

(C) 다섯 부 부탁해요.

해설 복사기의 수리가 필요하다고 말한 평서문에 대한 가장 적절한 응답은 '고장 난 사실도 몰랐다'고 답한 (A)이다. (B)는 'who'에 대한 응답이며, (C)는 'How many copies ~'에 대한 응답이다.

9

Do you know when the marketing director is coming back from his business trip?

(A) To promote the new product.

(B) Thanks for letting me know.

(C) **Probably this Friday.**

마케팅 부장이 언제 출장에서 돌아 오는지 아시나요?

(A) 새로운 제품의 판매 촉진을 위해서요.

(B) 알려 주어서 고마워요.

(C) 아마 이번 주 금요일일 거예요.

해설 간접의문문으로서 when 이하의 내용에 집중해야 한다. 시간을 묻는 질문이기 때문에 이에 대한 가장 적절한 응답은 '아마도 금요일'이라고 답한 (C)이다.

10

Is the budget proposal ready, or do you need more time?

(A) **Can you give me one more hour?**

(B) He is always late.

(C) Sales are increasing this month.

예산안이 준비되었나요, 아니면 시간이 더 필요한가요?

(A) 한 시간만 더 줄 수 있으세요?

(B) 그는 이미 늦었어요.

(C) 판매는 이번 달에 증가하고 있어요.

해설 선택의문문으로 예산안이 준비 되었는지, 아니면 시간이 더 필요한지를 묻고 있다. 이에 대해서 시간을 더 줄 수 있는지 묻는 보기 (A)가 정답이다.

PART 3
대화문

UNIT 07 회사

01 | 일반 사무   p.056

실력 쌓기

A   🎧 07-02

1 Did you <u>hand in</u> the sales report already?
   → 영업 보고서를 이미 제출했나요?

2 Mr. Welder is on <u>sick leave</u>.
   → Welder 씨는 병가 중이에요.

3 The copy machine is <u>out of order</u>.
   → 복사기가 고장 났어요.

4 Why don't we discuss <u>promotional campaigns</u> for next year?
   → 내년도 홍보 활동에 대해 논의해 볼까요?

B   🎧 07-03

|정답| (A)

M Are you currently <u>working on</u> your <u>quarterly report</u>?

W Not at this moment. I have other things to <u>take care of</u>.

M 당신은 요즘 분기 보고서 업무를 하고 있나요?

W 지금은 아니에요. 처리해야 할 다른 일들이 있어요.

Q

(A) 그녀는 다른 일들로 바쁘다.

(B) 그녀는 아이를 돌보아야 한다.

해설 여자가 '처리할 다른 일이 있다 (I have other things to take care of)'라고 말했으므로 (A)가 정답이 된다.

C   🎧 07-04

1 (C)   2 (B)   3 (B)

1

W1 Did you finish the report for the committee yet?

M I am not sure. 1) **Actually, Jean is working on it.** Jean, how's the report going?

W2 I am still working on it. I have been pretty busy with other things.

W1 I think you'd better hurry. We will be in trouble if we hand it in late.

W1 위원회를 위한 보고서를 마무리했나요?

M 잘 모르겠어요. 사실은, Jean이 그 일을 하고 있거든요. Jean, 보고서는 어떻게 되어 가나요?

W2 아직 진행 중이에요. 다른 일들로 몹시 바빴어요.

W1 서두르는 게 좋을 거예요. 늦게 제출한다면 우리에게 문제가 생길 거예요.

어휘 **committee** 위원회 **be busy with** ~로 바쁘다 **had better** ~하는 것이 낫다 **be in trouble** 어려움에 처하다 **hand in** 제출하다

Q. 남자가 "잘 모르겠어요."라고 말한 이유는?

(A) 다른 일로 바쁘다.

(B) 그는 회사에 새로 왔다.

(C) 다른 누군가가 그 보고서를 쓰고 있다.

해설 남자는 'I'm not sure'라고 말한 다음, 'Jean이 이 일을 하고 있다 (Jean is working on it)'고 말하고 나서 Jean에게 진행 상황을 묻고 있다. 그러므로 정답은 (C)이다.

2

W The copier keeps breaking down.

M A technician came and took a look at it last week. He said it's going to be okay.

W 2) **I think we should get a new one.** We have had this one for too long.

W 복사기가 계속 고장 나는군요.

M 지난주에 기술자가 와서 그것을 점검했어요. 그는 그것이 문제 없을 거라고 했어요.

W 제 생각에는 우리가 새로운 것을 하나 구매해야 할 것 같아요. 우리는 너무 오랫동안 그것을 사용했어요.

어휘 **keep -ing** 계속해서 ~하다 **break down** 고장 나다 **technician** 기술자 **take a look at** ~을 보다

Q. 여자가 제안하는 것은 무엇인가?

(A) 기술자에게 다시 연락할 것

(B) 새로운 복사기를 구매할 것

(C) 복사기를 오래 보관할 것

해설 대화의 마지막 부분에서 여자는 'I think we should get a new one'이라고 제안했으므로 (B)가 정답이다.

3

W Did you go over last quarter's sales report? It looks awful.

M Yeah, I know. I think we have to do something about it.

W You are right. 3) **Why don't we call everybody in sales and have a meeting this afternoon?**

W 지난 분기의 영업 보고서를 검토했나요? 심각해 보이던데요.

M 네, 알아요. 저는 우리가 그것에 대해 무엇인가 해야 한다고 생각해요.

W 맞아요. 영업부의 모든 직원에게 연락해서 오늘 오후에 회의하자고 하는 게 어떨까요?

어휘 **go over** 검토하다 **sales report** 영업 보고서 **awful** 끔찍하게 나쁜 **have a meeting** 회의를 하다

Q. 오늘 오후에 어떤 일이 일어날 것인가?

(A) 그들은 보고서를 작성할 것이다.

(B) 그들은 모여서 문제에 대해 논의할 것이다.

(C) 그들은 판매 대리인들에게 보고서 검토를 부탁할 것이다.

해설 마지막 부분에서 여자는 'Why don't we call everybody in sales and have a meeting this afternoon? (오늘 오후에 회의하자고 하는 것)'을 제안하고 있으므로 (B)가 정답이다.

02 | 행사

p.058

실력 쌓기

A ∩ 07-06

1 When is the next annual conference going to be held?

→ 다음 컨퍼런스는 언제 열리나요?

2 I am afraid I can't make it to the seminar.

→ 안타깝지만, 저는 세미나에 참석할 수 없어요.

3 How many participants are expected?

→ 몇 명의 참가자가 예상되나요?

4 A Q&A session will follow.

→ 질의 응답 시간이 이어질 것입니다.

B ∩ 07-07

|정답| (B)

M Are you going to attend the training session next month?

W I am afraid not. I may have to go to the marketing seminar around that time.

M 당신은 다음 달의 교육에 참석할 예정인가요?

W 참석하지 못할 것 같아요. 저는 그때 마케팅 세미나에 가야 할 것 같아요.

Q

(A) 그 주제에 관심이 없다.

(B) 다른 이벤트에 참석해야 한다.

해설 여자는 'I may have to go to the marketing seminar around that time (그때 마케팅 세미나에 가야 할지도 모른다)'이라고 답했으므로 (B)가 정답이 된다.

C ∩ 07-08

1 (B)	2 (A)	3 (A)

1

W Who is going to give a speech at the next conference?

M That hasn't been decided yet. We haven't found anyone.

W 1) How about you? You are pretty good at giving public speeches.

W 다음 컨퍼런스에서 누가 연설을 하나요?

M 아직 결정되지 않았어요. 우리는 아무도 찾을 수 없었어요.

W 당신은 어때요? 당신은 대중 연설을 매우 잘하잖아요.

어휘 give a speech 연설하다   how about ~은 어때요?   be good at ~을 잘하다

Q. 여자가 남자에게 제안하고 있는 것은?

(A) 컨퍼런스를 주최할 것

(B) 컨퍼런스에서 연설할 것

(C) 괜찮은 연설가를 찾을 것

해설 여자가 대화의 마지막 부분에서 '남자가 연설을 잘하므로 당신은 어떤지 (How about you? You are good at giving public speeches)' 묻고 있는 것으로 보아, 여자는 남자에게 컨퍼런스에서 연설할 것을 제안하고 있음을 알 수 있다.

2

W 2) When is the training session?

M1 It will be from the 9th to the 10th of July.

M2 I thought it starts on the 11th.

W Maybe we should check with Cindy in the HR Department. Greg, could you contact her and ask when it starts?

M1 Sure. I'll call her now. Her extension is 551, right?

W 교육 과정은 언제인가요?

M1 7월 9일부터 10일까지예요.

M2 저는 11일에 시작한다고 생각하고 있었어요.

W 인력 개발팀의 Cindy에게 확인해 봐야겠네요. Greg, 그녀에게 연락해 주시겠어요?

M1 물론이죠. 지금 그녀에게 전화해 볼게요. 그녀의 내선 번호는 551번이에요, 그렇죠?

어휘 training session 교육 과정   extension 내선번호

Q. 화자들은 무엇에 대해 이야기하고 있는가?

(A) 교육 일정

(B) 다가올 회의

(C) 컨퍼런스 준비

해설 대화의 초반부에서 교육 과정(training session)이 언급되었고, 중간에 여러 번 날짜들이 언급된 것으로 보아 교육 일정에 대해 이야기하고 있음을 알 수 있다. 정답은 (A)이다.

3

M Did you hear that Mr. Brown will be retiring next month?

W Yes, I did. 3) So we are having a farewell party for him sometime next week.

M That's great. Please let me know if there is anything I can do for it.

M Brown 씨가 다음 달에 은퇴한다는 소식을 들었어요?

W 네, 들었어요. 그래서 우리는 다음 주에 그를 위한 송별회를 준비하고 있어요.

M 잘 됐군요. 제가 할 수 있는 일이 있다면 알려 주세요.

어휘 retire 은퇴하다   a farewell party 송별회   sometime next week 다음 주 중에

Q. 여자는 무엇을 준비하고 있는가?

(A) 동료를 위한 은퇴 기념 파티

(B) 새 직원을 위한 환영 파티

(C) 매니저들을 위한 교육 과정

해설 여자가 '다음 주에 Brown씨를 위한 송별회를 준비하고 있다 (we are having a farewell party for him sometime next week)'고 했으므로 (A)가 정답이 된다.

실전 연습 p.061

∩ 07-10

1 (A)	2 (B)	3 (C)
4 (A)	5 (B)	6 (C)

[1-3]

W 1) The printer is not working again. I need to print the handouts for the workshop tomorrow morning.

M If you are in a hurry, you can go to the copy store near our building. It is much faster there.

W That sounds like a good idea. But can you tell me where exactly the copy store is located?

M 2) Do you know the bakery on the corner? The copy store is right next to it.

W Oh, I see. 3) I think I will have to go there right after lunchtime.

W 프린터가 또 작동이 안 되네요. 내일 아침 워크샵을 위해서 인쇄물을 출력해야 해요.

M 서둘러야 한다면, 우리 건물 인근의 복사점에 가보세요. 훨씬 빨라요.

W 좋은 생각인 것 같군요. 하지만 복사점이 정확히 어디에 위치해 있는지 알려줄 수 있나요?

M 코너에 있는 제과점을 아세요? 복사점은 바로 옆에 있어요.

W 아, 알겠어요. 점심 시간 직후에 그곳에 가 봐야겠어요.

어휘 handout 인쇄물 copy store 복사점

1
여자에게 있는 문제는 무엇인가?
(A) 그녀는 사무실에서 인쇄물을 출력할 수 없다.
(B) 그녀는 발표할 준비가 되어 있지 않다.
(C) 복사점이 아직 문을 열지 않았다.
(D) 그녀는 점심을 먹을 시간이 없다.

해설 대화의 초반부에서 여자는 '프린터가 작동하지 않는다고 (the printer is not working)' 하였으므로 (A)가 정답이 된다.

2
복사점은 어디에 위치하고 있는가?
(A) 그들의 건물 건너편에
(B) 제과점 옆에
(C) 식당 옆에
(D) 모퉁이에

해설 남자의 두 번째 대화에서 '코너에 있는 제과점 (the bakery on the corner)'을 언급하면서, '복사점 바로 그 옆에 있다 (The copy store is right next to it)'고 하였으므로 (B)가 정답이 된다.

3
여자는 점심 식사 후에 무엇을 할 것인가?
(A) 환불을 받기 위해 제과점에 간다
(B) 내일 아침의 워크샵 일정을 준비한다
(C) 복사점에서 인쇄물 출력한다
(D) 복사기 수리를 위해 기사에게 연락한다

해설 대화의 마지막 부분에서 여자는 '점심시간 직후에 그곳에 가 봐야겠다고 (I think I will have to go there right after lunchtime)' 했으므로 (C)가 정답이 된다.

[4-6]

M 4-1) 5) The manager wants to know about our promotional campaign for next year. When do you think the presentation materials will be ready?

W1 I can't say for sure. 4-2) Jennifer and I are working together, and I am not sure how much of her part she has completed.

W2 4-3) I am almost done, so I can send it to you within 2 hours.

M That's good. 6) When you are done, could you send me a copy of everything?

W1 Sure. I have no problem with that. I think I can probably send it to you this Friday.

W2 Okay, then I will send my part to Lauren as soon as I am finished.

M 매니저가 내년을 위한 우리의 판매 촉진 활동에 대해 알고 싶어 해요. 발표 자료가 언제쯤 준비될까요?

W1 확실히 말씀 드리기 어려워요. Jennifer와 같이 일하고 있는데, 그녀가 어느 정도 완성했는지 잘 모르거든요.

W2 거의 끝냈어요. 2시간 내에 보내 드릴 수 있을 거예요.

M 잘됐네요. 준비를 마치면, 그것들의 사본을 나에게 보내 줄 수 있나요?

W1 물론이죠. 아무 문제 없어요. 아마도 금요일에 당신에게 그것을 보낼 수 있을 것 같아요.

W2 좋아요, 그러면 제가 완성하자마자 Lauren에게 제가 담당한 부분을 보내도록 할게요.

어휘 promotional campaign 판매 촉진 활동 presentation material 발표 자료

4
화자들은 어디에 있는 것 같은가?
(A) 사무실에
(B) 서점에
(C) 문구점에
(D) 도서관에

해설 대화의 시작 부분에서 남자는 발표 자료 준비 시점에 대해 물었고, 여자들은 현재 진행 상황을 답변하고 있다. 따라서 화자들은 사무실에서 근무하고 있다고 볼 수 있으므로 정답은 (A)이다.

5
발표는 무엇에 대한 것인가?
(A) 내년도 영업 계획
(B) 내년의 판매 촉진 계획
(C) 발표의 기술
(D) 관리 대책

해설 대화의 초반부에서 '매니저가 우리의 판매 촉진 활동에 대해 알고 싶다고 한 것으로 보아 (the manager wants to know about our promotional campaign for next year)' 발표는 내년의 판매 촉진 계획에 관한 것임을 알 수 있다. 정답은 (B)이다.

6

남자는 여자들이 무엇을 하기를 원하는가?

(A) 관리자에게 자료를 보내는 것

(B) 참석자들을 위해 자료를 복사하는 것

(C) 그에게 자료를 보내는 것

(D) 최대한 빨리 준비를 끝내는 것

해설 남자는 마지막 말에서 '준비된 모든 것의 사본을 보내달라고 (could you send me a copy of everything)' 했으므로 (C)가 정답이 된다.

UNIT 08 일상 생활

01 | 상점 　　　　　　　　　　　　　　　p.064

실력 쌓기

A 　　　　　　　　　　　　　　　　　　🎧 08-02

1 All the shirts on this rack are on sale.
   ➔ 이 선반에 있는 모든 셔츠는 할인 중입니다.

2 I am sorry, but this item is not for sale.
   ➔ 죄송하지만, 이 물건은 판매용이 아닙니다.

3 I didn't receive the promotional coupons.
   ➔ 저는 행사 쿠폰을 받지 못했어요.

4 Sorry, but it is not in stock.
   ➔ 죄송하지만, 그것은 재고가 없습니다.

B 　　　　　　　　　　　　　　　　　　🎧 08-03

|정답| (A)

M	I am sorry to say this, but I am here to exchange this dress. I would like a different color.
W	No problem. We have several colors you can choose from.
M	죄송하지만, 이 옷을 교환하러 왔어요. 다른 색상을 원해서요.
W	괜찮아요. 저희에게는 고객님이 선택할 수 있는 다양한 색상들이 있어요.

Q

(A) 그는 다른 색상을 선호한다.

(B) 그는 더 큰 사이즈를 원한다.

해설 남자가 '다른 색을 원한다고 (I would like a different color)' 말한 것으로 보아 (A)가 정답이 된다.

C 　　　　　　　　　　　　　　　　　　🎧 08-04

1	(A)	2	(B)	3	(A)

1

W	Excuse me. 1-1) I am looking for printer cartridges. Do you know where I can find them?
M	1-2) They are in aisle 2A. It is next to the stationery section.
W	Thanks.
W	실례합니다. 저는 프린터 카트리지를 찾고 있어요. 어디에서 그것들을 찾을 수 있는지 알려 주시겠어요?
M	2A 통로에 있어요. 문구류 섹션 옆이에요.
W	고마워요.

어휘 aisle 복도, 통로　stationery 문구류

Q. 대화는 어디에서 일어나고 있는가?

(A) 상점에서

(B) 고객 서비스 사무실에서

(C) 인쇄소에서

해설 대화에 언급된 프린터 카트리지(printer cartridge), 2A 통로 (aisle 2A), 문구류 섹션(stationery section) 등으로 미루어 보아, 이 대화는 상점에서 일어나는 것임을 알 수 있다. 정답은 (A)이다.

2

M	May I help you?
W	Yes, 2-1) I would like to return these shoes. I bought them a few days ago, but after I got home, I noticed one of them was torn.
M	Oh, I am so sorry about that. 2-2) So you said you want to return them rather than exchange them, right?
W	Yes, please.
M	도와드릴까요?
W	네, 저는 이 신발을 반품하고 싶어요. 며칠 전에 이것을 구매했고, 집에 간 후에, 저는 신발 하나가 찢어진 것을 발견했어요.
M	오, 그것에 대해 정말 죄송합니다. 그렇다면 교환이 아니라 반품을 원하시는 군요, 그렇죠?
W	네, 부탁해요.

Q. 여자는 무엇을 하기를 원하는가?

(A) 물품을 교환하는 것

(B) 환불 받는 것

(C) 물품을 수선하는 것

해설 대화의 초반부에서 여자는 '신발을 반품하고 싶다 (I would like to return these shoes)'고 말했고, 후반부에서 남자는 여자

에게 '교환이 아닌 반품을 원하는 것인지 (So you said you want to return them rather than exchange them, right?)' 다시 한 번 확인하고 잇다. 따라서 정답은 (B)이다.

3

M	Hi. **3-1) Is there a car repair shop nearby?** I've got a flat tire.
W	There are two of them around here. One is very close, and the other one is a bit far, but it's big.
M	I'll go to the one that is close.
W	Sure. It's called Kim's Mechanic. **3-2) It is on Wilson Street across from the dental office.**

M	안녕하세요. 자동차 수리점이 가까이에 있나요? 타이어에 구멍이 났어요.
W	주변에 두 곳이 있어요. 한 곳은 매우 가깝고, 다른 한 곳은 조금 멀지만 커요.
M	가까운 곳으로 갈게요.
W	좋아요. 'Kim 수리점'이라는 곳이에요. Wilson 가에 있고, 치과 건너편이에요.

어휘 **nearby** 근처에 **flat tire** 구멍 난 타이어 **across from** 건너편에

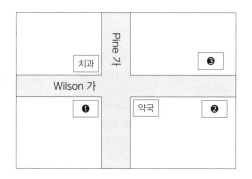

Q. 시각 정보를 보시오. 남자는 다음에 어디로 갈 것 같은가?
(A) 1
(B) 2
(C) 3

해설 대화의 첫 부분에서 남자는 'Is there a car repair shop nearby?'라고 물었으므로, 그가 가려는 곳은 자동차 수리점이라는 것을 알 수 있다. 그리고 여자는 마지막 대화에서 자동차 수리점은 Wilson 가(on Wilson Street)에 있고, 치과 건너편(across from the dental office)에 있다고 알려 주고 있으므로 정답은 (A)이다.

02 | 식당
p.066

실력 쌓기

A
∩ 08-06

1 We're fully booked at the moment.
→ 저희는 지금 예약이 꽉 찬 상태예요.

2 Where should we dine with our clients?
→ 고객들과 어디에서 식사해야 할까요?

3 I would like the grilled chicken and steamed vegetables.
→ 구운 닭고기와 찐 야채를 주문하고 싶어요.

4 Let's go and grab a bite to eat.
→ 가서 간단히 먹도록 하죠.

B
∩ 08-07

|정답| (B)

M	Hello. This is Sam Anderson. I had dinner at your restaurant the other night, and I think I left my wallet there.
W	You did? Where were you sitting that night?
M	I was sitting in a booth in the back.

M	여보세요. 저는 Sam Anderson이에요. 어젯밤에 당신의 식당에서 저녁 식사를 했는데요, 지갑을 거기에 두고 온 것 같아요.
W	그러셨어요? 그날 밤에 어디에 앉아 계셨나요?
M	저는 뒤쪽에 있는 자리에 앉아 있었어요.

Q
(A) 그는 예약하기를 원했다.
(B) 그는 식당에 자신의 물건을 두고 왔다.

해설 대화 초반부에서 남자는 '식당에 지갑을 두고 왔다고 (I think I left my wallet there)' 했으므로 (B)가 정답이 된다. 대화의 wallet이 보기에서는 belongings로 표현되어 있다.

C
∩ 08-08

1 (B)	2 (B)	3 (C)

1

M	Hi. **1-1) I made a reservation for 7:00 P.M.** I am a little early though.
W	No problem. Could I have your name, please?
M	I've booked it under my name, Dylan Smith.
W	Good. **1-2) Would you like to follow me to your table?**

M	안녕하세요. 저녁 7시로 예약했습니다. 하지만 제가 조금 일찍 왔어요.
W	괜찮습니다. 성함을 말씀해 주시겠습니까?
M	Dylan Smith라는 이름으로 예약했어요.
W	좋아요. 테이블까지 따라오시겠어요?

어휘 **make a reservation** 예약하다 **grocery store** 식료품점 **cooking class** 요리 수업

Q. 대화는 어디에서 일어나는가?

(A) 식품점에서

(B) 식당에서

(C) 병원에서

해설 남자가 '저녁 7시에 예약했다고 (I made a reservation for 7:00 P.M.)' 했고, 여자가 '테이블로 안내하겠다고 (follow me to your table)' 말했다. 따라서 정답은 (B)이다.

2

M	2) Excuse me, but could you turn the music down? I can't have a conversation here.
W	I am so sorry. I didn't know that the music would be so annoying to our customers.
M	Yeah, for me it is a bit annoying.
M	실례합니다만, 음악 소리를 줄여 주시겠어요? 여기에서 대화를 할 수가 없네요.
W	죄송합니다. 음악이 고객님들을 성가시게 할 줄은 몰랐어요.
M	네, 저에게는 약간 방해가 되는군요.

어휘 turn down music 음악 소리를 줄이다   have a conversation 대화를 하다   annoying 거슬리는, 짜증나는   a bit 조금

Q. 남자는 무엇에 대해 불평하는가?

(A) 너무 많이 익힌 음식

(B) 시끄러운 음악

(C) 더러운 테이블

해설 남자의 첫 번째 대화에서 음악 소리를 줄여 달라고 부탁하고 있으므로 정답은 (B)이다.

3

M	May I take your order?
W	The tomato spaghetti looks good. Can I have a piece of carrot cake with it?
M	Sorry, but the carrot cake only comes with the fish burger. We serve chocolate brownies with the tomato spaghetti.
W	But I am allergic to fish. 3) Then I will just have the tomato spaghetti.
M	주문하시겠어요?
W	토마토 스파게티가 좋을 것 같군요. 이것과 함께 당근 케익 한 조각을 주문할 수 있을까요?
M	죄송합니다만, 당근 케익은 피쉬 버거와 같이 주문하실 수 있어요. 초콜릿 브라우니가 토마토 스파게티와 함께 제공되고 있어요.
W	하지만 저는 생선에 알러지가 있어요. 그렇다면 그냥 토마토 스파게티를 주문해야겠군요.

메뉴

	1	2	3	4
전채 요리		오늘의 수프		
메인 코스	생선 토르티야	피쉬 버거	토마토 스파게티	양고기 스튜
후식	밀크 쉐이크	당근 케이크	초콜릿 브라우니	망고 푸딩

Q. 시각 정보를 보시오. 여자는 무엇을 주문할 것인가?

(A) 1

(B) 2

(C) 3

해설 대화의 마지막 부분에서 여자는 토마토 스파게티를 선택했으므로 정답은 (C)이다.

실전 연습
p.069

🎧 08-10

1	(B)	2	(D)	3	(A)
4	(B)	5	(B)	6	(A)

[1-3]

W	Excuse me. I would like to return these pants. They don't really fit me.
M	Okay, 1-1) can I see your receipt, please?
W	Actually, 2) it was a gift from my friend, so, unfortunately, I don't have a receipt. Is it possible to return an item without one?
M	I am afraid not. We need the original receipt to give you cash back. But 1-2) if you go to the service desk, they can get your receipt reissued. 3) It's near the checkout counter.
W	Thanks. I will go there and take care of it.
W	실례지만, 이 바지를 반품하고 싶어요. 저에게 잘 맞지 않아서요.
M	알겠습니다, 영수증을 보여 주시겠어요?
W	사실은, 친구에게서 이것을 선물로 받아서, 안타깝게도 제가 영수증을 가지고 있지 않아요. 영수증이 없으면 반품할 수 없나요?
M	안 될 것 같군요. 고객님께 환불해 드리려면 원본 영수증이 필요해요. 하지만 서비스 데스크에 가시면, 영수증을 재발행 받으실 수 있어요. 그것은 계산대 옆에 있어요.
W	고마워요. 제가 거기에 가서 처리할게요.

어휘 fit (몸에) 맞는   receipt 영수증   reissue 재발행하다   checkout counter 계산대

24

1

남자는 누구일 것 같은가?

(A) 은행원
(B) 판매원
(C) 고객
(D) 여행사 직원

해설 남자는 '영수증을 보여달라고 하고 (Can I see your receipt?)', '영수증 재발급에 대한 정보를 제공하고 (if you go to the service desk, they can get your receipt reissued)' 있는 것으로 보아 남자의 직업은 상점 점원일 것이다. 정답은 (B)이다.

2

여자는 그녀의 옷을 어디에서 얻었는가?

(A) 백화점에서
(B) 다른 옷가게에서
(C) 그녀의 동료로부터
(D) 그녀의 친구로부터

해설 여자는 '그것이 자신의 친구에게서 받은 선물 (it was a gift from my friend)'이라고 하였으므로 (D)가 정답이 된다.

3

시각 정보를 보시오. 여자는 다음에 어디로 갈 것 같은가?

(A) 1
(B) 2
(C) 3
(D) 4

해설 여자는 영수증 재발급을 위해 서비스 데스크로 가야 하는데, '그것은 계산대 근처에 있다고 (it's near the checkout counter)' 했으므로 정답은 (A)가 된다.

[4-6]

M Hello. 4) 5) I would like to check the order I placed with your restaurant for a luncheon next Wednesday.

W Can I have your name?

M It's Mark Spencer. I ordered sandwiches, beverages, and cakes for dessert.

W Yes, I have your order right here. It is supposed to be delivered to your office around 11 A.M. on Wednesday.

M That is great. By the way, 6) could you deliver the lunch to the lobby and not to my office?

W Okay, no problem.

M 여보세요, 저는 다음 주 수요일 오찬을 위해 당신의 식당에 했던 주문을 확인하려고 해요.

W 성함이 어떻게 되시나요?

M Mark Spencer예요. 저는 샌드위치, 음료, 그리고 디저트로 케이크를 주문했어요.

W 네, 귀하의 주문이 바로 여기에 있군요. 수요일 오전 11시 무렵에 고객님의 사무실에 배달되기로 되어 있어요.

M 잘됐군요. 그런데, 점심 식사를 제 사무실이 아닌 로비로 배달해 주실 수 있나요?

W 네, 문제 없어요.

어휘 luncheon 오찬 beverage 음료 be supposed to ~하기로 되어 있다 deliver 배달하다

4

남자가 전화를 건 목적은 무엇인가?

(A) 서비스에 대해 항의하기 위해서
(B) 주문을 확인하기 위해서
(C) 주문을 취소하기 위해서
(D) 회의 일정을 조정하기 위해서

해설 대화의 초반부에서 남자는 '자신이 주문한 내용을 확인하고 싶다고 (I would like to check the order I placed ~)' 했으므로 (B)가 정답이 된다.

5

남자는 왜 음식을 필요로 하는가?

(A) 회사 야유회를 위해서
(B) 오찬을 위해서
(C) 은퇴 기념식을 위해서
(D) 환영회를 위해서

해설 대화의 초반부에서 남자는 '다음 주 수요일의 오찬 (a luncheon next Wednesday)'에 대해 언급하고 있다. 따라서 남자가 음식을 필요로 하는 이유를 가장 잘 설명하고 있는 것은 (B)이다.

6

여자는 음식을 어디에 배달할 것인가?

(A) 로비에
(B) 사무실에
(C) 식당에
(D) 구내 식당에

해설 대화의 후반부에서 남자는 '점심 식사를 사무실이 아닌 로비로 배달해 달라고 (could you deliver the lunch to the lobby and not to my office?)' 하였으므로 (A)가 정답이 된다.

01 | 호텔
p.072

실력 쌓기

A
🎧 09-02

1 All the rooms <u>are equipped with</u> a smart TV.
→ 모든 방에 스마트 TV가 비치되어 있다.

2 Is Hong Kong Park <u>within walking distance</u>?
→ 홍콩 공원이 걸을 수 있는 거리에 있나요?

3 A hundred dollars <u>was charged</u> to my credit card.
→ 100달러가 제 신용카드에 청구되었어요.

4 Seoul has a great <u>public transportation</u> system.
→ 서울은 훌륭한 대중 교통 시스템을 갖추고 있다.

B
🎧 09-03

|정답| (A)

W Good morning. How <u>may I help you</u>?
M <u>I want to complain</u> because my room <u>stinks</u>. I am sure I <u>reserved</u> a nonsmoking room. Can you <u>change</u> my room, please?
W I'm so sorry. Let me check. Hmm… Unfortunately, all the rooms are <u>fully booked</u> now. However, if you can <u>wait</u> until tomorrow, we will <u>upgrade your room</u>. It's on the top floor, and it has a king-sized bed.

W 안녕하세요. 무엇을 도와 드릴까요?
M 방에서 악취가 나서 불만을 제기하고 싶은데요. 저는 분명히 금연실을 예약했는데요. 방을 바꿔 주실 수 있을까요?
W 죄송합니다. 확인해 보겠습니다. 흠… 안타깝게도, 현재 모든 객실이 예약되어 있습니다. 하지만 내일까지 기다려 주실 수 있다면, 저희가 귀하의 객실을 업그레이드해 드리겠습니다. 객실은 맨 윗층에 있고, 킹사이즈 침대가 있습니다.

어휘 **reserve** 예약하다 **fully booked** 모두 예약된

Q
(A) 방에서 나쁜 냄새가 난다.
(B) 방이 시끄럽다.

해설 '호텔 방에서 냄새가 난다'고 했으므로 이를 비슷한 말로 바꾼 (A)의 'The room smells terrible'이 정답이다.

C
🎧 09-04

| 1 (B) | 2 (A) | 3 (C) |

1

M Did you enjoy your stay?
W Yes, it was fantastic. Actually, I need to catch a 7 o'clock flight. When does the airport express bus arrive here?
M 1)The shuttle bus runs every 20 minutes. So it will be here in 10 minutes.
W That's perfect. Thanks for your help.

M 머무는 동안 즐거우셨나요?
W 네, 정말 환상적이었어요. 사실, 저는 7시 비행기를 타야 해요. 공항 고속 버스는 언제 여기에 도착하나요?
M 셔틀 버스는 20분 마다 운행합니다. 그래서 이곳에는 10분 후에 도착할 것입니다.
W 완벽하군요. 도와주셔서 감사합니다.

어휘 **fantastic** 환상적인 **catch a flight** 비행기를 타다 **run** 운행하다 **every 20 minutes** 20분 마다

Q. 셔틀 버스는 얼마나 자주 운행하는가?
(A) 10분 마다
(B) 20분 마다
(C) 30분 마다

해설 공항으로 가는 셔틀 버스가 얼마나 자주 운행하는지 묻는 질문이다. 대화의 중반부에서 남자는 'The shuttle bus runs every 20 minutes (버스는 20분 마다 운행한다)'라고 했으므로 정답은 (B)이다. 'So it will be here in 10 minutes'를 듣고 (A)를 정답으로 고르는 실수를 해서는 안 된다.

2

W Valley Hotel. How can I help you?
M Hello. 2)I would like a room for Friday.
W Okay. The only room available is a twin room with a harbor view. It costs 150 dollars, including a free continental breakfast.
M That sounds great. I'll take it.

W Valley 호텔입니다. 무엇을 도와드릴까요?
M 안녕하세요. 저는 금요일에 머물 객실이 하나 필요해요.
W 그러시군요. 이용하실 수 있는 객실은 항구 전망의 트윈 룸 하나뿐입니다. 이 객실은 무료 유럽식 아침 식사를 포함해서 150달러입니다.
M 잘됐군요. 그것으로 하겠어요.

어휘 **harbor view** 항구 전망 **including** 포함하는 **continental breakfast** 유럽식 아침 식사

Q. 남자는 무엇을 하기를 원하는가?
(A) 객실 예약
(B) 유람선 예약
(C) 조식비 지불

해설 첫 번째 대화에서 남자가 'I would like a room for Friday. (금요일에 머물 객실을 원합니다)'라고 말했으므로 정답은 (A) Reserve a room이다.

3

W	Hello. I'm staying at this hotel, and I'd like to go to the High Peak this morning. Do you have a map of this city?
M	Sure. Here it is. We are here, and the High Peak is on the other side of the river.
W	I see. Is it within walking distance? It looks a bit far.
M	It might take more than 20 minutes if you walk. I think it's better to take public transportation. A bus stop is right around the corner.
W	That's a great idea. How much is the bus fare? I don't have much cash.
M	3-1) You can buy a city card with a credit card. You can use it for transportation and parking.
W	Great. 3-2) Thanks for your help.

W	안녕하세요. 저는 이 호텔에 투숙 중인데, 오늘 아침에 High Peak에 가려고 해요. 이 도시의 지도를 갖고 계신 가요?
M	물론이죠. 여기 있습니다. 우리는 이곳에 있고, High Peak는 강의 건너편에 있어요.
W	알겠어요. 걸어서 갈 정도의 거리인가요? 약간 멀어 보이 는데요.
M	걸어가신다면 20분 이상 걸릴 텐데요. 대중 교통을 타시 는 게 나을 겁니다. 버스 정류장은 코너에 바로 있어요.
W	좋은 생각이네요. 버스 요금은 얼마인가요? 제가 현금을 많이 갖고 있지 않거든요.
M	신용카드로 도시 교통카드를 구입할 수 있어요. 교통과 주차에 그것을 사용할 수 있어요.
W	좋아요. 도와 주셔서 고마워요.

어휘 **map** 지도 **on the other side of** ~의 반대편에 **within walking distance** 걸을 수 있는 거리에 있는 **public transportation** 대중교통 **around the corner** 근처에 **fare** (교통) 요금

Q. 여자는 다음에 무엇을 할 것 같은가?
(A) 가장 가까운 은행에 간다
(B) 관광지까지 걸어간다
(C) 교통카드를 구입한다

해설 '다음에 할 일'을 묻는 문제에서 정답의 단서는 대화의 후반부 에 제시되는 경우가 많다. 이 대화에서도 남자는 대화의 후반부에서 교통카드를 구입하는 방법을 알려주고 있으며, 이에 대해 여자가 긍 정적인 답변을 하고 있는 내용으로부터 정답을 유추할 수 있다. 정 답은 교통카드를 사러 간다는 내용의 (C)이다.

02 | 공항
p.074

실력 쌓기

A
♪ 09-06

1 I forgot to bring my passport.
→ 저는 여권을 가져오는 것을 잊었어요.
2 Where can I pick up my luggage?
→ 어디에서 저의 짐을 찾을 수 있을까요?
3 Can you show me your boarding pass, please?
→ 탑승권을 보여주실 수 있으세요?
4 He will call us when everything is set.
→ 모든 것이 준비되었을 때 그가 우리에게 전화할 거예요.

B
♪ 09-07

|정답| (B)

M	Excuse me. I ordered a vegetarian meal for this flight. But I have a beef meal.
W	I'm sorry. There must have been some mistake. I will check the special meal orders again and get you a vegetarian meal.

M	실례합니다. 저는 이번 비행에 채식주의 식단을 주문했 어요. 하지만 소고기 요리가 나왔네요.
W	죄송합니다. 분명히 실수가 있었던 것 같습니다. 특별 식 사 주문을 확인하고 채식주의 식단을 갖다 드리겠습니다.

어휘 **vegetarian** 채식주의자 **meal** 식사

Q
(A) 식사 비용
(B) 음식 주문

해설 남자의 불만 사항을 묻고 있다. 남자는 채식주의 식사를 주문 했지만 소고기 요리가 나왔다고 말하고 있으므로 정답은 (B)이다.

C
♪ 09-08

1 (B)	2 (A)	3 (B)

1

W	Look at the time. 1) Our plane landed thirty minutes ahead of schedule.
M	That is surprising! Once in a while, it happens.
W	Actually, I'm quite hungry. Should we grab a bite to eat in the terminal?
M	Good. Let's pick up our luggage at baggage claim first and then find a restaurant.

W 시간 좀 봐요. 우리 비행기가 예정보다 30분 일찍 착륙했어요.

M 놀라워요! 가끔은, 이런 일이 일어나네요.

W 사실, 배가 많이 고프네요. 터미널에서 간단히 식사라도 할까요?

M 좋아요. 우선 수화물 찾는 곳에서 짐을 찾고 식당을 찾아보죠.

어휘 land 착륙하다 once in a while 가끔은 grab a bite to eat 간단히 식사하다 pick up luggage 짐을 찾다 baggage claim 수화물 찾는 곳

Q. 남자가 "가끔은, 이런 일도 일어나네요"라고 말하는 것은 어떤 의미인가?

(A) 기내식이 좋지 않다.

(B) 비행기가 일찍 도착하는 일은 거의 없다.

(C) 수화물 찾는 곳은 보통 매우 붐빈다.

해설 '비행기가 일찍 도착했다'는 여자의 말에 남자는 'That is surprising! Once in a while, it happens (놀라워요! 가끔은, 이런 일이 일어나네요.)'라고 말하고 있다. 그러므로 (B)가 정답이다.

2

W Good afternoon. May I have your passport, please?

M Here you go.

W You are flying to Boston at 4:40 P.M. Are you checking in these bags?

M 2) No, just this one. I'll carry this small suitcase.

W Okay, please place your bag on the scale.

M All right. I am changing planes in New York. Do I need to pick up my luggage there?

W No, it'll go straight to Boston. You can pick it up there. Here is your boarding pass. Your gate number is 108, and 46E is your seat number. It'll start boarding at 3:20, and the gate will close at 3:50. Enjoy your flight.

W 안녕하세요. 여권을 보여 주시겠어요?

M 여기 있어요.

W 오후 4시 40분에 보스턴으로 비행하시는군요. 이 가방들을 보내실 건가요?

M 아니요, 이것 하나만요. 이 작은 여행 가방은 가지고 탈 거예요.

W 좋아요, 가방을 저울 위에 올려 주세요.

M 알겠어요. 제가 뉴욕에서 비행기를 갈아 타는데요. 그곳에서 저의 짐을 찾아야 하나요?

W 아니요, 가방은 보스턴으로 바로 가요. 당신은 거기에서 그것을 찾을 수 있어요. 여기 탑승권이 있어요. 탑승구 번호는 108이고, 좌석 번호는 46E예요. 탑승은 3시 20분에 시작될 것이고 게이트는 3시 50분에 닫아요. 즐거운 비행 되세요.

어휘 passport 여권 check in (짐, 가방 등을) 보내다 suitcase 여행 가방 scale 저울 pick up ~을 찾다 boarding pass 탑승권

Q. 남자는 몇 개의 여행 가방을 보내는가?

(A) 한 개

(B) 두 개

(C) 세 개

해설 남자가 몇 개의 가방을 체크인 했는지 묻는 질문이다. 남자는 'Just this one. I'll carry this small suitcase (한 개요, 이 작은 가방은 가지고 갈 거예요)'라고 말했으므로 정답은 (A)이다.

3

M Isn't this the baggage claim for flight JK114?

W Yes, it is. Are there any problems?

M 3) I can't see my luggage. I checked in two big suitcases.

W Oh, I'm sorry. Do you see the airline counter over there? You can fill in a missing luggage report there.

M When can I get them back?

W Probably in two or three days. Again, we are really sorry for the inconvenience. We will get them delivered to the address on the report as soon as we find them.

M 여기가 JK114 항공편의 수화물 찾는 곳 아닌가요?

W 네, 맞습니다. 무슨 문제가 있으신가요?

M 제 짐을 찾을 수가 없군요. 저는 큰 여행 가방 두 개를 보냈어요.

W 오, 유감이군요. 저쪽에 있는 항공사 카운터가 보이시나요? 그곳에서 분실 수화물 신고서를 작성하실 수 있습니다.

M 언제쯤 그것들을 돌려받을 수 있을까요?

W 아마 이삼일 후일 겁니다. 다시 한 번, 불편하게 해 드려서 정말 죄송합니다. 그것들을 찾자마자 신고서에 적힌 주소로 보내 드리도록 하겠습니다.

어휘 baggage claim 수화물 찾는 곳 luggage 짐 missing luggage report 분실 수화물 신고서 sorry for the inconvenience 불편을 끼쳐 죄송합니다

Q. 남자는 어떤 문제를 언급하는가?

(A) 항공편 취소

(B) 분실한 짐

(C) 중량이 초과된 여행 가방

해설 무엇이 문제인지를 묻는 여자의 질문에 대해 남자는 'I can't see my luggage. I checked in two big suitcases. (제 짐을 찾을 수가 없네요. 저는 큰 여행 가방 두 개를 보냈어요.)'라고 말하고 있으므로 정답은 (B)이다.

1 (D)	2 (C)	3 (C)
4 (D)	5 (A)	6 (D)

[1-3]

W Excuse me, sir. 1-1) I have a baggage problem. I've been waiting here for more than 30 minutes, but 1-2) my luggage hasn't arrived yet. Everyone else has already left with their bags.

M What airline did you fly with? This baggage claim is for a New Zealand Airline flight from Auckland.

W I am sure this baggage claim area is for flight NZ552. 1-3) I think the luggage I checked in is missing. Who should I report this to?

M I'm so sorry, ma'am. You can find the airport information counter 50 meters from here. It's right next to Exit B. 3) The airline staff there will help you find your luggage. Don't worry too much though. 2) Most missing bags are found in the first 24 to 48 hours.

W 실례합니다, 선생님. 수화물과 관련하여 문제가 있어요. 제가 이곳에서 30분 넘게 기다렸지만, 제 수화물이 아직 도착하지 않는군요. 다른 모든 사람은 이미 그들의 가방을 가지고 갔어요.

M 어떤 비행편을 타고 오셨나요? 이 수화물 찾는 곳은 오클랜드에서 오는 뉴질랜드 항공을 위한 곳입니다.

W 이 수화물 찾는 곳은 분명히 NZ552 항공편을 위한 구역이에요. 제 생각에는 제가 보냈던 수화물이 분실된 것 같아요. 이것을 누구에게 신고해야 할까요?

M 유감이군요, 고객님. 여기에서 50미터 떨어진 곳에서 공항 안내 카운터를 찾으실 수 있습니다. 그것은 출구 B의 바로 옆에 있습니다. 그곳의 항공사 직원이 수화물을 찾는 것을 도와 줄 겁니다. 하지만 너무 많이 걱정하지 마세요. 분실한 가방의 대부분은 24시간에서 48시간 이내에 발견되니까요.

어휘 baggage claim 수화물 찾는 곳 luggage 짐 staff 직원 missing 분실한

1
여자의 문제는 무엇인가?
(A) 그녀의 항공기가 연착되고 있다.
(B) 그녀의 가방들이 너무 크다.
(C) 그녀의 항공기가 취소되었다.
(D) 그녀의 수화물이 분실되었다.

해설 여자는 'I have a baggage problem (수화물에 문제가 있어요)', 'my luggage hasn't arrived yet (수화물이 아직 도착하지 않았어요)', ' I think the luggage I checked in is missing (보낸 수화물이 분실된 것 같아요)'라고 말하고 있으므로, 여자의 문제는 수화물의 분실이라는 것을 알 수 있다. 정답은 (D)이다.

2
남자가 "하지만 너무 걱정하지 마세요"라고 말할 때 그가 의미하는 것은 무엇인가?
(A) 직원은 도움이 될 것이다.
(B) 문제는 누구에게나 일어날 수 있다.
(C) 문제가 해결될 수 있다.
(D) 문제가 이미 신고되었다.

해설 인용 문제의 경우, 인용된 내용을 먼저 파악한 다음, 해당되는 부분의 앞과 뒤의 대화 내용에 집중해야 한다. 남자는 'Don't worry too much though'라고 말한 뒤 'Most missing bags are found in the first 24 to 48 hours (대부분의 분실 수화물은 24시간에서 48시간 내에 발견된다)'라고 했으므로 정답은 '해결될 것'이라는 내용의 (C)이다.

3
여자는 다음에 무엇을 할 것인가?
(A) 여행사에 전화한다
(B) 호텔 객실을 예약한다
(C) 항공사 직원에게 말한다
(D) 다른 터미널에 간다

해설 여자가 다음에 할 일을 묻고 있다. 대화의 후반부에서 남자는 'The airline staff there will help you find your luggage (공항 직원이 수화물을 찾도록 도와줄 것이다)'라고 말하며 문제를 해결할 수 있는 장소를 설명한 뒤 누가 해결해줄 것인지도 이야기하고 있다. 따라서 정답은 '공항 직원과 이야기할 것이다'라는 내용의 (C)이다.

[4-6]

M Good afternoon. 4) I'm staying in Room 1021. 5-1) Do you have a rental service for clothing? I'd like to rent a tuxedo because my wife and I am attending an awards ceremony this Friday.

W 5-2) Unfortunately, we don't. If you want, I can recommend a rental shop located around the corner. It has a great selection of men's clothing.

M I'd love that. Thank you.

W Here are the location and phone number. It is open from 9 A.M. to 7 P.M.

M Thanks. One more thing. 6-1) I need to get this shirt dry-cleaned. Do you provide dry-cleaning services?

W We sure do. 6-2) Please leave it with me, and I'll have it ready for you by tomorrow.

M 안녕하세요. 저는 1021호에 투숙하고 있어요. 혹시 옷을 대여하는 서비스가 있나요? 금요일에 있을 시상식에 참석해야 해서 턱시도를 대여하고 싶은데요.

W 안타깝지만, 하고 있지 않습니다. 원하신다면, 코너에 있는 대여점을 추천해 드릴게요. 그곳은 다양한 남성 의류들을 보유하고 있습니다.

M 그게 좋겠네요. 고마워요.

W 여기에 위치와 전화번호가 있습니다. 그곳은 오전 9시부터 오후 7시까지 영업합니다.

M 고마워요. 하나만 더요. 저는 이 셔츠를 드라이클리닝해야 하는데요. 드라이클리닝 서비스를 해 주시나요?

W 물론입니다. 그것을 저에게 주시면, 내일까지 준비해 두도록 하겠습니다.

어휘 rental service 대여 서비스 **award ceremony** 시상식
recommend 추천하다 rental shop 대여점

4
대화는 어디에서 일어날 것 같은가?
(A) 옷가게에서
(B) 세탁소에서
(C) 시상식에서
(D) 호텔 안내 데스크에서

해설 대화가 일어나는 장소를 묻고 있다. 턱시도 대여 및 세탁 서비스 제공에 대한 내용의 대화이므로 (B)를 정답으로 생각할 수도 있다. 하지만, 첫 번째 대화에서 남자가 'I'm staying in Room 1021'이라고 말하고 있으므로 두 사람의 대화는 호텔에서 이루어지고 있다는 것을 알 수 있다.

5
대여 서비스에 대해 무엇이 언급되고 있는가?
(A) 제공되지 않는다.
(B) 적극 추천되고 있다.
(C) 서비스가 끝났다.
(D) 지역에서 가장 빠르다.

해설 대여 서비스에 대해 언급된 것을 묻고 있다. 여자는 턱시도 대여 서비스가 제공되지 않는다고 했기 때문에 정답은 (A)이다.

6
여자는 다음에 무엇을 할 것인가?
(A) 방을 청소한다
(B) 정장 몇 벌을 대여한다
(C) 남자를 시상식까지 태워다 준다
(D) 셔츠를 드라이클리닝한다

해설 여자가 다음에 할 일을 묻고 있다. 남자가 셔츠를 드라이클리닝하고 싶다고 말한 것에 대한 응답으로 여자가 'leave it with me (제게 맡겨 두세요)'라고 했으므로 (D)가 정답이다.

PART 4
담화문

UNIT **10** 전화 메시지 / 안내 방송

01 | 전화 메시지
p.082

실력 쌓기

A
🎧 10-02

1 Please contact me at your earliest convenience.
→ 가급적 빨리 저에게 연락해 주세요.

2 If you are available on Thursday, please call me.
→ 목요일에 시간이 되시면, 저에게 전화 주세요.

3 I am calling to confirm your hotel reservation.
→ 호텔 예약을 확인하려고 전화 드렸습니다.

4 You can reach me by calling us at 555-5965.
→ 555-5965로 전화하시면 저에게 연락하실 수 있습니다.

B
🎧 10-03

|정답| (A)

W Hi. This is Rachel Harrison from the personnel division. I am calling about your transfer to Hong Kong. You will start working in the Hong Kong branch office on October 3, so I need you to fill out a document for a work visa. I just sent an e-mail with the document attached to you. Please submit it by Wednesday. If you have any questions, feel free to contact me. Thank you.

W 안녕하세요. 저는 인사과의 Rachel Harrison입니다. 저는 당신의 홍콩 전근에 대해 전화를 드리고 있습니다. 당신은 10월 3일에 홍콩 지사에서 근무를 시작하게 되기 때문에, 취업 비자 서류를 작성해야 합니다. 문서가 첨부된 이메일을 방금 보냈습니다. 금요일까지 그것을 제출해 주시기 바랍니다. 문의 사항이 있을 경우, 언제든지 저에게 연락하시면 됩니다. 감사합니다.

어휘 personnel division 인사과 branch 지점, 지사 fill out 기입하나, 작성하나

Q
(A) 누군가가 다른 곳으로 이동하는 것을 도와 주기 위해서
(B) 승진 소식을 알리기 위해서

해설 전화 메시지의 목적은 첫 부분에 등장하는 경우가 많다. 담화 첫 부분의 'I am calling about your transfer to Hong Kong (당신의 홍콩 전근에 관해 전화한다)'을 통해 정답이 (A)임을 알 수 있다.

C 🎧 10-04

1 (C)	2 (A)	3 (C)

1

M Hello, Mr. Gomez. I'm calling from Best Office. Your new desk is supposed to be delivered next Monday. However, we can ship it sooner because one of our other orders was canceled. 1) If you want to get it this Thursday, please let us know. You can reach us at 032-877-2233. Thank you.

M 안녕하세요, Gomez 씨. Best Office에서 전화 드립니다. 귀하의 새 책상은 다음 주 월요일까지 배송되어야 합니다. 하지만, 다른 주문들 중 하나가 취소되어 그것을 더 일찍 배송할 수 있게 됐습니다. 이번 주 목요일에 받고 싶으시다면, 저희에게 알려 주세요. 귀하는 032-877-2233으로 연락하실 수 있습니다. 감사합니다.

어휘 be supposed to ~하기로 되어 있다 ship 배송하다 order 주문 cancel 취소하다 reach 연락이 닿다

Q. 청자는 무엇을 할 것을 요구 받는가?
(A) 주문을 취소할 것
(B) 배송비를 지불할 것
(C) 회사에 연락할 것

해설 청자가 요구 받은 것이 무엇인지를 묻는 질문이다. 화자는 'If you want to get it this Thursday, please let us know (이번 주 목요일에 주문 상품을 배송 받고 싶다면, 저희에게 알려주세요)'라고 한 다음 연락처를 알려주고 있으므로, 정답은 회사에 연락하라는 내용의 (C)이다.

2

M Hello. My name is Chris Taylor. This message is for Megan Simpson. I went to the marketing conference this evening, and 2-1) I found a tablet PC with your contact information on it in the Diamond Conference Room. If you attend the digital marketing session tomorrow at 2 P.M., 2-2) I can hand it to you. If you are not coming, give me a call so that we can discuss how I can get the tablet PC to you. My phone number is 555-3200. Thanks.

M 여보세요. 제 이름은 Chris Taylor입니다. 이 메시지는 Megan Simpson을 위한 것입니다. 오늘 저녁에 마케팅 컨퍼런스에 갔었는데, Diamond 회의실에서 당신의 연락처 정보가 있는 태블릿 PC를 발견했습니다. 당신이 내일 오후 2시의 디지털 마케팅 교육에 참석한다면, 그것을

드릴 수 있습니다. 당신이 오지 않는다면, 태블릿 PC를 어떻게 전달해야 할지 얘기하기 위해서 저에게 전화해 주세요. 제 번호는 555-3200입니다. 감사합니다.

어휘 contact information 연락처 attend 참석하다 hand 건네다

Q. 메시지는 무엇에 대한 것인가?
(A) 기기를 돌려 주는 것
(B) 발표하는 것
(C) 회의실을 예약하는 것

해설 전화 메시지의 목적을 묻고 있다. 메시지의 내용은 회의실에서 발견한 태블릿 PC를 돌려 주고 싶다는 것이므로 정답은 'hand it to you'를 'returning a device'로 바꾸어 표현한 보기 (A)이다.

3

W Hi. My name is Sue Murray. I'm the manager of Fancy Clothing. I heard from one of my staff members that you want to return a dress for a refund. 3-1) Unfortunately, it is impossible because the dress was purchased on March 15, which means that was 35 days ago. As you know, 3-2) we have a 30-day return policy. However, it is possible to exchange it for another item. Please visit the shop with the receipt and the dress. Thank you.

W 안녕하세요. 제 이름은 Sue Murray입니다. 저는 Fancy 의류의 지배인입니다. 저는 직원들 중 한 명으로부터 고객님께서 환불을 받으시기 위해 드레스의 반품을 원하신다고 들었습니다. 안타깝지만, 드레스는 3월 15일에 구매되었는데, 이는 35일 전이므로 반품은 불가능합니다. 아시다시피, 저희는 30일 반품 정책을 시행하고 있습니다. 하지만, 그것을 다른 품목으로 교환하는 것은 가능합니다. 영수증과 드레스를 가지고 점포에 방문해 주시기 바랍니다. 감사합니다.

어휘 staff 직원 return for a refund 환불하다 unfortunately 안타깝게도, 불행하게도 purchase 구입하다 return policy 환불 정책 exchange 교환하다 receipt 영수증

Q. 청자는 왜 드레스를 반품할 수 없는가?
(A) 그것은 한 번 착용되었다.
(B) 원본 영수증이 손상되었다.
(C) 그것이 구매된 지 30일이 넘었다.

해설 청자가 드레스를 반품할 수 없는 이유를 묻고 있다. 중반부에서 화자는 'we have a 30-day return policy (30일 환불 정책이 있고)', 'which means that was 35 days ago (구입한 지 35일이 되었다)'고 했으므로, 정답은 구입한 지 30일이 넘었다는 내용의 보기 (C)이다.

실력 쌓기

A

🎧 10-06

1 Make sure to check the new gate information.
→ 새 탑승구 정보를 확인하시기 바랍니다.

2 You are advised to contact the office now.
→ 지금 사무실로 연락하시기 바랍니다.

3 Hello and welcome to the Diamond Mountain Tour.
→ Diamond Mountain 투어에 오신 것을 환영합니다.

4 Due to a mechanical problem, the train is delayed.
→ 기계적 결함 때문에, 기차가 연착되었습니다.

B

🎧 10-07

|정답| (A)

W Attention, G-Mart shoppers. The store will be closing in 15 minutes. Please bring all final purchases to the checkout counter to purchase them. And I am happy to tell you that we will open at 7, not 8, starting tomorrow morning. Thank you for shopping at G-Mart and have a great night.

W G-마트 고객님들, 주목해 주세요. 상점이 15분 후에 영업을 종료할 예정입니다. 구매하시려면 모든 마지막 구입품들을 계산대로 가져와 주세요. 그리고 내일 아침부터 저희가 오전 8시가 아닌 7시에 영업을 시작한다는 사실을 여러분께 알려 드리게 되어 기쁩니다. G-마트에서 쇼핑해 주셔서 감사하며 좋은 밤 되길 바랍니다.

Q
(A) 상점에서
(B) 도서관에서

해설 담화에 등장하는 shoppers(쇼핑 고객), purchases(구매)'와 같은 어휘를 통해서 방송은 상점에서 들을 수 있다는 것을 알 수 있다. 정답은 (A)이다.

C

🎧 10-08

1 (A)	2 (C)	3 (A)

1

M Hello and welcome to this audio guide for the Royal Museum. There are twenty-five tracks on the guide that you can choose to listen to descriptions of the major paintings in the gallery. 1) The first track is the introduction to the guide. It will show you how to use the audio player. The tour starts at track 2. You can press the right arrow button to skip this introduction.

M 안녕하세요 Royal 박물관의 오디오 가이드 청취를 환영합니다. 본 가이드는 미술관에 있는 주요 작품들의 설명을 선택하여 들으실 수 있는 25개의 트랙으로 구성되어 있습니다. 첫 번째 트랙은 가이드의 소개입니다. 이는 오디오 플레이어의 사용법을 알려 드릴 것입니다. 관람은 트랙 2에서 시작합니다. 이 소개 트랙을 넘기시려면 오른쪽 화살표를 누르세요.

어휘 welcome 환영합니다 audio guide 오디오 가이드 description 설명 gallery 미술관 press 누르다 arrow 화살표 skip 건너뛰다

Q. 오디오 플레이어에 대해서 언급된 것은 무엇인가?
(A) 소개를 포함하고 있다.
(B) 1층에서 구입할 수 있다.
(C) 외국인 사용자들만 사용할 수 있다.

해설 오디오 플레이어에 대해 언급된 것을 묻고 있다. 담화에서 'The first track is the introduction to the guide (첫 번째 트랙은 오디오 가이드에 대한 소개이다)'라고 했으므로 정답은 (A)이다.

2

W 2) I'd like to welcome you all to Victoria City Park. My name is Jessie Liam, and I will be your tour guide today. Victoria City Park is one of the biggest and most beautiful parks in this country, and it has lots of beautiful flowers and unique trees. After my brief explanation about this park, you will be given some free time so that you can go around the area and take some photos.

W Victoria City 공원에 오신 여러분들 모두를 환영합니다. 제 이름은 Jessie Liam이며, 오늘 여러분들의 여행 가이드가 될 것입니다. Victoria City 공원은 국내에서 가장 크고 아름다운 공원들 중 하나이며, 이곳에는 아름다운 꽃들과 독특한 나무들이 많이 있습니다. 공원에 대한 저의 간략한 설명 이후에, 여러분이 이 지역을 돌아다니며 사진을 찍으실 수 있도록 자유 시간이 주어질 것입니다.

어휘 tour guide 여행가이드 unique 특별한, 독특한 explanation 설명 go around 둘러보다 take photos 사진을 찍다

Q. 담화는 어디에서 이루어질 것 같은가?
(A) 꽃가게에서
(B) 여행사에서
(C) 관광지에서

해설 안내 방송이 이루어지는 장소를 묻고 있다. 화자가 자신을 tour guide(여행 가이드)라고 소개하고 Victoria City Park에 관한 소개를 하고 있으므로 정답은 관광지를 뜻하는 보기 (C)이다.

3

W	Welcome aboard the Blue Mariner. We will start sailing in a few minutes. 3 hours from now, we will arrive at the beautiful island of Fiji. ³⁾ **Please note that smoking is strictly prohibited on this ship.** I hope you enjoy the trip, and thank you for traveling with us.
W	Blue Mariner에 탑승하신 것을 환영합니다. 우리는 잠시 후에 항해를 시작할 것입니다. 지금으로부터 3시간 후, 우리는 아름다운 섬 피지에 도착할 것입니다. 배에서의 흡연은 엄격하게 금지된다는 사실에 주목해 주시기 바랍니다. 즐거운 여행이 되시기를 바라며, 저희와 함께 여행해 주셔서 감사합니다.

어휘 **welcome aboard** (저희 비행기/배를) 이용해 주셔서 감사합니다 **sailing** 항해 **in a few minutes** 몇 분 후에 **strictly** 엄격하게 **prohibit** 금지하다

Q. 청자들이 배에서 하지 말아 달라고 요청 받은 것은 무엇인가?
(A) 흡연
(B) 식사
(C) 음주

해설 청자들이 배에서 하지 말아야 할 것을 언급하고 있는 부분은 'Please note that smoking is strictly prohibited on this ship (배에서 흡연은 엄격히 금지된다)'이다. 따라서 정답은 (A)이다.

실전 연습
p.087

🎧 10-10

1	(A)	2	(C)	3	(A)
4	(A)	5	(C)	6	(A)

[1-3]

M	Hello, Ms. Watson, ¹⁾ **This is Mark Powell from the Regal Hotel in Vancouver.** ²⁾ **I am calling to confirm the reservation for your workshop.** You booked ten rooms for four nights from July 6 to July 10. I wonder if there are any changes. If you are still interested in staying at our hotel, please call us at 034-332-1357. ³⁾ **We are also offering a 30-percent discount on our breakfast buffet if you book it online by June 30.** You can find more information on our Web site. Thank you.
M	안녕하세요, Watson 씨, 저는 밴쿠버에 위치한 Regal 호텔의 Mark Powell입니다. 귀하의 워크샵 예약을 확인하기 위해 전화했습니다. 귀하는 7월 6일부터 10일까지의 4박 동안 10개의 객실을 예약했습니다. 변동 사항이 있는지 궁금합니다. 귀하가 여전히 저희 호텔에 투숙하

는 데 관심이 있다면, 034-332-1357로 전화해 주세요. 6월 30일까지 온라인으로 예약하실 경우 저희는 조식 뷔페를 30퍼센트 할인된 가격에 제공할 것입니다. 저희 웹사이트에서 더 많은 정보를 찾으실 수 있습니다. 감사합니다.

어휘 **confirm** 확정하다 **reservation** 예약

1
화자는 어디에서 일할 것 같은가?
(A) 호텔에서
(B) 식당에서
(C) 여행사에서
(D) 북카페에서

해설 화자가 일하는 장소에 대한 단서는 자신을 소개하는 부분인 'This is Mark Powell from the Regal Hotel in Vancouver'이다. 화자는 호텔에서 일하고 있으므로 정답은 (A)이다.

2
화자는 무엇을 확정하기를 원하는가?
(A) 도착 시간
(B) 조식 메뉴
(C) 호텔 예약
(D) 지불 방법

해설 화자는 전화를 건 목적을 설명하면서 'I am calling to confirm the reservation for your workshop (워크샵을 위한 예약을 확인하고 싶다)'고 했으므로 정답은 (C)이다.

3
청자는 어떻게 조식 뷔페를 할인 받을 수 있는가?
(A) 온라인 예약을 함으로써
(B) 식당에 전화함으로써
(C) 양식을 우편으로 보냄으로써
(D) 관리자에게 얘기함으로써

해설 청자가 조식 뷔페 할인을 받을 수 있는 방법을 묻는 문제이다. 'We are also offering a 30-percent discount on our breakfast buffet if you book it online by June 30'에서 알 수 있듯이, 할인을 받으려면 6월 30일까지 온라인에서 예약하면 된다. 정답은 (A)이다.

[4-6]

W	Your attention, please. ⁴⁾ **This is the final boarding call for KLN Air flight K113 to Los Angeles.** ⁵⁾ **Please proceed to Gate 203 for immediate boarding.** The final checks are being completed, and ⁶⁾ **the door of the aircraft will be closed in approximately 10 minutes.** I repeat. This is the final boarding call for KLN Air flight K113. Thank you.

W 주목해 주시기 바랍니다. 로스앤젤레스로 가는 KLN 항공의 K113 항공기의 마지막 탑승 안내 방송입니다. 즉각적인 탑승을 위해 203 탑승구로 이동해 주세요. 최종 점검이 마무리되는 중이며, 비행기의 문은 약 10분 후에 닫힐 것입니다. 반복합니다. KLN 항공의 K113 항공기를 위한 마지막 탑승 안내 방송입니다. 감사합니다.

어휘 **boarding call** 탑승 안내 방송 **proceed** 이동하다 **immediate** 즉각적인

4

안내 방송은 어디에서 있을 것 같은가?

(A) 공항에서

(B) 공공 도서관에서

(C) 우체국에서

(D) 백화점에서

해설 방송이 이루어지는 장소를 묻고 있다. 'final boarding call (최종 탑승 안내), KLN Air flight (KLN 항공)' 등의 표현들을 통해서 방송이 일어나는 장소가 공항임을 알 수 있다. 정답은 (A)이다.

5

화자는 청자들에게 어디로 가라고 하는가?

(A) 사무실로

(B) 대행사로

(C) 탑승구로

(D) 역으로

해설 'Please proceed to Gate 203 for immediate boarding (탑승구 203으로 이동하라)'이라는 내용을 통해서 화자는 청자들에게 탑승구로 가라고 말한 것을 알 수 있다. 정답은 (C)이다.

6

10분 뒤에 무슨 일이 있을 것인가?

(A) 비행기의 문이 닫힐 것이다.

(B) 기장이 안내 방송을 할 것이다.

(C) 몇 가지 음식물이 제공될 것이다.

(D) 승객들이 탑승을 시작할 것이다.

해설 '10분 후'가 언급된 부분은 'the door of the aircraft will be closed in approximately 10 minutes'이다. 따라서 10분 후에는 항공기의 문이 닫힐 것임을 알 수 있으므로 정답은 (A)이다.

UNIT 11 광고 / 라디오 방송

01 | 광고
p.090

실력 쌓기

A
🎧 11-02

1 They recently launched a new product.

→ 그들은 최근 신제품을 출시했다.

---

2 This advertisement won't appeal to our customers.

→ 이 광고는 우리 고객들에게 어필하지 못할 것 같다.

3 There is going to be a cash refund offer.

→ 현금 환급 행사가 진행될 것이다.

4 We need to come up with a new marketing strategy.

→ 우리는 새로운 마케팅 전략을 생각해 낼 필요가 있다.

B
🎧 11-03

|정답| (A)

M Do you run a small business? Do you have trouble finding the time to keep your office clean? Then worry no more. We are here to help you. If you are having a hard time keeping your business neat and clean, just call Red Sun Cleaners.

M 소규모 사업을 하고 계신가요? 사무실을 깨끗하게 유지할 시간이 없나요? 더 이상 고민하지 마세요. 당신을 도와드리기 위해 우리가 있습니다. 여러분이 사무실을 깔끔하고 깨끗하게 유지할 시간을 갖기 어렵다면, Red Sun Cleaners로 연락만 해 주세요.

Q

(A) 사무실 청소 서비스

(B) 사무 용품 배달

해설 담화의 마지막 부분에서 '사무실을 깔끔하고 깨끗하게 유지하는 데 어려움을 겪고 있다면 Red Sun Cleaners로 연락해 달라고 (If you are having a hard time keeping your business neat and clean, just call Red Sun Cleaners)' 했으므로 광고되는 내용은 (A)임을 알 수 있다.

C
🎧 11-04

1 (B)	2 (A)	3 (A)

1

W Do you dream of having the perfect job? Are you having difficulty finding a job that's right for you? If so, Iolani Community School's counseling workshop will be perfect for you. During the workshop, ¹⁾ we will provide useful instructions on how to find a job that matches your interests and abilities.

W 당신은 완벽한 직업을 갖는 꿈을 꾸고 있나요? 당신은 당신에게 적합한 직업을 찾는 데 어려움을 겪고 있나요? 그렇다면, Iolani 지역사회 학교의 상담 워크샵이 여러분에게 가장 좋은 선택이 될 것입니다. 워크샵을 진행하는 동안, 우리는 여러분의 관심과 능력에 부합하는 직업을 찾는 방법에 대해 유용한 지침들을 제공합니다.

어휘 dream of ~을 꿈꾸다 **have difficulty -ing** ~하는 데 어려움을 겪다 **instruction** 수업, 설명 **interest** 흥미, 관심 **ability** 능력

Q. 행사의 참가자들은 누가 될 것인가?

(A) 면접자들

(B) 구직자들

(C) 학교 교사들

해설 담화의 후반부에 '여러분의 관심과 능력에 부합하는 직업을 찾는 방법에 대해 유용한 지침들을 제공한다는 (we will provide useful instructions on how to find a job that matches your interests and abilities)' 내용이 언급된 것으로 보아, 행사의 참가자들은 구직자들임을 알 수 있다. 정답은 (B)이다.

2

> M Centerville Factory and Co. has an opening for an experienced electrical supervisor. The person in this position will supervise the Electrical Department and be responsible for the maintenance and repair of the electrical systems in the entire factory. 2) **Applicants must have an electrician's license.**
>
> ---
>
> M Centerville 팩토리 앤 코에서는 숙련된 전기 공사 감독자를 모집합니다. 이 직책은 공장 전체의 전기 시스템의 유지 및 수리를 담당하는 전기 부서를 관리하는 것입니다. 지원자들은 반드시 전기 기사 자격증을 소지해야 합니다.

어휘 opening 공석 supervisor 감독자 supervise 감독하다, 관리하다 maintenance 유지, 관리 entire 전체의 applicant 지원자

Q. 직책에 요구되는 것은 무엇인가?

(A) 자격증

(B) 해외 경험

(C) 학사 학위

해설 지문의 후반부에 '지원자들은 반드시 전기 기사 자격증을 소지해야 한다고 (Applicants must have an electrician's license)' 했으므로 (A)가 정답이 된다.

3

> W Please join us as 3) **we celebrate the grand opening of our neighborhood hardware center** on Peak Avenue. It will open with a ribbon-cutting ceremony this Saturday at 10 A.M. Free items will be given to all visitors. For more information, call 555-493-4221.
>
> ---
>
> W Peak 가에 우리 지역의 기자재 전문점이 개장하는 것을 축하하는 데 참여하세요. 토요일 오전 10시에 장식 행사와 함께 개장합니다. 방문하신 모든 분들을 위한 무료 증정품이 준비되어 있습니다. 더 많은 정보를 얻으려면 555-493-4221로 전화해 주세요.

어휘 celebrate 기념하다, 축하하다 **hardware center** 철물점, 기자재 전문점 ceremony 의식, 행사

Q. 무엇이 광고되고 있는가?

(A) 기자재 판매점

(B) 대규모 세일

(C) 특별 할인

해설 '지역의 기자재 전문점 개장 축하를 (we celebrate the grand opening of our neighborhood hardware center)' 언급하고 있는 것으로 보아 기자재 판매점이 광고되고 있다는 것을 알 수 있다. 정답은 (A)이다.

02 | 라디오 방송   p.092

실력 쌓기

A   ∩ 11-06

1 Make sure you grab your umbrella just in case.
   → 만일의 경우에 대비해서 우산을 가져가세요.

2 It's chilly today. You'd better wear a coat.
   → 날씨가 쌀쌀해요. 코트를 입는 것이 좋겠어요.

3 There is a traffic jam due to the roadwork.
   → 도로 공사 때문에 교통 체증이 있습니다.

4 A car crash caused traffic congestion.
   → 자동차 사고가 교통 혼잡을 일으켰다.

B   ∩ 11-07

|정답| (A)

> W The showers in the north will steadily ease. In other parts of the country, the skies will be clear, and the temperature will dip a little lower than usual, so you may want to put on a sweater before you go out.
>
> ---
>
> W 북부 지역의 소나기는 서서히 잦아들겠습니다. 다른 지역들에서, 하늘은 맑고 기온은 예년보다 다소 낮아질 것이어서, 외출하기 전에 스웨터를 입는 것이 좋겠습니다.

Q

(A) 맑고 쌀쌀함

(B) 흐리고 비

해설 화자는 '다른 지역들의 경우 하늘이 맑고 기온이 평소보다 약간 낮을 것이라고 (In other parts of the country, the skies will be clear, and the temperature will dip a little lower than usual)' 했으므로 (A)가 정답이 된다.

C   ∩ 11-08

| 1 (C) | 2 (A) | 3 (B) |

1

M Here is a quick traffic update for tomorrow. Three lanes on the H-1 Freeway in the westbound direction will be closed on Tuesday night, January 30, through Thursday morning, February 1, from 11:30 P.M. to 5:30 A.M. ¹⁾This closure is for resurfacing work, which will definitely ease the inconvenience of drivers later.

M 내일을 위한 긴급 교통 속보입니다. H-1 무료 고속도로의 서쪽 방면 3개 차선이 1월 30일 화요일 밤부터 2월 1일 목요일 아침까지, 밤 11시 30분부터 오전 5시 30분까지 폐쇄될 것입니다. 이번 폐쇄는 재포장 작업으로 인한 것이며, 이 작업은 추후에 운전자들의 불편을 확실히 덜어 줄 것입니다.

어휘 traffic update 교통 정보 업데이트 lane 차선 westbound 서쪽 방향의 resurface (도로의) 표면 처리를 다시 하다. 재포장하다 ease 완화시키다 inconvenience 불편함

Q. H-1 무료 고속도로에 대해 추론할 수 있는 것은 무엇인가?
(A) 이전에는 그곳에 충분한 차선이 없었다.
(B) 그곳에서의 교통 체증이 심했다.
(C) 도로 상태에 문제가 있었다.

해설 도로의 폐쇄 정보를 전달하는 방송이다. 담화의 마지막 부분에서 도로 폐쇄의 원인이 재포장 작업(resurfacing work) 때문이라고 했고, 이 작업을 마치면 운전자들의 불편이 줄어 들 것이라고 (ease the inconvenience of drivers) 했다. 이와 같은 정보를 통해서 H-1 무료 고속도로의 상태가 좋지 않았다는 것을 알 수 있다. 정답은 (C)이다.

2

W Showers and thunderstorms are affecting the coastal region. More than 50 millimeters of rainfall was recorded last night, and ²⁾we expect more than 30 millimeters of rain this evening. So don't forget to grab your umbrella.

W 소나기와 뇌우가 해안 지역에 영향을 주고 있습니다. 어젯밤에 50밀리 이상의 강우가 기록되었고, 오늘 저녁에는 30밀리 이상의 강우가 예상됩니다. 그러므로 우산을 챙기는 것을 잊지 마시기 바랍니다.

어휘 shower 소나기 thunderstorm 뇌우 affect 영향을 끼치다 rainfall 강수

Q. 날씨가 어떨 것 같은가?
(A) 비
(B) 눈
(C) 흐림

해설 담화에서 '오늘 저녁 30밀리미터의 비가 예상된다고 (we expect more than 30 millimeters of rain this evening)' 했으므로 (A)가 정답이 된다.

3

M Traffic is moving slowly for at least half a mile approaching the construction site. ³⁾While the highway is under construction, we recommend you take a different way. Right now, the downtown expressway and Parkway Avenue are better options.

M 공사 현장에서 최소한 0.5마일 정도 차들이 서행하고 있습니다. 고속도로가 공사 중이며, 다른 길로 우회하실 것을 추천합니다. 현재, 도심 고속화 도로와 Parkway 로가 더 좋은 선택입니다.

어휘 at least 최소한 construction site 공사 현장 recommend 추천하다 expressway 고속 도로

Q. 운전자들은 무엇을 하라는 조언을 받고 있는가?
(A) 집에 차량을 둘 것
(B) 다른 경로를 택할 것
(C) 천천히 운전할 것

해설 '고속도로가 공사 중이므로 다른 길로 우회하라고 (While the highway is under construction, we recommend you take a different way)' 권하고 있으므로 (B)가 정답이 된다. a different way가 a different route로 바뀌어 표현되었다.

실전 연습
p.095

🎧 11-10

1 (B)	2 (C)	3 (B)
4 (C)	5 (B)	6 (A)

[1-3]

W Good evening, everyone. This is Jennifer Lee with your local news report on Thursday. ¹⁾This week's cold weather is expected to ease soon. Tomorrow, temperatures will go up to 10 degrees Celsius. It might be a nice day for outdoor activities since we will have lots of sunshine. ²⁾I recommend you go out and enjoy this warmer weather. Please stay tuned for the local news coming up next, where ³⁾you can get latest updates about what's happening in town.

W 여러분 안녕하세요. 저는 목요일 지역 뉴스의 Jennifer Lee입니다. 이번 주의 추운 날씨는 곧 누그러질 전망입니다. 내일은, 기온이 섭씨 10도까지 오르겠습니다. 앞으로 며칠 동안 일조량이 많을 것이기 때문에, 야외 활동을 하기에 좋은 날이 될 것입니다. 밖으로 나가셔서 이렇게 포근한 날씨를 즐기시기 바랍니다. 이어지는 지역 뉴스

시간을 위해 주파수를 고정해 주세요. 우리 마을에서 발생한 일들에 대한 최신 소식을 들으실 수 있을 것입니다.

outdoor activity 야외 활동 **recommend** 추천하다 **stay tuned** (채널, 주파수를) 고정하다

1
수요일의 날씨는 어땠을 것 같은가?
(A) 몹시 더웠다.
(B) 추웠다.
(C) 눈보라가 쳤다.
(D) 소나기가 왔다.

해설 담화는 목요일 저녁 뉴스인데, 초반부에서 '이번 주의 추운 날씨가 곧 누그러질 것이라고 (This week's cold weather is expected to ease soon)' 한 것으로 보아 수요일의 날씨는 추웠다는 것을 알 수 있다. 정답은 (B)이다.

2
여자는 청자들이 무엇을 할 것을 권하는가?
(A) 집에서 따뜻하게 머무를 것
(B) 우산을 챙길 것
(C) 야외 활동을 할 것
(D) 건강을 잘 챙길 것

해설 담화의 중반부에 '밖으로 나가서 포근한 날씨를 즐기라는 (I recommend you go out and enjoy this warmer weather)' 내용이 있으므로 (C)가 정답이라는 것을 알 수 있다.

3
일기 예보 다음에 이어질 것은 무엇인가?
(A) 인터뷰
(B) 뉴스 프로그램
(C) 교통 상황
(D) 광고

해설 담화의 후반부에 '마을에서 일어나는 최신 소식에 대해 들을 수 있다고 (you can get latest updates about what's happening in town)' 했으므로 정답은 (B)의 뉴스 프로그램이다.

[4-6]

M Today, 4) 5) 6-1) the mayor announced the city's plan to build a community library for local kids and parents near the state university. He emphasized the fact that this community library will allow local children to utilize a variety of books, references, and resources. In addition, he said that 6-2) the new library will offer a lot of useful workshops and programs that can encourage a love of reading and life-long learning. The programs include storytelling, music performances, and cultural events.

M 오늘, 시장은 주립 대학 인근에 어린이와 부모님들을 위한 지역 주민을 위한 도서관 건립에 대한 시의 계획에 대해 발표했습니다. 시장은 이 지역 주민을 위한 도서관이 지역의 어린이들에게 다양한 책, 참고 문헌, 그리고 자료들을 활용할 수 있도록 할 것이라고 강조했습니다. 또한, 그는 이 신규 도서관이 유용한 워크샵과 독서에 대한 애정과 평생 학습을 장려할 수 있는 프로그램을 제공할 것이라고 말했습니다. 프로그램에는 구연 동화, 음악 공연, 그리고 문화 행사가 포함됩니다.

mayor 시장 **emphasize** 강조하다 **utilize** 활용하다 **reference** 참조 문헌

4
이 뉴스 보도는 무엇에 대한 것인가?
(A) 도서관의 이전
(B) 도서관의 폐쇄
(C) 도서관 설립 계획
(D) 도서관의 신규 프로그램

해설 담화 초반부에서 '지역 주민을 위한 도서관 건립에 대한 시의 계획이 발표되었다고 (the mayor announced the city's plan to build a community library for local kids and parents)' 했으므로 (C)의 도서관 설립 계획이 정답이 된다.

5
도서관은 어디에 위치하게 되는가?
(A) 도심
(B) 대학교 인근
(C) 시청 인근
(D) 아트 센터 인근

해설 담화의 초반부에서 '도서관은 주립대 근처에 (near the state university)' 설립될 계획이라는 내용이 있으므로 (B)가 정답이다.

6
도서관의 프로그램의 목적은 무엇인가?
(A) 아이들이 독서를 좋아하도록 하는 데 도움을 주는 것
(B) 환경에 대한 인식을 고양하는 것
(C) 부모들이 다양한 정보에 접속하는 것을 가능하게 하는 것
(D) 어린이 교육에 대한 실용적인 조언을 제공하는 것

해설 담화의 초반부에서 도서관은 지역의 부모와 자녀들을 위해 건립되는 것이라는 내용이 있다. 담화의 후반부에서는 '도서관의 프로그램들은 독서를 좋아하도록 하는 것과 평생 교육을 장려하는 것이라고 (programs that can encourage a love of reading and life-long learning)' 했으므로, 도서관의 주 이용자인 아이들이 독서를 좋아하도록 하는 데 도움을 주는 것이라는 내용의 (A)가 정답이 된다.

01 | 연설
p.098

실력 쌓기

A　🎧 12-02

1 I am <u>honored to</u> give this speech.
→ 이 연설을 하게 되어 영광입니다.

2 Let's all <u>give a big hand</u> to those who are here.
→ 여기에 계신 분들께 큰 박수를 보냅시다.

3 I <u>want to remind you</u> about the reception.
→ 리셉션에 대해 다시 한 번 알려 드리고 싶습니다.

4 <u>Welcome to</u> the Promotions Department.
→ 홍보팀에 오신 것을 환영합니다.

B　🎧 12-03

|정답| (A)

> M　Good evening, everyone. I am Robert Nathan, the <u>owner</u> of Foodland. Since its <u>foundation</u> in 2018, Foodland <u>has grown</u> to become one of the biggest food distributers in the nation. I <u>would like to</u> welcome all of you to Foodland. We're <u>glad</u> that you <u>have joined us</u> to contribute to our success!
>
> M　안녕하세요, 여러분. 저는 Foodland의 소유주인 Robert Nathan입니다. 2018년에 설립된 이후로, Foodland는 국내 최대의 식품업체들 중 하나로 성장해 왔습니다. Foodland에 오신 여러분들 모두를 환영합니다. 우리는 여러분들이 우리의 성공에 기여하는 데 동참하게 되어서 기쁩니다!

어휘 **owner** 소유자 **foundation** 설립 **distributor** 유통업자 **contribute** 공헌하다

Q
(A) Foodland의 신입사원들
(B) Foodland의 고객들

해설 마지막 부분의 '성공에 기여하기 위해 우리와 함께 하게 되어 기쁘게 생각한다는 (We're glad that you have joined us to contribute to our success)' 화자의 말에서 연설의 청중은 Foodland의 신입사원들임을 알 수 있다. 정답은 (A)이다.

C　🎧 12-04

1 (C)	2 (C)	3 (A)

1

> M　Hello, everyone. Thank you for coming. I know all of you have traveled a long way to attend this meeting. As you know, the purpose of this meeting is to come up with some recommendations on boosting sales. 1) As you can see, we experienced our lowest sales figure this month.
>
> M　안녕하세요, 여러분. 와 주셔서 감사합니다. 저는 여러분들 모두가 본 회의에 참석하기 위해 먼 거리를 이동해야 했다는 것을 알고 있습니다. 여러분도 아시다시피, 본 회의의 목적은 판매 증진을 위한 몇 가지 제안들을 생각해 내는 것입니다. 여러분이 볼 수 있는 것처럼, 우리는 이 달에 가장 낮은 판매 수치를 경험했습니다.

어휘 **travel a long way** 먼 거리를 여행하다 **come up with** (아이디어 등을) 생각해 내다 **recommendation** 추천(사항) **boost sales** 판매량을 증가시키다

월간 판매량

월	수량
1월	72,435
2월	76,237
3월	54,276
4월	56,537

Q. 시각 정보를 보시오. 화자는 어느 달에 대해 말하고 있는가?
(A) 1월
(B) 2월
(C) 3월

해설 담화의 마지막 부분에서 화자는 '이번 달에 가장 낮은 판매 수치를 기록했다고 (we experienced our lowest sales figure this month)' 말하고 있다. 표에서 판매 수치가 가장 낮은 달은 3월이므로 정답은 (C)이다.

2

> W　Thank you so much for the opportunity to give a speech at the Wildlife Association. As all of you know, 2) a lot of wild animals are in danger of becoming extinct. And we all agree that we have to do something about that. Otherwise, we won't be able to see those wild animals any more in the near future.
>
> W　야생동물협회에서 강연할 수 있는 기회를 주셔서 대단히 감사합니다. 여러분들 모두 알고 계시는 것처럼, 수많은 야생 동물들이 멸종 위기입니다. 그리고 우리 모두는 우리가 그것에 대해 무엇인가 해야 한다는 것에 동의하고 있습니다. 그렇지 않으면, 우리는 가까운 미래에 이러한 야생 동물들을 더 이상 볼 수 없게 될 것입니다.

어휘 **opportunity** 기회 **give a speech** 연설하다 **association** 협회, 연합 **be in danger of** ~의 위험에 처하다 **extinct** 멸종의 **otherwise** 그렇지 않으면 **in the near future** 가까운 미래에

Q. 화자가 걱정하는 것은 무엇인가?
(A) 사람들이 환경에 대해 신경을 쓰지 않는다.
(B) 협회에서 더 이상 동물에 관심을 갖지 않는다.
(C) 야생 동물들이 멸종되어 가고 있다.

해설 화자는 '많은 야생 동물들이 멸종 위기에 처해 있고, 우리가 이에 대해 무엇인가 해야 한다고 (a lot of wild animals are in danger of becoming extinct. And we all agree that we have to do something about that)' 말하고 있다. 그러므로 화자가 걱정하는 것은 야생 동물들이 멸종되어 가고 있다는 것이다. 정답은 (C)이다.

3

M	I am honored to introduce tonight's speaker, Deborah Parker, the author of the new novel *Pioneer*. She is here tonight to share some interesting stories about her novel. ³⁾ **After her speech, an autograph session will follow.**
M	오늘밤의 연설자인 신작 소설 *개척자*의 저자 Deborah Parker를 소개하게 되어 영광입니다. 그녀는 자신의 소설에 대한 흥미로운 이야기들을 공유하기 위해 오늘밤 여기에 왔습니다. 연설이 끝난 뒤, 사인회가 이어질 것입니다.

어휘 author 저자 novel 소설 speech 연설 autograph 사인회

Q. 저자의 연설 이후에 어떤 일이 일어날 것인가?
(A) 사인회
(B) 질의 응답
(C) 무료 증정

해설 담화의 마지막 부분에서 '연설 후에 사인회가 이어질 것이라는 (After her speech, an autograph session will follow)' 내용이 언급되었으므로 정답은 (A)이다.

02 | 공지
p.100

실력 쌓기

A 🎧 12-06

1 I apologize for the inconvenience.
→ 불편을 드려 죄송합니다.

2 I have a note about a change in a schedule.
→ 일정의 변경에 대해 알려 드립니다.

3 I would like to remind you that we have some free snacks prepared for you.
→ 여러분을 위해 무료 간식이 준비되어 있음을 다시 한 번 알려 드립니다.

4 We regret to inform you this service is no longer available.
→ 이 서비스는 더 이상 이용할 수 없음을 알리게 되어 유감입니다.

B 🎧 12-07

|정답| (A)

W	Please join us for a short session on how to use our new computer system. This course was designed to familiarize employees with the new features of the system and to answer your questions. It will be offered in the conference hall on Friday, October 15, at 4:30 P.M.
W	새로운 컴퓨터 시스템의 사용법에 대한 간단한 교육 시간에 참여해 주시기 바랍니다. 본 과정은 직원들이 시스템의 새로운 특징에 익숙해지고 여러분들의 질문에 답변을 할 수 있도록 구성되었습니다. 이는 10월 15일 금요일 오후 4시 30분에 진행될 것입니다.

Q
(A) 교육 과정을 안내하기 위해서
(B) 일정의 변경을 알리기 위해서

해설 담화의 초반부에서 '새로운 컴퓨터 시스템의 사용법에 대한 간단한 교육 시간에 참여해 달라고 (Please join us for a short session on how to use our new computer system)' 했으므로 공지의 목적은 (A)의 '교육 과정을 안내하기 위해서'이다.

C 🎧 12-08

1 (C)	2 (B)	3 (B)

1

W	Welcome to the training session for new employees. ¹⁾ **The topic of today's training is the staff performance evaluation policy.** It has been established to give employees constructive feedback on their performances. And it can also help you become more effective at your position.
W	신입사원들을 위한 교육에 오신 것을 환영합니다. 오늘 교육의 주제는 직원 업무 평가 정책입니다. 이는 직원들에게 업무에 대한 건설적인 피드백을 주기 위해 만들어졌습니다. 그리고 이는 여러분들이 자신의 직책에서 더 효율적인 직원이 될 수 있도록 도움이 될 수 있습니다.

어휘 training session 교육 (과정) performance evaluation 수행 평가, 업무 평가 establish 확립하다 constructive 건설적인 effective 효율적인

Q. 누가 발언을 하고 있을 것 같은가?
(A) 영업 담당자
(B) 연구 보조원
(C) 인사 담당자

해설 담화의 초반부에서 교육의 주제를 'the topic of today's training is the staff performance evaluation policy'라고

소개하고 있다. 보기들 중 '직원 업무 평가 정책 (the staff performance evaluation policy)'과 가장 관련이 있는 것은 (C)의 인사 담당자이다.

2

M	We would like to let everybody know that there will be scheduled downtime across our network system for 2 full business days from February 10 to 11. This is happening because we are planning to perform an extensive checkup on the functions of the network. We apologize for any inconvenience. For more information or if you have any questions, 2) **please contact me at extension 676 in the IT Department.**
M	2월 10일부터 11일까지 영업일 기준 2일 동안 네트워크 시스템 전체가 중지될 예정임을 여러분께 알려드립니다. 이것은 네트워크 기능에 대한 광범위한 점검을 계획하고 있기 때문입니다. 불편을 드려 죄송합니다. 자세한 내용을 알고 싶으시거나 문의 사항이 있는 경우 내선번호 676으로 IT 부서의 저에게 연락하세요.

어휘 scheduled 예정된 downtime 컴퓨터가 작동하지 않는 시간 **business day** 영업 시간 extensive 광범위한 checkup 점검 **apologize** 사과하다 inconvenience 불편함

Q. 화자는 어느 부서에서 근무하고 있을 것 같은가?
(A) 고객서비스 부서
(B) IT 부서
(C) 인사 부서

해설 담화의 마지막 부분에 문의 사항이 있을 경우 '내선번호 676으로 IT 부서의 자신에게 연락하라는 (please contact me at extension 676 in the IT Department)' 내용이 있다. 따라서 화자는 IT 부서에 근무하고 있을 것이므로 정답은 (B)이다.

3

M	May I have your attention, please? 2-1) **Please be advised that there has been a change in the conference schedule.** The speaker for the 2 o'clock presentation has a family emergency, so he won't be able to make it. 2-2) **So please note that there is no presentation at 2.**
M	잠시 주목해 주시겠습니까? 컨퍼런스 일정이 변경되었음을 알려 드립니다. 2시 발표의 발표자가 집안에 급한 일이 생겨서, 그가 할 수 없게 되었습니다. 그래서 2시에는 발표가 없다는 것을 알아 두시기 바랍니다.

어휘 be advised that ~을 알려드립니다 **presentation** 발표 **family emergency** 가족 관련 비상 상황 make it 해내다

Q. 무엇이 안내되고 있는가?
(A) 발표자의 변경
(B) 강연의 취소
(C) 장소의 변경

해설 '컨퍼런스 일정이 변경되었다는 (there has been a change in the conference schedule)' 내용이 있고, 마지막 부분에서 '2시에는 발표가 없을 것이라는 (there is no presentation at 2)' 내용이 언급되었으므로 정답은 (B)이다.

실전 연습 p.103

🎧 12-10

1 (C)	2 (A)	3 (C)
4 (C)	5 (A)	6 (D)

[1-3]

M	Here is a graph that shows our market shares in different regions of the country. You can see that 1-1) **one of our regions occupies a very small market share.** This problem stands out since the other three regions are doing a lot better this year. I am so sorry to announce this, but 1-2) 2) **we have finally decided to close down the operations in the region where sales are much lower than the other regions.** 3) **This decision was inevitable due to the increase in labor costs and the increased competition in the market.** For those of you who have been working in this region, we will make every effort to minimize the damage that could possibly happen to you.
M	여기에 국내 서로 다른 지역에서의 우리의 시장 점유율을 보여주는 그래프가 있습니다. 여러분은 우리의 지역들 중 한 곳이 매우 적은 시장점유율을 차지하고 있는 것을 볼 수 있을 것입니다. 다른 세 지역이 올해 훨씬 더 좋은 성과를 냈기 때문에 이 문제가 두드러져 보입니다. 이러한 사실을 발표하게 되어 유감입니다만, 다른 지역들보다 판매량이 훨씬 낮기 때문에 이 지역에서의 영업을 중단하기로 결정했습니다. 이러한 결정은 인건비의 상승과 시장에서의 과열된 경쟁 때문에 불가피한 것이었습니다. 이 지역에서 근무해 오신 분들을 위해, 우리는 여러분께 일어날 가능성이 있는 피해를 최소화할 수 있도록 모든 노력을 다할 것입니다.

어휘 stand out 두드러지다 inevitable 불가피한 labor cost 인건비 competition 경쟁 minimize 최소화하다 damage 피해

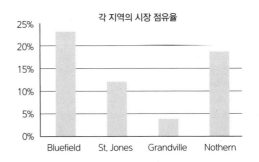

각 지역의 시장 점유율

1

시각 정보를 보시오. 어느 지역이 주로 논의되고 있는가?

(A) Bluefield
(B) St. Jones
(C) Grandville
(D) Northern

해설 '한 지역의 시장 점유율이 매우 작고 (one of our regions occupies a very small market share)', '그 지역의 영업을 중단한다고 (we have finally decided to close down the operations in the region)' 했으며, 해당 지역에서의 영업 중단과 후속조치에 대한 내용이 이어지고 있다. 그래프에서 가장 낮은 시장 점유율을 보여주고 있는 곳이 Grandville이므로 정답은 (C)이다.

2

회사는 무엇을 하기로 결정했는가?

(A) 특정 지역에서의 영업을 중단하는 것
(B) St. Jones 지역의 근로자들을 해고하는 것
(C) Grandville 지역에서 신규 판매 촉진 활동을 시작하는 것
(D) 다른 지역으로 사업체를 이전하는 것

해설 담화의 중반부에서 '영업 실적이 다른 곳에 비해 저조한 지역에서 영업을 중단하기로 결정했다는 (we have finally decided to close down the operations in the region where sales are much lower than the other regions)' 내용이 언급되었다. 따라서 (A)가 정답이다. 지문의 close down이 보기에서는 shut down으로 표현되었다.

3

회사의 결정에 대한 이유는 무엇인가?

(A) 재료비의 상승
(B) 자금의 부족
(C) 지역에서의 늘어난 경쟁
(D) 지역 관리자들의 파업

해설 담화의 후반부에서 이 결정은 '시장의 과열된 경쟁 때문에 (the increased competition in the market)' 불가피하다고 했으므로 (C)가 정답이 된다.

[4-6]

M 4) Welcome to this special gathering in honor of Dr. Thomas Joyce, who is leaving the Seattle Medical Center after 30 years of employment. While we are very sad to see Dr. Joyce leave, tonight is about celebrating his service and the growth that he has brought to the organization. As we all know, 5) he started his medical career here and had been working as the director of the organ donation center for 10 years. Now that he is stepping down, 6) he is planning to continue his career by teaching students at the Seattle Medical School.

M 30년 동안 근무하신 후에 시애틀 의료 센터를 떠나시는 Thomas Joyce 박사를 기리는 특별 모임에 오신 것을 환영합니다. Joyce 박사가 떠나게 되어 몹시 슬프지만, 오늘밤은 그의 오랜 헌신과 그가 우리 조직에 가져다 주었던 성장을 기념하기 위한 것입니다. 우리 모두 알고 있는 것처럼, 그는 이곳에서 의료인으로서 경력을 시작했으며 10년 동안 장기 기증 센터장으로 근무해 왔습니다. 은퇴하고 나면, 그는 시애틀 의대에서 학생들을 가르치면서 자신의 경력을 이어 나갈 계획입니다.

어휘 gathering 모임 growth 성장 organization 조직 organ donation 장기 기증

4

안내 방송은 어디에서 이루어지는 것 같은가?

(A) 취업 박람회에서
(B) 의학 컨퍼런스에서
(C) 은퇴식에서
(D) 환영 행사에서

해설 담화의 초반부에 '시애틀 의료 센터를 떠나는 Thomas Joyce 박사를 기리는 특별한 모임 (this special gathering in honor of Dr. Thomas Joyce, who is leaving the Seattle Medical Center after 30 years of employment)'이라는 내용이 언급되었다. 따라서 대화가 이루어지는 장소는 (C)의 은퇴식임을 알 수 있다.

5

Joyce 박사는 얼마나 오랫동안 책임자로 근무했는가?

(A) 10년
(B) 20년
(C) 30년
(D) 40년

해설 담화의 중반부에서 'Joyce 박사는 장기 기증 센터장으로 10년간 근무해 왔다고 (had been working as the director of the organ donation center for 10 years)' 했으므로 (A)가 정답이다.

6

Joyce 박사는 무엇을 할 계획인가?

(A) 책을 출간하는 것
(B) 다른 병원에서 근무하는 것
(C) 의료 센터를 설립하는 것
(D) 대학에서 근무하는 것

해설 '그가 시애틀 의대에서 학생들을 가르칠 계획이라는 (he is planning to continue his career by teaching students at the Seattle Medical School)' 내용이 담화의 마지막 부분에 언급되어 있으므로 정답은 (D)이다.

PARTS 5·6·7
단문 빈칸 채우기 / 장문 빈칸 채우기 / 독해

UNIT 01 명사 / 대명사

01 명사의 역할
p.111

실력 쌓기

A

1 position, 전치사의 목적어
2 applications, 목적어
3 competitors, 보어
4 preparations, 주어
5 patient, 주어

1 Ross 씨는 그 직책에 매우 적격이다.
2 관리자는 지금 지원서를 검토하고 있다.
3 그 두 친구는 결국 경쟁자가 되었다.
4 워크샵 준비는 잘 되어가고 있다.
5 그 환자는 그녀의 약속 시간 30분 전에 도착했다.

B

1 (B)	2 (A)

해설

1 빈칸은 동사 undergo의 목적어 자리이다. 보기들 중 목적어 역할을 할 수 있는 것은 (B)의 renovations이다.
2 빈칸은 전치사 for의 목적어 자리이며, 빈칸 앞에 정관사 the가 있으므로 정답은 명사가 되어야 한다. 보기들 중 명사는 (A)의 delay이므로 정답은 (A)이다.

02 명사의 자리
p.112

실력 쌓기

A

1 my passport
2 the contract
3 an apartment
4 high rent

B

1 (D)	2 (A)

해설

1 빈칸 앞에 소유격이 있으므로 명사를 정답으로 선택해야 한다. 따라서 정답은 (D)의 defect(결함)이다.
2 빈칸은 동사 offer의 목적어 자리인데, 형용사 cheap의 수식을 받아야 하므로 정답은 명사여야 한다. 따라서 (A)의 flights가 정답이 된다.

03 셀 수 있는 명사 / 셀 수 없는 명사
p.113

실력 쌓기

A

1 furniture
2 complaints
3 much
4 relatives
5 information

1 Living Space 사의 모든 가구들은 가격이 적당하다.
2 Fast 피자는 배송 지연에 대해 불평을 들었다.
3 Jeff Slim 씨는 사무실을 꾸미는 데 많은 돈을 쓰지 않는다.
4 나에게는 근처에 사는 친척 몇 명이 있다.
5 그 대행사는 도시 관광 산업에 대한 정보를 제공했다.

B

1 (B)	2 (B)

해설

1 traffic은 불가산명사이므로 few나 a few와 어울릴 수 없고, 부정관사 a나 many와도 함께 쓰일 수 없다. 따라서 정답은 a little이다.
2 의미상 '휴가 상품'이 가장 적절한데 merchandise는 불가산명사이므로 정답은 (B)이다.

04 인칭대명사
p.114

실력 쌓기

A

1 his, he
2 We, us
3 us, our
4 my, yours

B

1 (B)	2 (B)

해설

1 선지사 뒤에는 목적격 대명사가 와야 하므로 정답은 them이다. theirs는 '그들의 것'이라는 뜻의 소유대명사이므로 의미상 적절하지 않다.
2 빈칸 뒤에 'recent order (최근 주문)'라는 명사구가 있으므로 이를 수식할 수 있는 것은 대명사의 소유격이다. 따라서 정답은 your이다.

실전 연습

p.116

1 (D)	2 (A)	3 (A)	4 (A)	5 (C)
6 (B)	7 (C)	8 (A)	9 (A)	10 (B)
11 (B)	12 (A)	13 (A)	14 (A)	

PART 5

1

학사 학위는 다수의 로펌에 최소한의 요구 조건이다.

(A) justification

(B) involvement

(C) concentration

(D) requirement

해설 '학사 학위 (a bachelor's degree)'는 로펌에 들어가기 위한 최소한의 '요구 조건'이라는 의미가 되어야 하므로 정답은 (D)의 requirement이다.

어휘 bachelor's degree 학사 학위 justification 정당한 이유 involvement 관여; 몰두 concentration 집중

2

경제 위기 동안에 유지 비용은 감소되어야 한다.

(A) cost

(B) costly

(C) costing

(D) more costly

해설 빈칸 앞에 정관사 the가 있으므로 빈칸에는 명사가 와야 한다. 따라서 정답은 (A)이다.

어휘 maintenance 유지, 관리 reduce 줄이다 crisis 위기

3

영업팀의 우선순위에는 연간 매출 증대와 영업 지출 감소가 포함된다.

(A) Priorities

(B) Indications

(C) Certificates

(D) Conditions

해설 연간 매출을 늘리고 영업 지출을 줄이는 것은 영업팀이 달성해야 할 일들이다. 보기의 명사들 중에서 빈칸에 들어가기에 의미상 적절한 것은 '우선순위'를 뜻하는 (A)의 priorities이다.

어휘 boost 신장시키다 annual 연간 expenditure 지출 priority 우선순위 indication 표시, 징후 certificate 증명서, 자격증

4

공항 보안 직원은 불법적인 물품을 찾기 위해 수화물을 검색할 것이다.

(A) luggage

(B) luggages

(C) a luggage

(D) some luggages

해설 luggage는 대표적인 불가산명사이다. 따라서 복수형으로 쓸 수 없고 부정관사 a와 함께 쓸 수 없다. 정답은 (A)이다.

5

우리 회사의 외국인 투자는 지난 6개월 동안 극적으로 증가해 왔다.

(A) we

(B) us

(C) our

(D) ours

해설 명사 앞에 쓰일 수 있는 대명사는 소유격인 our이다. 의미상으로도 '우리 회사에 대한 외국인 투자'가 되어야 자연스럽다. 따라서 정답은 (C)이다.

어휘 investment 투자 dramatically 극적으로

6

몇 명의 비평가들은 새 디저트 메뉴에 대하여 긍정적인 리뷰를 작성했다.

(A) critic

(B) critics

(C) critical

(D) criticize

해설 a few는 가산복수명사 앞에 사용된다. 따라서 정답은 비평가들을 뜻하는 보기 (B)의 critics이다.

어휘 positive 긍정적인 critic 비평가 criticize 비평하다, 비난하다

7

Kelly Smith는 곧 있을 승진에서 유력한 후보자이다.

(A) promote

(B) promotes

(C) promotion

(D) promoting

해설 빈칸 앞에 '관사 + 형용사'가 있으므로 빈칸에는 명사가 와야 한다. 따라서 정답은 '승진'을 뜻하는 명사인 (C)의 promotion이다.

어휘 perspective candidate 유력한 후보자 upcoming 다가오는, 곧 있을 promotion 승진

8

FAL 언어교육원의 강사들은 3년 이상의 경험이 있어야 한다.

(A) instructors

(B) instructions

(C) instructing

(D) instructive

해설 빈칸 앞에 정관사 the가 있으므로 빈칸에 올 수 있는 품사는 명사이다. 따라서 '강사'를 뜻하는 명사 instructors가 정답이다.

어휘 instructor 강사

PART 6

[9-12]

3월 19일

Graham 씨께,

저는 Elizabeth Owens가 Giga 엔지니어링에서 지난 8년 동안 일해 온 것을 확인해 드리기 위해서 이 편지를 씁니다. 또한, 그녀는 Giga 엔지니어링에서 근무하는 동안 이례적일 정도로 우수하게 임무를 완수했습니다. 그녀는 작년에 기술부 관리자로 승진하였고, 훌륭한 업무 능력으로 인하여 성과급도 받았습니다. **뿐만 아니라, 그녀는 투철한 직업 의식도 보여주었습니다.** 항상 우리의 기대치를 웃돌았고, 근무 기간을 통틀어 지각하거나 결석한 적도 없었습니다. 만약 추가적인 질문이 있으시다면, (055) 987-0987로 언제든지 연락 주십시오.

Jane Dunn 드림
부장, 기술부
Giga 엔지니어링

어휘 **confirm** 확인하다 **perform** (일, 과제) 수행하다, 공연하다 **exceptional** 이례적인 정도로 우수한, 극히 예외적인 **expectation** 기대 **further** 더, 추가로

9
(A) has worked
(B) have worked
(C) works
(D) used to work

해설 빈칸에 들어갈 적절한 시제를 골라야 하는데, 'for the last 8 years (지난 8년간)'와 함께 쓰일 수 있는 시제는 현재완료 시제이다. 주어가 3인칭 단수 이므로 정답은 (A)의 has worked이다.

10
(A) she
(B) her
(C) hers
(D) herself

해설 excellent work 앞에 들어갈 대명사를 골라야 한다. 명사인 work를 수식해야 하므로 소유격인 her가 정답이다.

11
(A) 그래서, 그녀는 자신의 의사를 잘 전달하는 사람이었습니다.
(B) 뿐만 아니라, 그녀는 투철한 직업 의식도 보여주었습니다.
(C) 이 추천서를 제공하게 되어 기쁩니다.
(D) 지난 여름에, 그녀는 1년 동안 휴직했습니다.

해설 빈칸 뒤의 내용은 '그녀가 기대 이상의 성과를 보여주었고, 늦거나 결석한 일이 없다'는 것이다. 따라서 이 문장 앞에 올 수 있는 것은 'In addition, she has displayed great work ethics (뿐만 아니라, 그녀는 훌륭한 직업 의식을 보여주었다)'라는 내용의 (B)가 가장 적절하다. In addition은 앞 문장에 추가적인 내용을 소개하는 연결어구이다.

12
(A) exceeded
(B) overlooked
(C) exaggerated
(D) disregarded

해설 의미상 가장 적절한 동사를 찾는 문제이다. 빈칸 뒤에 나온 expectations(기대)와 어울리고 문맥과도 가장 잘 어울리는 어휘는 exceed(넘어서다)이다.

[13-14]

수신자: 고객 서비스 부서 ⟨bestservice@shill.com⟩
발신자: Martin Russell ⟨MRussell90@zzamil.com⟩
날짜: 7월 14일
제목: 문의

고객 서비스 직원에게,

저는 Shin Hill 호텔에서 받은 청구서에 관해 문의 사항이 있습니다. 지난 7월 5일부터 7월 9일까지 농업 식품 컨퍼런스 기간 동안에 그곳에 머물렀습니다. 저는 재무부서에 청구서를 제출하기 전에 그것을 면밀하게 검토해 보았고, 호텔에서 저에게 과다 청구를 했다고 생각하게 되었습니다. 자세한 사항은 다음과 같습니다.

객실 1×4박	920.67달러
룸 서비스	55.00달러
인터넷	30.00달러
세금	92.07달러
총계	1,097.74달러

우선, 인터넷 비용이 청구된 이유를 이해하지 못하겠습니다. 제가 인터넷 서비스를 사용한 것은 분명합니다. 하지만, 저는 와이파이 서비스가 무료라는 것을 확실히 기억하고 있습니다. 또한, 저는 호텔 객실로 음식을 주문한 적이 없습니다. 제 동료들과 함께 아래층에 있는 카페를 이용했을 뿐입니다. 다시 한번 청구 내역을 검토하신 다음 이번 주 내로 저에게 연락해 주시겠습니까?

Martin Russell 드림

어휘 **closely** 면밀하게 **submit** 제출하다 **overcharge** 과다 청구하다 **detail** 세부사항 **review** 검토하다

13
Russell 씨는 왜 이메일을 작성했는가?
(A) 비용에 이의를 제기하기 위하여
(B) 음식에 대해 불평하기 위하여
(C) 피드백을 수기 위하여
(D) 방을 예약하기 위하여

해설 Russell 씨가 이메일을 작성한 목적을 묻고 있다. 이메일의 초반부에서 'a question about the bill (청구서에 대한 질문)'이 있다고 했고, 이후에는 청구서 내역의 오류를 지적하고 있다. 따라서 정답은 보기 (A)의 'To dispute some charges (비용에 대해 이의를 제기하기 위하여)'이다.

14

Russell 씨에 대하여 암시된 것은 무엇인가?

(A) 그는 출장 중이었다.

(B) 그는 룸 서비스를 이용했다.

(C) 그는 호텔에서 3박을 했다.

(D) 그는 인터넷을 사용하지 않았다.

해설 지문의 초반부에서 'I stayed there from July 5 to July 9 during the Agriculture & Food Conference (7월 5일부터 7월 9일까지 농업 식품 컨퍼런스 기간 동안에 그곳에 머물렀습니다)'라고 했으므로 그는 출장 중이었다는 것을 알 수 있다. 정답은 (A)이다.

UNIT 02   형용사 / 부사

01 | 형용사의 역할과 자리   p.121

실력 쌓기

A

1 difficult, 보어
2 heavy, 명사 수식
3 wrong, 명사 수식
4 convenient, 보어
5 angry, 보어

1 일단 온라인 주문서가 제출되면 변경하는 것은 어렵다.
2 우리 항공편은 폭우로 인해 취소되었다.
3 나는 이 휴대폰에 무엇인가 잘못된 것이 있다고 생각한다.
4 우리들 중 일부는 새 복사기가 사용하기에 편리하다는 것을 발견했다.
5 상점의 매니저가 나가달라고 부탁했을 때 그 남자는 화가 났다.

B

1 (B)	2 (C)

해설
1 명사를 수식하는 역할을 하는 품사는 형용사이다. 따라서 빈칸 뒤의 명사인 documents를 수식할 수 있는 형용사 confidential이 정답이다.
2 be동사 뒤에 보어가 필요하다. 보어가 될 수 있는 품사는 명사 importance와 형용사 important인데, 의미상 '중요한'이라는 뜻의 형용사인 (C)가 정답이 된다.

02 | 부사의 역할과 자리   p.122

실력 쌓기

A

1 completely, has demolished
2 Finally, the two companies agreed on the terms of the contract
3 regularly, exercise
4 conveniently, placed
5 really, hard

1 시의회는 오래된 마을 회관을 완전히 철거했다.
2 마침내, 두 회사는 계약 조건에 합의했다.
3 사무실 근로자들은 몸매를 유지하기 위해 정기적으로 운동을 해야 한다.
4 로비에는 편리하게도 자동판매기가 설치되어 있다.
5 Thomson 씨는 소프트웨어 개발 업무를 정말로 열심히 하고 있다.

B

1 (D)	2 (B)

해설
1 빈칸 뒤에 있는 accurate는 형용사인데, 형용사를 수식할 수 있는 품사는 부사이므로 정답은 (D)의 amazingly이다.
2 '기금 모음 행사를 연다'라는 문장 전체를 수식할 수 있는 품사는 부사이다. 정답은 (B)의 annually(해마다)이다.

03 | 주의해야 할 형용사, 부사   p.123

실력 쌓기

A

1 lately	2 hardly
3 costly	4 O
5 late	

1 한국 음악은 최근에 외국에서 인기 있다.
2 Kaiser 씨는 공개 연설을 하기 전에는 거의 아무것도 먹지 않는다.
3 유럽 연합을 떠나는 것은 큰 희생을 치러야 하는 과정이 될 것이라고들 한다.
4 모든 직원들은 지난 2개월 동안 늦게까지 근무해 오고 있다.
5 수백 명의 통근자들이 열차의 연착 때문에 회사에 지각했다.

B

1 (D)	2 (A)

해설

1 명사인 manner를 수식할 수 있는 품사는 형용사이다. timely(시기 적절한)는 -ly로 끝나기 때문에 부사처럼 보이지만 이는 형용사이다. 정답은 (D)이다.

2 빈칸에는 부사가 들어가야 하므로 (A)와 (C) 중에서 정답을 골라야 한다. '너무 놀라서 거의 아무 말도 할 수 없었다'라는 의미가 되어야 하므로, '거의 ~할 수 없게'라는 뜻의 부사인 hardly가 정답이다.

04 | 원급, 비교급, 최상급의 형태   p.124

실력 쌓기

A

1 quicker
2 cheapest
3 best

B

1 (B)	2 (A)

해설

1 빈칸은 become의 보어가 와야 하는 자리이므로 보기들 중에서 보어 역할을 할 수 있는 것은 형용사인 (B) more profitable이다. profitable의 비교급은 앞에 more를 붙이면 된다.

2 의미상 '가장 경험이 많은 후보자'라는 의미가 되는 것이 적절하므로 정답은 (A)이다. experienced 최상급은 앞에 most를 붙이면 된다.

05 | 원급, 비교급, 최상급의 쓰임   p.125

실력 쌓기

A

1 faster	2 most
3 longer	4 well
5 most	

1 지구 온난화 때문에 해수면이 어느 때보다 더 빠르게 상승하고 있다.
2 Doyle 씨는 유럽에서 가장 혁신적인 건축가로 알려져 있다.
3 고속도로를 타는 것이 버스를 타는 것보다 더 오래 걸렸다.
4 그 인터뷰 대상자는 그가 할 수 있는 만큼 최대한 질문에 잘 대답했다.
5 나의 인생에서 가장 기억할 만한 날은 내 소유의 레스토랑을 개업했을 때이다.

B

1 (A)	2 (B)

해설

1 둘 이상을 비교할 때에는 최상급을 쓴다. '가장 형편없는'은 poor에 -est를 붙여서 poorest로 표현한다. 따라서 정답은 (A)이다.

2 빈칸 뒤의 than은 비교급과 어울려 쓰인다. 따라서 big의 비교급인 (B)의 bigger가 정답이 된다.

실전 연습   p.127

1 (B)	2 (D)	3 (A)	4 (C)	5 (B)
6 (A)	7 (B)	8 (B)	9 (D)	10 (A)
11 (A)	12 (C)	13 (B)	14 (C)	

PART 5

1

Cozy 전자에서 새롭게 출시한 컴퓨터는 이전 모델들보다 더 빠르다.

(A) fast
(B) **faster**
(C) fastest
(D) more fast

해설 빈칸 뒤에 than이 있는 것으로 보아 빈칸은 비교급이 들어갈 자리이다. fast의 비교급은 뒤에 -er을 붙이므로, 정답은 (B)이다.

어휘 released 출시된   previous 이전의

2

최고재무관리자는 경기 침체로 인하여 내년에 판매 수익이 20퍼센트 감소할 것이라고 발표했다.

(A) access
(B) updates
(C) analysis
(D) **revenue**

해설 빈칸 앞의 sales와 함께 명사 어구를 이루는 것은 (D)의 revenue로서, sales revenue는 '판매 수익'이라는 의미이다.

어휘 CFO (= chief financial officer) 최고재무관리자   decline 감소하다 economic recession 경기 침체   access 접근, 입장   analysis 분석

3

Donetti 씨는 부동산 구입이 미래를 위한 안전한 투자라고 믿는다.

(A) **safe**
(B) safety
(C) safely
(D) safeness

해설 명사를 수식하는 품사는 형용사이다. 따라서 '안전한 투자'라는 의미의 형용사인 safe가 와야 한다. 「관사 + _____ + 명사」 형태의 문제가 출제되면 형용사를 정답으로 골라야 한다는 것을 기억하자.

어휘 real estate 부동산

4

Georgetown 축제는 시 최고의 연례 행사들 중 하나가 되었다.

(A) good

(B) well

(C) **best**

(D) better

해설 의미상 '시에서 최고의 연례 행사들 중의 하나'가 되어야 한다. 따라서 최상급 best가 정답이다. 「one of the 최상급 + 복수명사」 형태를 기억하자.

5

그 두 회사는 원자재 가격의 상승에 대하여 상호간에 합의를 했다.

(A) mutual

(B) **mutually**

(C) mutuality

(D) mutualness

해설 빈칸에는 동사 agreed를 수식할 수 있는 부사가 와야 한다. 따라서 정답은 부사인 mutually이다.

어휘 **mutual** 상호의

6

안전 예방 조치로서, 시 정부는 브로드웨이에 있는 강당을 폐쇄하기로 결정했다.

(A) **precaution**

(B) permission

(C) appointment

(D) complaint

해설 보기 중에서 safety와 함께 사용되어 명사 어구를 완성시킬 수 있는 것은 (A)의 precaution이다. safety precaution은 '안전 예방 조치'를 의미한다.

어휘 **auditorium** 강당 **permission** 허가 **appointment** 약속

7

상점에서 받은 영수증 원본 없이 환불을 받는 것은 불가능하다.

(A) origin

(B) **original**

(C) originally

(D) originated

해설 receipt는 명사이며 이를 수식할 수 있는 품사는 형용사이다. 따라서 정답은 (B)이다. original receipt은 '영수증 원본'을 뜻한다. 「관사 + _____ + 명사」 형태에서는 빈칸에 형용사가 와야 한다는 것을 기억하자.

어휘 **get a refund** 환불 받다 **receipt** 영수증

8

나는 Porter 씨가 그 회사의 신임 부사장으로 임명되었다는 것을 거의 믿을 수 없었다.

(A) hard

(B) **hardly**

(C) harder

(D) more hardly

해설 조동사와 동사원형 사이에 올 수 있는 품사는 부사이다. 의미상으로도 '거의 믿을 수 없었다'라는 뜻이 되어야 자연스러우므로 정답은 (B)의 hardly이다.

어휘 **appoint** 임명하다

PART 6

[9-12]

> **수신:** Kitchenhelp 직원
> **발신:** 기술지원팀
> **제목:** 웹 사이트 새 단장
> **날짜:** 11월 21일
>
> 저희는 Kitchenhelp가 업데이트된 웹사이트를 공개하는 것을 발표하게 되어 기쁩니다. 기술팀은 8월 29일 일요일 자정에 새 사이트로 전환할 것입니다. **그 이유는 웹사이트 접속량이 일반적으로 밤에 적기 때문입니다.** 저희가 교체를 진행하는 동안 문제가 발생할지도 모른다는 것을 기억해 주십시오. 가능한 한 빨리 문제를 해결하기 위해 최선을 다할 것입니다. 만약 신규 웹사이트에 대한 질문이나 의견이 있으면 기술지원팀의 Evans 씨에게 (025) 234-5566으로 연락해 주세요.

어휘 **renewal** 갱신, 개선 **be about to** 막 ~하려고 하다 **at midnight** 자정에 **keep in mind** 명심하다, 잊지 말아라 **occur** 발생하다 **resolve** (문제 등을) 해결하다

9

(A) update

(B) updater

(C) updates

(D) **updated**

해설 빈칸은 뒤에 나온 명사 Web site를 수식하는 자리이다. 명사를 수식하는 품사는 형용사이므로 (D)의 updated가 정답이다. 「소유격 + _____ + 명사」 형태에서는 빈칸에 형용사가 와야 한다.

10

(A) **transition**

(B) collection

(C) demonstration

(D) disruption

해설 선택지가 모두 명사이므로 의미상 적절한 명사를 골라야 한다. 의미상 웹사이트를 새로운 사이트로 전환하는 것이 가장 적절하기 때문에 정답은 (A)의 transition이다.

11

(A) 그 이유는 웹사이트 접속량이 일반적으로 밤에 적기 때문입니다.

(B) 사실은, 그 과정이 지연될지도 모릅니다.

(C) 온라인 거래는 곧 증가할 것입니다.

(D) 기술자들은 새 단장 후에 많은 보너스를 받게 될 것입니다.

해설 빈칸 앞의 문장은 8월 29일 자정에 홈페이지 업데이트가 있다는 내용이므로, 이어서 올 수 있는 문장은 앞의 내용과 연결성이 있어야 한다. 따라서 자정에 업데이트를 하는 이유를 설명하는 내용인 (A)의 'The reason is that Web site traffic is usually low at night (그 이유는 웹사이트 접속량이 일반적으로 밤에 적기 때문이다)'가 정답이다.

12
(A) quick
(B) quicker
(C) **quickly**
(D) quickest

해설 as ~ as사이에는 형용사나 부사의 원급이 와야 한다. 의미상 '문제를 신속하게 해결하려고 노력할 것이다'가 되어야 하므로 '신속하게'라는 뜻의 부사인 quickly가 정답이 된다.

PART 7

[13-14]

Christina　　　　　　　　　　오후 2시 05분
정말 생산적인 회의였어요. 모두가 새 마케팅 전략에 동의한다니 다행이군요.

Joseph　　　　　　　　　　　오후 2시 10분
맞아요. 새 마케팅 전략이 내년 판매를 늘리는 데 도움이 많이 될 것 같아요.

Christina　　　　　　　　　　오후 2시 12분
이메일 주소가 뭐예요? 회의록을 보내 드릴게요.

Joseph　　　　　　　　　　　오후 2시 14분
며칠 전에 제가 드린 명함에 있어요.

Christina　　　　　　　　　　오후 2시 15분
네. 바로 회의록을 보내 드릴게요. 그러면, 다음 회의에서 만나요.

어휘 **productive** 생산적인　**strategy** 전략　**boost** 끌어올리다
minutes 회의록　**business card** 명함

13
오후 2시 10분에 Joseph이 "당신의 의견에 동의해요"라고 말했을 때 그가 의미하는 것은 무엇인가?
(A) 그는 여자가 자신의 말을 반복하기를 원한다.
(B) 그는 여자가 옳다고 생각한다.
(C) 그는 여자의 의견에 동의하지 않는다.
(D) 그는 문제를 처리할 것이다.

해설 'You can say that again'은 상대방의 말에 동의한다는 의미의 표현으로, 이를 잘 설명한 문장은 (B)의 He thinks the woman is correct이다.

14
Christina가 Joseph의 이메일을 요청한 이유는?
(A) 그의 명함을 받기 위해서
(B) 회의에 관해 묻기 위해서
(C) 그에게 회의록을 보내기 위해서
(D) 다음 회의를 잡기 위해서

해설 Christina의 두 번째 대화에서 Joseph에게 이메일 주소를 물으면서, 자신이 회의록(the meeting minutes)을 보내주겠다는 내용이 언급되었으므로 정답은 (C)의 To send him the meeting notes이다.

UNIT 03 동사의 시제

01 현재 시제 & 과거 시제　　　　　　p.133

실력 쌓기

A

1 meet	2 includes
3 arrived	4 decided
5 gathered	

B

1 (C)	2 (B)

해설
1 과거를 의미하는 부사구 last night이 있으므로 동사의 과거형인 (C)의 stopped가 정답이다.

2 '보통, 주로'라는 의미의 부사 usually는 현재 시제와 잘 어울려 쓰인다. 따라서 현재형인 (B)가 정답이다.

02 진행 시제　　　　　　　　　　　p.134

실력 쌓기

A

1 was distributing
2 will be closing
3 will be offering
4 are having
5 am looking

1 내가 방에 들어갔을 때 그는 유인물을 배포하고 있었다.
2 우리는 15분 후에 상점을 폐점할 것이다.
3 더 많은 고객들을 끌어들이기 위해서, 우리는 다음 달부터 특급 배송 서비스를 제공할 것이다.
4 관리자와 직원들이 지금 논의하는 중이다.
5 나는 다음 주에 당신과 만나기를 고대하고 있다.

B

1 (B)	2 (D)

해설
1 빈칸은 동사 자리이므로 (C)는 정답에서 제외된다. 주어가 3인칭 단수이므로 복수 동사인 (A)와 (D)도 정답이 될 수 없다. '~을 요청하고 있다'라는 의미를 나타내는 현재진행 시제인 (B)의 is asking이 정답이다.

2 빈칸은 동사 자리이므로 (C)는 정답에서 제외되며, 주어가 복수형이므로 (A)도 정답이 될 수 없다. 문장 맨 뒤의 'all the time'은

'줄곧'이라는 의미이므로 현재진행 시제인 (D)의 are looking이 정답이 된다.

03 │ 현재완료 p.135

A

1 나는 발표의 개요를 작성하는 것을 막 끝냈다.
2 수입이 더 나은 직업을 찾는 것을 생각해 본 적이 있나요?
3 우리는 이 소프트웨어 프로그램과 관련해서 문제를 많이 겪고 있다.

B

1 (D)	2 (C)

해설

1 현재완료 시제는 since(이후로)와 어울려 쓰인다. (C)와 (D) 모두 현재완료 시제이지만 문장의 주어가 3인칭 단수이므로 (D)의 has attracted가 정답이 된다.
2 '~ 이후에'라는 의미의 접속사 since는 현재완료 시제와 어울려 사용된다. 주어인 the number of complaints가 3인칭 단수이므로 (C)의 has decreased가 정답이 된다.

04 │ 단순미래 & 미래완료 p.136

실력 쌓기

A

1 will arrive / are going to arrive
2 will have started
3 will do / are going to do
4 will double / are going to double

B

1 (D)	2 (C)

해설

1 미래의 어느 시점이 되면 '~해 있을 것이다, ~이 완료되어 있을 것이다'라는 의미를 나타낼 때에는 미래완료 시제(will have p.p.)를 써야 한다. 보기에서 미래완료 시제는 (D)이다.
2 '집을 사려고 할 것이다'라는 의미를 나타내기 위해서는 미래 시제가 필요하다. 보기에서 미래 시제는 (C)이다.

실전 연습 p.138

1 (A)	2 (A)	3 (C)	4 (B)	5 (C)
6 (D)	7 (C)	8 (A)	9 (C)	10 (B)
11 (A)	12 (C)	13 (B)	14 (C)	15 (C)

PART 5

1

그 비서는 Thompson 씨의 소재의 위치를 알아내는 데 어려움을 겪고 있다.

(A) locating
(B) reviewing
(C) promoting
(D) exceeding

해설 빈칸에 들어갈 동명사의 목적어는 Mr. Thompson's whereabouts인데, whereabouts는 '소재', '행방'이라는 의미이다. whereabouts를 목적어로 취하기에 적절한 것은 (A)의 locating이다.

어휘 **secretary** 비서 **have trouble -ing** ~하는 데 어려움이 있다 **whereabouts** 행방, 소재 **locate** 위치를 찾아내다 **review** 재검토하다 **promote** 홍보하다 **exceed** 초과하다

2

도심 지역에 있는 대부분의 상점들은 오전 10시에 영업을 시작하고 오후 9시에 마감한다.

(A) open
(B) opens
(C) have opened
(D) will open

해설 '대부분의 상점들이 오전 10시에 열고, 오후 9시에 닫는다'라는 의미를 완성하기 위해서는 '반복, 습관'을 나타내는 현재 시제가 알맞다. 주어인 stores가 복수형이므로 (A)의 open이 정답이 된다.

어휘 **downtown** 도심 지역

3

이 공장에 있는 많은 직원들은 3개월 전에 있었던 큰 폭의 임금 삭감 이후에 회사를 떠나기로 결정했다.

(A) decide
(B) decides
(C) decided
(D) have decided

해설 과거의 부사구 three weeks ago가 있으므로 빈칸에는 과거 시제가 알맞다. 보기에서 과거 시제는 (C)의 decided뿐이다.

어휘 **employee** 직원 **salary cut** 임금 삭감 **decide** 결정하다

4

이 마을에 있는 유일한 식료품점은 보수 공사를 하고 있기 때문에 임시로 문을 닫았다.

(A) undergo

(B) is undergoing

(C) have undergone

(D) will have undergone

해설 '현재 보수 공사가 진행 중이므로 문을 닫았다'라는 의미가 되어야 하므로 현재진행 시제인 (B)의 is undergoing이 정답이다.

어휘 grocery store 식료품점　temporarily 일시적으로　undergo 겪다

5

이 도시를 방문하는 관광객의 숫자가 지난 몇 달 동안 증가해 오고 있다.

(A) rises

(B) risen

(C) has risen

(D) have risen

해설 부사구 'for the past few months (지난 몇 달 동안)'는 현재완료 시제와 사용된다. 보기에서는 (C)와 (D)가 현재완료인데, 문장의 주어인 the number of visitors가 3인칭 단수이므로 (C)의 has risen이 정답이다.

어휘 tourist 관광객　rise 상승하다, 증가하다

6

새로운 컴퓨터 시스템이 설치될 즈음에는 모든 문제들이 저절로 해결되어 있을 것이다.

(A) work

(B) worked

(C) have worked

(D) will have worked

해설 미래의 시점에서 어떠한 일이 완료되었을 것이라는 의미이므로, 미래완료 시제인 (D)의 will have worked가 가장 적절하다.

어휘 install 설치하다

7

그 설문의 결과는 내년 프로그램을 수정하는 데 사용될 것이다.

(A) apply

(B) afford

(C) modify

(D) notify

해설 보기 중에서 '설문의 결과 (the results of the survey)'가 사용될 수 있는 상황은 프로그램을 '수정 (modify)'하는 것뿐이므로 정답은 (C)이다.

어휘 apply 적용하다　afford ~할 여유가 있다　modify 수정하다
notify 알리다

8

능력 있는 직원들은 자신들을 전문적으로 계발할 기회를 계속해서 찾는다.

(A) look

(B) looked

(C) have looked

(D) looking

해설 빈칸 앞에 constantly가 있는데, 이는 반복적인 의미를 가지고 있다. 따라서 현재 시제인 (A)가 정답이 된다.

어휘 competent 경쟁력 있는, 능력 있는　constantly 계속해서
professionally 전문적으로

PART 6

[9-12]

4월 20일
Jack Peterson 씨께
2342 Elm 가
뉴욕, 뉴욕주 10032

Peterson 씨께,

저는 얼마 전에 귀사의 10주년 기념 행사에 초대를 받았습니다. 친절한 초대에 감사를 드립니다. 안타깝게도, 저는 그날 오후에 선약이 있어서 파티에 참석할 수 없을 것 같습니다. **그날 밤에 제가 책임지고 신경 써야 할 모금 행사가 있어서입니다.** 그렇지 않다면, 분명히 참석했을 것입니다.

이번 행사는 훌륭한 행사가 될 것이라고 확신합니다. 참가할 수 없는 안타까움을 매니저에게 전달해 주시고, 귀사의 10주년 기념에 대한 축하 메시지도 전달해 주시기 바랍니다.

즐거운 행사가 되기를 바랍니다.

Agnes Davis 드림

어휘 invitation 초대　anniversary 기념　thoughtful 친절한
engagement 약속　otherwise 그렇지 않다면　occasion 행사

9

(A) receive

(B) receives

(C) received

(D) am receiving

해설 부사구 'the other day (얼마 전에)'는 과거 시제와 어울리므로 (C)의 received가 정답이 된다.

10

(A) apologize

(B) appreciate

(C) disagree

(D) regret

해설 '당신의 사려 깊은 초대에 감사 드립니다'라는 의미가 되어야 문맥상 자연스러우므로 (B)의 appreciate가 정답이 된다.

11

(A) 그날 밤에 제가 책임지고 신경 써야 할 모금 행사가 있어서입니다.

(B) 저는 기념 행사에 참석하는 데 관심이 없습니다.

(C) 당신이 행사에 초대받지 못했다는 말씀을 드리게 되어 유감입니다.

(D) 저는 초대에 대해 확실히 알지 못합니다.

해설 빈칸 앞의 문장이 '다른 선약이 있어서, 파티에 참석할 수 없다'는 내용이고, 빈칸 뒤에는 '그렇지 않으면, 분명히 참석했을 것이다'라는 내용이므로, 파티에 참석할 수 없는 이유가 무엇인지 구체적으로 밝히고 있는 (A)가 정답이 된다.

12

(A) is

(B) was

(C) will be

(D) has been

해설 문맥상 '그 파티가 훌륭한 행사가 될 것이다'라는 내용이 되어야 하므로 미래 시제인 (C)의 will be가 정답이 된다.

PART 7

[13-15]

> 연례 축제 행사에 대해 다시 한 번 알려드립니다. 이번 행사에는 여러분의 가족과 친구들을 초대할 수 있습니다. 본 행사는 3월 6일 금요일 오후 6시에 개최될 예정입니다. 행사가 진행될 장소는 Kaneohe 가 5639번지입니다. 이 축제는 정규 직원이라면 의무적으로 참석해야 하는 행사이므로, 행사에 참석할 수 없는 분은 책임자와 이야기를 하고 승인을 받아야 할 것입니다. 회사 웹사이트에 있는 등록 링크를 따라서 행사에 등록해 주시기를 바랍니다. 모두 그곳에서 만날 수 있기를 바랍니다.

어휘 reminder 상기시킬 사항 gala 경축 행사 take place 개최되다 approval 승인 mandatory 의무적인 registration 등록

13

공지의 목적은 무엇인가?

(A) 행사가 준비되었음을 확인하기 위해서

(B) 중요한 행사가 있음을 다시 한번 상기시켜 주기 위해서

(C) 직원들의 축제 행사 준비를 독려하기 위해서

(D) 사람들을 파티에 초대하기 위해서

해설 지문의 초반부에 '연례 축제 행사에 대해 다시 한번 알려 주고 싶다 (I have an important reminder about the annual gala event)'는 내용이 있는 것으로 보아, 지문의 목적은 (B)의 중요한 행사가 있음을 상기시키기 위한 것임을 알 수 있다.

14

행사는 얼마나 자주 개최되는가?

(A) 한 달에 한 번

(B) 3개월 마다

(C) 1년에 한 번

(D) 1년에 두 번

해설 지문의 초반부에 annual gala event라고 명시되어 있으므로 행사는 1년에 한 번 열리는 것임을 알 수 있다. 정답은 (C)이다.

15

공지를 읽은 사람들은 어떻게 행사에 등록할 수 있는가?

(A) 사무실을 방문함으로써

(B) 상급자와 이야기함으로써

(C) 웹사이트를 방문함으로써

(D) 초대장을 찾아감으로써

해설 지문의 후반부에 '회사 웹사이트에서 등록을 할 수 있다는 (Please register to the event by following the registration link on our company Web site)' 내용이 있으므로 (C)가 정답이 된다.

UNIT 04 능동태와 수동태

01 | 능동태와 수동태 p.143

실력 쌓기

A

1 promoted 2 was promoted

3 wrote 4 was written

B

1 (C) 2 (B)

해설

1 문맥상 아이디어가 '제안된' 것이므로 빈칸에는 수동태 동사가 필요하다. 보기에서 (C)와 (D)가 수동태인데, 문장의 주어가 단수이므로 (C)의 was suggested가 정답이 된다.

2 '회사에서 나에게 일자리를 준다'라는 의미이므로 능동의 동사가 필요하다. 그런데 문장의 주어가 3인칭 단수이기 때문에 복수 동사인 (A)는 정답이 될 수 없다. 따라서 정답은 미래 시제인 (B)의 will offer이다.

02 | 현재완료 수동태, 조동사 수동태 p.144

실력 쌓기

A

1 has been made

2 should be turned

3 cannot be made

4 has been signed

1 우리는 건물을 깨끗하게 유지하기 위해 많은 노력을 기울였다.
→ 건물을 깨끗하게 유지하기 위해 많은 노력이 기울여졌다.

2 당신은 나가기 전에 모든 전등을 꺼야 한다.
→ 나가기 전에 모든 전등이 꺼져야 한다.

3 그들은 지금 즉시 결정을 내릴 수는 없다.
   → 결정이 지금 즉시 내려질 수는 없다.
4 관리자는 계약서에 서명했다.
   → 계약서가 관리자에 의해 서명되었다.

B

1 (B)	2 (D)

해설

1 '회의에 대해 이미 이야기를 들었다'라는 의미가 되어야 자연스러우므로 수동태 문장이 되어야 한다. 그런데 빈칸 앞에 have가 있는 것으로 보아 완료 수동태가 되어야 하므로 정답은 (B)이다.

2 문장의 주어가 사물이므로, 빈칸에 들어갈 동사는 수동형이어야 한다. 보기들 중 수동형은 (D)뿐이다.

03 | 수동태 관용어구   p.145

실력 쌓기

A

1 involved in
2 satisfied with
3 am excited about
4 engaged in

B

1 (D)	2 (C)

해설

1 'be pleased with'는 '~에 만족하다'라는 의미의 수동태 관용어구이다.

2 'be accustomed to'는 '~에 익숙하다'라는 의미의 수동태 관용어구이다. 이와 같이 자주 출제되는 관용어구들은 반드시 암기해 두어야 한다.

실전 연습   p.147

1 (C)	2 (C)	3 (D)	4 (B)	5 (D)
6 (D)	7 (C)	8 (D)	9 (D)	10 (B)
11 (B)	12 (D)	13 (B)	14 (B)	

PART 5

1
지난주에 이사님이 사무실에 방문한 후에 문이 수리되었다.

(A) repaired
(B) is repaired
(C) **was repaired**
(D) will be repaired

해설 주어가 사물인 door이므로 수동태 문장이 되어야 한다. 그런데 빈칸 뒤에 last week이 있으므로 과거형 수동태인 (C)의 was repaired가 정답이다.

어휘 director 이사   repair 수리하다

2
아무리 많은 돈이 들더라도 대기 오염은 감소되어야 한다.

(A) reduce
(B) is reduced
(C) **be reduced**
(D) been reduced

해설 대기 오염은 '감소되어야 한다'라는 의미가 되어야 자연스러우므로, 빈칸에 들어갈 동사는 수동태가 되어야 한다. 조동사 has to 다음에는 「be + 과거분사」의 형태가 와야 하므로 (C)의 be reduced가 정답이 된다.

어휘 pollution 오염   reduce 감소하다

3
두 도시를 연결하고 있는 고속도로들은 매우 형편없이 유지되어 왔다.

(A) noted
(B) involved
(C) appreciated
(D) maintained

해설 '고속도로가 _____ 되어 왔다'라는 의미를 완성시키기에 적절한 보기는 (D)의 maintained이다.

어휘 connect 연결하다   poorly 형편없이   note 주목하다   involve 수반하다; 관련시키다   appreciate 고마워하다   maintain 유지하다

4
직책에 관심이 있는 사람은 늦어도 이번 주 화요일까지 지원서를 제출하시기 바랍니다.

(A) at
(B) in
(C) with
(D) by

해설 '~에 관심이 있다'라는 의미의 수동태 관용어구인 'be interested in'을 알고 있어야 한다. 정답은 (B)이다.

어휘 position 직책   submit 제출하다   application 지원서   no later than 아무리 늦어도

5
Holmes 씨는 회사에서 그에게 일자리를 제안했다는 소식을 듣고 놀랐다.

(A) surprise

(B) surprises

(C) surprising

(D) surprised

해설 surprise는 '놀라게 하다'라는 뜻의 타동사이므로, 문장의 주어인 Holmes 씨가 '놀랐다'는 의미가 되려면 수동태인 surprised가 되어야 한다. 따라서 정답은 (D)이다.

6

정부는 노숙자와 관련된 문제들을 해결하기 위해서 2천만 달러를 할당하는 것을 계획하고 있다.

(A) economize

(B) refund

(C) receive

(D) allocate

해설 정부가 문제의 해결을 위해서 자금을 어떻게 할 것인지를 생각해 보면 '배분하다', '할당하다'라는 뜻인 (D)의 allocate가 정답이라는 것을 알 수 있다.

어휘 resolve 해결하다 issue 문제 homeless 노숙자 economize 절약하다 refund 환불하다 allocate 할당하다

7

지불을 확인하고 나서 고객님의 소포는 즉시 배송될 것입니다.

(A) deliver

(B) delivered

(C) be delivered

(D) been delivered

해설 조동사 will 다음에는 동사의 원형이 와야 하는데, 문장의 주어가 your package이므로 빈칸에는 deliver가 아닌 be delivered가 와야 한다. 그러므로 정답은 (C)이다.

어휘 immediately 즉시 confirm 확인하다 payment 지불

8

모든 정보가 올바르게 입력되고 나면, 결제 사이트로 넘어가게 될 것입니다.

(A) entered

(B) entering

(C) be entered

(D) been entered

해설 빈칸 앞에 has가 있으므로, 빈칸에는 과거분사인 (A)나 (D)만 올 수 있다. 그런데 문맥상 '정보가 입력된다'라는 의미가 되어야 하므로, 빈칸에는 수동형인 (D)가 와야 한다.

PART 6

[9-12]

기술 지원 팀에서 기술 지원을 담당할 직원을 모집합니다. 이 직책에 지원하려면, 컴퓨터과학 학사 학위와 최소 3년의 관련 분야에서의 경력이 요구됩니다. **관심이 있는 분은 지원서를 제출해 주세요.** 지원서와 함께 이력서와 자기소개서를 7월 11일까지 제출해 주세요. 기술 지원 담당 직원은 우리 회

사의 소프트웨어 제품의 사용자들에게 온라인 지원을 제공할 것입니다. 담당 업무에는 다음사항이 포함됩니다.

– 전화 문의를 처리하는 일
– 온라인 질문에 답하는 일

이 직책에 관해 추가 질문이 있으면, 내선 번호 2424로 전화하여 인재 개발팀의 Jonathan Hampton에게 연락하시면 됩니다.

어휘 B.S. (= Bachelor of Science) 이학사 résumé 이력서 cover letter 자기소개서 inquiry 문의 extension 내선 번호

9

(A) introduction

(B) position

(C) seat

(D) opening

해설 '기술 지원 담당직에 공석이 생겼다'라는 의미가 되어야 자연스러우므로 '공석, 빈자리'라는 의미의 명사인 (D)의 opening이 정답이 된다.

10

(A) require

(B) requires

(C) is required

(D) been required

해설 '이 자리는 ~요건을 필요로 한다'라는 능동의 의미가 되어야 한다. 그런데 주어가 3인칭 단수이므로 (B)가 정답이 된다.

11

(A) 귀하는 이 직책에 지원할 수 없습니다.

(B) 관심이 있는 분은 지원서를 제출해 주세요.

(C) 귀하의 지원서는 적절하게 검토될 것입니다.

(D) 우리는 요즘 인원이 부족합니다.

해설 빈칸 앞에는 이 자리에 필요한 요건에 대해 설명하는 문장이 있고, 빈칸 뒤에는 지원서와 이력서, 자기 소개서가 7월 11일까지 제출되어야 한다는 내용이 있다. 따라서, 빈칸에는 관심이 있으면 지원서를 제출해 달라는 내용의 (B)가 오는 것이 가장 적절하다.

12

(A) turn

(B) turns

(C) turned

(D) be turned

해설 '지원서와 함께 이력서와 자기 소개서가 '제출되어야 한다'라는 의미가 되어야 하므로 조동사의 수동태 should be turned in이 되어야 한다. 따라서 정답은 (D)의 be turned이다.

[13-14]

> **수신:** 전 직원
> **발신:** Jacob Fisher, Manager, 제품 개발 부서
> **제목:** 제품 출시 지연
>
> ND420 제품의 출시와 관련하여 귀하께 최신 소식을 알려 드리기 위해서 메일을 드립니다. 지난 몇 개월 동안의 대규모 시장성 테스트와 고객 설문 조사 이후에, 우리는 우리의 신제품 세탁기인 ND420의 출시를 기존의 출시일에서 올해 12월까지 연기하는 것으로 결론을 내렸습니다.
>
> 이러한 소식이 실망스럽기는 하지만, 추가적인 테스트와 고객 피드백을 위한 시간이 우리의 가장 중요한 목표인 고객 만족을 달성하는 데 도움이 될 것이라고 생각합니다. 일정 변경 때문에 목표 매출 달성이 어려울 것 같은 영업 담당자들을 위해, 우리는 추가적인 판매 촉진 할인을 제공하거나 여러분의 할당량을 줄이는 것을 생각하고 있습니다. 이 문제에 대해 다른 생각이 있는 사람들은 저에게 알려 주시기 바랍니다.

어휘 **reach out to** ~에게 연락하다 **extensive** 대규모의 **positive** 긍정적인 **foremost** 가장 중요한 **customer satisfaction** 고객 만족 **promotional offer** 판촉 할인, 판촉 행사 **quota** 할당량, 몫

13
회사는 최근에 무엇을 하기로 결정했는가?
(A) 생산을 취소한다
(B) 그들의 제품 출시를 연기한다
(C) 고객 설문조사를 실시한다
(D) 영업사원들의 피드백을 취합한다

해설 첫 번째 문단에 신제품인 ND420의 출시를 연기한다는 내용이 있으므로 정답은 (B)이다. 고객의 설문 조사는 제품 출시를 연기하기로 결정하기 전에 이미 실시된 것이므로 (C)는 정답이 될 수 없다. 제품 생산을 취소한다거나 영업사원들의 피드백을 취합한다는 내용은 지문에 언급되어 있지 않다.

14
두 번째 문단 두 번째 줄의 "foremost"와 의미가 가장 유사한 것은?
(A) frequent
(B) primary
(C) intensive
(D) obvious

해설 foremost는 '가장 중요한'이라는 뜻으로서, 문장에서도 단어의 원래 뜻인 '우리의 가장 중요한 목표 (our foremost goal)'라는 의미로 사용되었다. 보기 중에서 이와 유사한 의미의 단어는 '주요한'이라는 의미인 (B)의 primary이다. (C)의 intensive는 집중적인, (D)의 obvious는 '분명한'이라는 뜻이다.

UNIT 05 to부정사

01 | to부정사의 명사적 용법 p.153

실력 쌓기

A

1 to renew, 목적어
2 to visit, 목적격 보어
3 To be, 주어
4 to run, 주격 보어
5 to schedule, 목적어

1 그들은 계약을 갱신하기로 결정했다.
2 새 프로젝트는 그녀가 다른 나라를 매우 자주 방문하도록 해 주었다.
3 능력 있는 매니저가 되는 것은 쉽지 않다.
4 그의 일은 지역 신문에 광고를 내는 것이다.
5 Mark는 그의 상사와 약속 잡는 것에 실패했다.

B

1 (A)	2 (B)

해설
1 want는 to부정사를 목적어로 취하는 동사이다. 정답은 (A)이며, '일하는 것을 원한다'는 의미가 된다.
2 advise는 to부정사를 목적격 보어로 취하므로 정답은 (B)이다. '개선할 것을 충고하다'는 'advise the company to improve'로 표현할 수 있다.

02 | to부정사의 형용사적 용법 p.154

실력 쌓기

A

1 an opportunity to visit
2 a decision to merge
3 the right to speak

B

1 (D)	2 (A)

해설
1 '개조할 방법'이라는 의미가 되려면 to convert가 way를 뒤에서 수식해야 한다. 이처럼 명사를 수식하는 to부정사는 문장에서 형용사와 같은 역할을 한다.
2 effort는 to부정사의 수식을 받는 명사이다. 따라서 '더 많은 관광객을 유치하려는 노력'을 뜻하는 'effort to attract more tourists'가 되는 것이 가장 적절하다.

실력 쌓기

A

1　To provide
2　to announce
3　to increase
4　In order to attract
5　to offer

1　더 나은 서비스를 제공하기 위하여, 호텔에서는 손님의 의견을 받고 있다.
2　우리는 올해 최고의 영업 사원을 발표하게 되어 매우 기쁩니다.
3　업무의 효율성을 높이기 위하여 오래된 사무기기는 교체되어야 한다.
4　투자자들을 끌어 모으기 위하여 새로운 설비가 필요하다.
5　우리는 당신에게 고객 서비스 직원 직책을 제안하게 되어서 기쁩니다.

B

1　(D)	2　(C)

해설

1　문장의 맨 앞에 빈칸이 있고 보기에 to부정사가 있으면, '~하기 위하여'라는 의미로 사용되는 to부정사의 부사적 용법을 고려해 봐야 한다. 정답은 (D)의 To celebrate이다.
2　to부정사의 부사적 용법은 문장의 뒤쪽에도 위치할 수 있다. '고객을 만족시키기 위하여'라는 의미가 되는 것이 자연스러우므로 정답은 (C)의 to satisfy이다.

04 | to부정사를 취하는 동사   p.156

실력 쌓기

A

1　promised to provide
2　wants to increase
3　encourage all the staff members to take

B

1　(A)	2　(B)

해설

1　expect는 to부정사를 목적어로 취하는 동사이다. 따라서 '수천 명의 사람들을 볼 수 있게 되기를 기대한다'는 'expect to see thousands of people'이 되어야 알맞다.
2　request는 to부정사를 목적격 보어로 취하는 대표적인 동사이다. 그러므로 정답은 (B)이다.

실전 연습   p.158

1	(B)	2	(A)	3	(A)	4	(B)	5	(D)
6	(B)	7	(D)	8	(A)	9	(A)	10	(C)
11	(B)	12	(D)	13	(B)	14	(D)		

PART 5

1
IHD는 회사를 재정비하려는 노력으로 지난달에 20명 이상의 직원을 정리해고했다.
(A)　are reorganized
(B)　to reorganize
(C)　reorganizing
(D)　to be reorganized

해설 effort는 to부정사가 뒤에 위치하여 수식하는 형태를 갖는 명사이므로, 정답은 (B)이다. to reorganize는 to부정사의 형용사적 용법으로 쓰였다.

어휘 lay off 정리해고하다   in an effort to ~하기 위한 노력으로

2
그의 훌륭한 자격 요건에도 불구하고, 그는 법률 회사에 취직하는 것에 실패했다.
(A)　to be hired
(B)　to hire
(C)　hiring
(D)　to be hiring

해설 fail은 to부정사를 목적어로 취한다. 의미상 '고용되기에 실패했다'가 되어야 하므로 to부정사의 수동형인 to be hired가 정답이다.

어휘 in spite of ~에도 불구하고   qualification 자격 요건

3
그 컨설턴트는 우리가 제품의 디자인을 향상시켜야 한다고 충고했다.
(A)　to improve
(B)　to be improved
(C)　improving
(D)　improves

해설 advise는 to부정사를 목적격 보어로 취하는 대표적인 동사이다. 따라서 (A)의 to improve가 정답이다.

4
Comfy 소파에서, 우리의 목표는 가장 편안한 의자와 소파를 디자인 하는 것이다.
(A)　designed
(B)　to design
(C)　to be designed
(D)　designs

해설 to부정사는 문장에서 보어 역할을 할 수 있다. 이 문제의 경우 '우리의 목표는 디자인하는 것이다'를 'our goal is to design'으로 표현할 수 있다. 정답은 (B)이다.

5

우리는 4월 말까지 그 오래된 빌딩이 철거되기를 기대한다.

(A) demolishing

(B) being demolished

(C) to demolish

(D) to be demolished

해설 expect는 to부정사를 목적어 또는 목적 보어로 취할 수 있는 동사이다. 빈칸은 목적 보어 자리이므로 to부정사가 들어갈 수 있는데 의미상 수동의 의미가 적절하므로 'to be demolished (철거되기)'가 정답이다.

어휘 demolish 철거하다, 무너뜨리다

6

이 문제에 대한 Davis 씨의 견해는 그녀의 동료들의 견해와 상당히 다르다.

(A) apply

(B) differ

(C) advocate

(D) differentiate

해설 considerable from 뒤의 those는 문장의 앞부분에 있는 views(견해)를 의미하는데, Davis 씨의 견해와 그녀의 동료들의 견해가 서로 다르다는 의미를 완성시키는 (B)가 정답이다.

어휘 view 견해   considerably 상당히   colleague 동료   apply 신청하다   differ 다르다   advocate 지지하다   differentiate 구별하다

7

나는 6월 17일에 만료되는 나의 GJA 골프 회원 자격을 갱신할 필요가 있다.

(A) renew

(B) renewing

(C) to be renewed

(D) to renew

해설 need는 to부정사를 목적어로 취한다. 따라서 정답은 (D)이다.

어휘 expire 만료되다

8

지난해 Kelly의 은퇴 이후로, 회사는 그녀의 일을 넘겨 받을 사람을 찾는 데 어려움을 겪고 있다.

(A) take over

(B) pull over

(C) fill up

(D) put up with

해설 Kelly가 은퇴했으므로, 빈칸에는 '넘겨 받다'는 의미의 동사가 오는 것이 적절하다. 보기 중에서 (A)의 take over가 '넘겨 받다'라는 의미이다.

어휘 retirement 은퇴   take over 대신하다, 넘겨 받다   pull over 길 한쪽에 차를 대다   fill up 가득 채우다   put up with 참다

[9-12]

수신: David Millington ⟨dmillt@stratford.com⟩

발신: Susan Davis ⟨sdavis@worldtop.com⟩

제목: 개인 서류

Millington 씨께,

저희는 World Top 여행사에서 당신과 함께 일하게 되어 기쁩니다. 근무 첫날인 3월 15일에 세 종류의 서류를 준비해서 가져오시기 바랍니다. 첫째로, 개인 정보 양식을 작성해야 하는데, 이는 웹사이트에서 다운로드할 수 있습니다. 여권이나 운전면허증 사본과 전기 요금 청구서와 같은 주소지 증명 서류도 필요합니다. **당신의 정보 처리를 빠르게 할 수 있도록 모든 서류를 가져오십시오.**

World Top 여행사에서 당신과 함께 일하게 되기를 고대합니다.

Susan Davis 드림
매니저, 인사부

어휘 complete 완성하다   passport 여권   proof 증명, 증거   electric bill 전기 요금 청구서   look forward to ~을 고대하다

9

(A) to work

(B) to working

(C) for working

(D) has worked

해설 to부정사는 형용사 뒤에 쓰여 감정의 원인을 나타낸다. 문맥상 '함께 일하게 되어 기쁘다'라는 의미이므로 빈칸에는 to work가 오는 것이 가장 적절하다.

10

(A) prepares

(B) preparing

(C) to prepare

(D) preparation

해설 need는 to부정사를 목적격 보어로 취할 수 있는 동사로서 'need you to prepare (당신이 준비할 필요가 있다)'는 구조가 되어야 한다. 따라서 정답은 (C)의 to prepare이다.

11

(A) with

(B) such as

(C) in addition to

(D) despite

해설 빈칸이 포함된 문장에서는 'proof of your address (주소지 증명 서류)'의 예시로 'electric bill (전기 요금 청구서)'를 들고 있다. 따라서 '예를 들면'이라는 표현인 such as가 오는 것이 가장 적절하다.

12

(A) 당신이 기입해야 하는 몇 가지 중요한 서류가 있습니다.

(B) 신입 사원을 위한 교육 코스는 이번 달에 열릴 것입니다.

(C) 출근 첫날에 서류를 작성하는 것을 잊지 마세요.

(D) 당신의 정보 처리를 빠르게 할 수 있도록 모든 서류를 가져오십시오.

해설 앞의 내용과 연결되는 문장이 삽입되어야 한다. 필요한 서류를 설명하는 내용이 앞에 나왔으므로, 서류들을 잊지 말고 꼭 가지고 오도록 당부하는 문장이 이어지는 것이 가장 자연스럽다. 따라서 정답은 보기 (D)이다.

PART 7

[13-14]

Black Swan 호텔

호텔 제공 사항:

◆ 셰익스피어의 고향에 위치

◆ 로비에서 무료 와이파이 접속 가능

◆ 역사적 가치가 보존된 상태로 최근에 현대식으로 개조됨

◆ 11시까지 영업하는 전통적인 술집이 1층에 있음

◆ 셰익스피어의 생가와 홀리 트리니티 교회 입장료 할인권

예약하시려면, 여기를 클릭하거나 +44 1789 290009로 전화하세요.

Black Swan 호텔, River 가, Stratford-upon-Avon, 워윅셔

어휘 swan 백조 situate 위치시키다 birthplace 고향 renovate 개조하다, 수리하다 modernize 현대화하다 historical 역사적인 traditional 전통적인 voucher 할인권, 쿠폰

13

Black Swan 호텔에 대해 사실이 아닌 것은 무엇인가?

(A) 호텔 건물에 술집이 있다.

(B) 방에서 인터넷을 이용할 수 있다.

(C) 전화로 예약이 가능하다.

(D) 최근에 수리되었다.

해설 Black Swan 호텔에 대해 사실이 아닌 문장을 골라야 하는 문제로, 지문과 보기를 하나하나 비교해야 정답을 고를 수 있다. 지문에는 'Free Wi-Fi Internet access in the lobby (로비에서 무료 와이파이 접속 가능)'라는 내용이 있는데, 로비에서는 무료로 와이파이 사용이 가능하지만 방에서도 가능한지 여부는 알 수 없다. 따라서 정답은 (B)이다.

14

웹페이지에 따르면, 할인 가격에 제공되는 것은 무엇인가?

(A) 셰익스피어 연극표

(B) 관광버스 요금

(C) 음료

(D) 관광지

해설 무엇에 대해 할인이 제공되는지를 묻고 있다. 지문에 'Vouchers for discounted admission to Shakespeare's birthplace and Holy Trinity Church (셰익스피어의 생가와 홀리 트리니티 교회 입장료 할인권)'라는 내용이 있는데, 이 두 장소를 대

체할 수 있는 표현은 (D)의 'tourist attractions (관광지)'이다. 따라서 정답은 (D)이다.

UNIT 06 동명사

01 | 동명사의 역할
p.163

실력 쌓기

A

1 Studying, 주어

2 collecting, 보어

3 working, 전치사의 목적어

4 funding, 목적어

5 getting, 전치사의 목적어

1 외국어를 공부하는 것은 많은 인내심을 요구한다.

2 그의 주된 취미는 만화책을 수집하는 것이다.

3 초과 근무를 하는 대신에 근무 시간을 효율적으로 활용하는 것이 어떨까요?

4 ACC 사는 비영리 기관에 투자하는 것을 고려하고 있다.

5 고객서비스 부서의 Kim 씨는 불만 사항을 접수하는 것에 진저리가 났다.

B

1 (C)   2 (B)

해설

1 의미상 '확장하는 것을 제안했다'가 가장 적절하다. suggest는 동명사를 목적어로 취할 수 있으므로 정답은 expanding이다.

2 빈칸은 주어 자리인데, 'bank loans (은행 대출)'를 목적어로 취하면서 주어로 사용될 수 있는 것은 동명사이다. 따라서 정답은 Providing이다.

02 | 동명사를 목적어로 취하는 동사
p.164

실력 쌓기

A

1 working / to work

2 taking / to take

3 hiring

4 going

5 to live / living

1 한국의 대부분의 노인들은 은퇴 후에도 계속 일하기를 원한다.

2 Anderson 씨는 새로운 소프트웨어 교육 수업을 수강하기 시작했다.

3 이사는 추가 직원 고용을 연기하기로 결정했다.
4 나는 대학 마지막 학년에 취업 설명회에 갔던 것을 기억한다.
5 Brian은 신선한 공기 때문에 시골에서 사는 것을 좋아한다.

B

1 (A)	2 (D)

해설

1 enjoy는 동명사를 목적어로 취하는 동사이다. '이야기하는 것을 즐긴다'는 'enjoy having talks'로 표현할 수 있다.

2 forget은 to부정사와 동명사를 모두 목적어로 취할 수 있는데, to부정사는 미래, 동명사는 과거를 의미한다. '사인할 것을 잊지 말아라'는 미래를 의미하므로 to sign이 정답이다.

03 | 자주 쓰이는 동명사 표현   p.165

실력 쌓기

A

1 White 씨는 직장에서 오랜 시간 일하는 것에 익숙하다.
2 그 고위 관리자는 경영 관리 수업 듣는 데 많은 시간을 소비한다.
3 Star 사는 많은 주문을 처리할 수 있는 능력이 있다.
4 그 리포터는 뉴스 프로그램을 위해 비디오 녹화를 준비하느라 바빴다.

B

1 (D)	2 (C)

해설

1 'look forward to + 동명사' 표현은 '~하기를 고대하다'라는 뜻으로 암기해 두어야 한다. 정답은 relaxing이다.

2 'spend hours + 동명사'는 '~하는 데 오랜 시간을 보내다'라는 뜻으로, 'spend + -ing'의 동명사 표현은 빈번하게 사용되므로 꼭 외워 두어야 한다. 정답은 fixing이다.

실전 연습   p.167

1 (D)	2 (C)	3 (D)	4 (B)	5 (A)
6 (B)	7 (B)	8 (C)	9 (D)	10 (B)
11 (B)	12 (C)	13 (A)	14 (A)	

PART 5

1

Barun 테크놀로지는 은행에서 과도한 금액을 빌린 다음 지난달에 파산했다.

(A) borrow
(B) borrows
(C) to borrow
(D) borrowing

해설 전치사 after 뒤에는 명사 또는 동명사가 올 수 있는데, 빈칸 뒤에는 'too much money'라는 목적어가 있으므로 빈칸에는 동명사인 borrowing이 와야 한다. 정답은 (D)이다.

어휘 go bankrupt 파산하다

2

그 새로운 조합 정책은 쉽게 해고되는 것으로부터 직원들을 보호할 것이다.

(A) get
(B) got
(C) getting
(D) being gotten

해설 'prevent + 목적어 + from + -ing'는 '~가 …하는 것을 막다'라는 의미의 동명사 구문이다. 정답은 getting이다.

어휘 union policy 조합 정책

3

더 큰 모델들은 더 많은 에너지를 소비하기 때문에 중간 크기 히터를 선택하는 것이 더 좋은 생각이다.

(A) Choice
(B) Chose
(C) Chooses
(D) Choosing

해설 빈칸은 주어 자리인데, a medium-sized heater를 목적어로 취하면서 주어 역할을 할 수 있는 동명사가 와야 한다. 따라서 정답은 (D)의 choosing이다.

어휘 consume 소비하다

4

그 공장 관리자는 오래된 절단기를 가능한 한 빨리 새것으로 교체할 것을 고려 중이다.

(A) upgraded
(B) upgrading
(C) to upgrade
(D) being upgraded

해설 suggest는 동명사를 목적어로 취하는 동사이다. 능동형인 (B)와 수동형인 (D) 중에서 정답을 골라야 하는데, 빈칸 뒤에 목적어인 'the old cutting machines'가 있으므로 능동형인 (B)의 upgrading이 정답이 된다.

어휘 supervisor 관리자, 감독자

5

그 캠페인은 은퇴 계획에 대해 생각해 보고 있는 50대들에게 엄청난 영향을 끼쳤다.

(A) impact
(B) attribution
(C) donation
(D) impression

해설 'have an impact on'은 '~에 영향을 주다'라는 의미의 동사 어구로서 빈칸에 들어가기에 적절하므로 (A)가 정답이다. (D)의 impression은 'make an impression on'의 형태로 사용된다.

어휘 **tremendous** 엄청난 **impact** 영향 **attribution** 귀속; 속성 **donation** 기부 **impression** 인상, 감명

6

도시 설계자들은 공원을 쇼핑센터로 전환시키는 것을 시작할 것이다.

(A) conversion
(B) converting
(C) being converted
(D) to converting

해설 start는 to부정사와 동명사 둘 다 목적어로 취할 수 있는 동사이다. 따라서 동명사인 converting이 정답이 된다. (A)의 conversion은 명사인데, 명사는 목적어를 취할 수 없다.

7

나는 서명한 계약서를 공인중개사 사무실로 다시 보내는 것을 잊었다.

(A) send
(B) to send
(C) being sent
(D) have sent

해설 forget은 to부정사와 동명사 모두 취할 수 있다. 동명사인 (C)는 수동태이므로 정답이 될 수 없다. 보기에서는 to부정사인 (B)의 to send가 정답이 된다.

어휘 **real estate office** 공인중개사 사무실

8

그것은 민감한 문제이기 때문에 우리는 최근의 승진에 대해 이야기하는 것을 삼가 달라는 요청을 받았다.

(A) avoid
(B) prevent
(C) refrain
(D) leave

해설 이유를 나타내는 접속사인 since 뒤에 주어인 we가 요청을 받은 것이 무엇인지에 대한 이유가 언급되어 있다. 즉, '그것이 민감한 문제이기 때문에' 최근의 승진에 대해 이야기하는 것을 '삼가 줄 것을 (to refrain from)' 요청 받았다는 의미가 되어야 자연스러우므로 정답이 (C)이다.

어휘 **be asked to** ~하도록 요청을 받다 **recent** 최근의 **promotion** 승진 **sensitive** 민감한 **prevent** 막다, 예방하다 **refrain** 삼가다

[9-12]

시의회
345 Best 가, 2층
워윅 DV35, KI 23001

시의회 직원께,

저는 도심에 주차 공간을 더 요청하기 위하여 이 편지를 씁니다. Stanly 가에 쇼핑 단지를 개발하는 것은 도심 지역으로 더 많은 사람들을 오도록 했습니다. 하지만 사람들은 차를 주차할 공간을 찾는 데 어려움을 겪고 있습니다. 이것은 쇼핑객과 시내에 거주하는 개인들에게도 많은 불편함을 초래하고 있습니다. 실제로, 지난달 *Warwick Times*에 이 문제에 관한 뉴스 기사가 있었습니다. 그 기사에서는 주차 공간의 부족을 지적했습니다. **새로운 주차장 건설 가능 지역 또한 언급했습니다.**

이 문제가 얼마나 심각한지 이해해 주시고 도심에 더 많은 주차 공간 확보 계획을 시작해 주시기를 바랍니다.

감사합니다.

Henry Hudson 드림

어휘 **city council** 시의회 **request** 요청하다 **parking space** 주차 공간 **cause** 야기하다, 초래하다 **inconvenience** 불편함 **individual** 개인 **point out** 지적하다

9

(A) develop
(B) develops
(C) developing
(D) development

해설 빈칸 앞에 정관사 the가 있고, 뒤에는 전치사 of가 있으므로 빈칸에는 명사가 와야 한다. 따라서 정답은 (D)이다.

10

(A) find
(B) finding
(C) to find
(D) have found

해설 'have difficulty + -ing'는 '~하는 데 어려움을 겪다'라는 뜻의 동명사 표현이다. 정답은 finding이다.

11

(A) sales
(B) lack
(C) fear
(D) decrease

해설 쇼핑몰의 개발로 인하여 많은 사람들이 시내로 유입되었고 그로 인해 발생한 주차 공간 부족에 대하여 이야기하고 있다. 따라서 의미상 '주차 공간의 부족'이 가장 적절하므로, 정답은 명사인 (B)의 lack이다.

12

(A) 실제로, 시의회는 주차장 확장 계획을 가지고 있습니다.

(B) 그 뉴스 기자는 그 쇼핑 단지에 가 본 적이 없습니다.

(C) 새로운 주차장 건설 가능 지역 또한 언급했습니다.

(D) 건물 공사에는 2년 이상이 걸릴 것입니다.

해설 *Warwick Times*에 실린 기사의 내용을 언급하고 있는 부분이다. 빈칸 앞에 '주차 공간 부족'에 대한 내용이 있으므로, 이어지는 문장으로는 '새로운 주차장 건설 부지에 대한 언급도 있었다'는 내용이 가장 자연스럽다. 정답은 (C)이다.

PART 7

[13-14]

식기세척기의 외부를 청소하실 때에는, 부드러운 재질의 젖은 천에 연성 세제를 묻혀 사용하시기만 하면 됩니다. 식기세척기 내부를 청소하기 전에 화상을 입지 않도록 기계가 식을 때까지 기다려 주십시오. **식기세척기 전용 세제 이외에 다른 종류의 세제를 사용하지 마십시오.** 기계의 내부 표면을 손상시킬 수 있기 때문입니다. 좋은 상태로 깨끗하게 유지하기 위하여 식기세척기 세제를 사용하여 젖은 스펀지로 부드럽게 문지르십시오. 내부를 청소한 후에는 보통 사이클로 작동시켜주십시오. 식기세척기가 정상적인 사용 준비 상태가 될 것입니다.

어휘 exterior 외부 dishwasher 식기세척기 damp 축축한, 젖은 cloth 천 detergent 세제 burn 화상 surface 표면 rub 문지르다 interior 내부

13

이 설명서는 누구를 대상으로 하는 것인가?

(A) 가전제품 사용자

(B) 레스토랑 주인

(C) 마케팅 기획자

(D) 호텔 주방장

해설 식기세척기의 사용법과 관리법에 대한 내용이므로 가전제품 사용자를 뜻하는 보기 (A) appliance users가 정답이다.

14

[1], [2], [3], 그리고 [4]로 표시된 곳들 중에서 아래 문장이 들어가기에 가장 알맞은 곳은 어디인가?

"식기세척기 전용 세제 이외에 다른 종류의 세제를 사용하지 마십시오."

(A) [1]

(B) [2]

(C) [3]

(D) [4]

해설 주어진 문장이 전용 세제 이외의 다른 세제를 사용하지 말라는 내용인데, [1]번 뒤에 그 이유를 설명하는 문장인 'The reason is that it might damage the inside surface (그 이유는 내부 표면을 상하게 할 수 있기 때문이다)'가 있으므로 [1]에 위치하는 것이 가장 자연스럽다.

UNIT 07 분사

01 | 분사의 역할 p.173

실력 쌓기

A

1 offering 2 written
3 made 4 rewarding
5 organized

1 나는 일자리를 제안하는 편지를 받았다.

2 당신은 나에 의해 작성된 보고서를 읽어 보셨나요?

3 이것은 이사회에서 내려진 결정이다.

4 가르치는 일은 내가 가졌던 것들 중 가장 보람된 직업이다.

5 그의 발표는 잘 준비되었다.

B

1 (D) 2 (B)

해설

1 '305호에서 시연되는 발표'라는 의미를 나타내기 위해서는 과거분사형 shown이 빈칸에 와야 한다.

2 '고객들로부터 나온 반복된 불평'이라는 의미가 되려면 '반복되는'이라는 의미의 과거분사형 repeated가 빈칸에 와야 한다.

02 | 현재분사, 과거분사 p.174

실력 쌓기

A

1 provided 2 experienced
3 prepared 4 making

B

1 (C) 2 (D)

해설

1 주어가 '외국에서 일하고 있는 직원들'이라는 의미가 되어야 하는데, '일하고 있는'이라는 능동의 의미가 되려면 현재분사형 working이 빈칸에 들어가야 한다. 정답은 (C)이다.

2 '3일 전에 이루어진 주문'이라는 의미를 나타내기 위해서는 수동의 의미를 가진 과거분사인 (D)의 placed가 와야 한다.

03 | 주의해야 할 분사형 형용사   p.175

실력 쌓기

A

1 confused   2 depressing
3 excited   4 disappointed

1 그는 그것에 대해 들었을 때 약간 혼란스러워 하는 것처럼 보였다.
2 그 소식은 너무 우울해서 사무실의 모든 사람은 일찍 퇴근했다.
3 우리는 우리의 작업 일정의 변경에 대해 매우 들떠 있다.
4 그들은 경영진이 상여금을 지급하지 않기로 결정했을 때 실망했다.

B

1 (B)   2 (C)

해설

1 '흥미로운'이라는 의미가 되어야 하므로 현재분사형 형용사 interesting이 정답이 된다. 주어가 어떤 것을 '흥미로워하는' 경우에는 'be interested in'이라는 표현을 써야 한다.
2 '~하게 되어 기쁘다'라는 의미를 나타낼 때는 과거분사형 형용사인 pleased가 와야 한다.

04 | 분사구문   p.176

실력 쌓기

A

1 Moving   2 Translated
3 understanding

B

1 (D)   2 (C)

해설

1 '보고서를 완성한 후에'라는 연속 동작을 나타내는 경우 빈칸에는 분사가 와야 한다. 주절의 주어인 we와 보기의 동사인 complete가 능동의 관계이므로 현재분사인 (D)의 completing이 정답이다.
2 '보안 시스템을 점검한 후에'라는 연속 동작을 나타내기 위해 빈칸에는 분사가 와야 한다. 주절의 주어인 experts와 보기의 동사인 examine이 능동의 관계이므로 현재분사인 (C)의 examining이 정답이다.

실전 연습   p.178

1 (C)	2 (C)	3 (C)	4 (D)	5 (B)
6 (A)	7 (D)	8 (A)	9 (C)	10 (C)
11 (B)	12 (A)	13 (A)	14 (A)	

PART 5

1
우리의 목표들 중 하나는 적당한 가격에 양질의 제품을 공급하는 것이다.
(A) demanding
(B) valuable
(C) **affordable**
(D) incomplete

해설 '가격 (price)' 앞에 사용되기에 적절한 형용사는 (C)의 affordable이다.

어휘 quality 양질의   demanding 힘든, 부담이 큰   affordable 감당할 수 있는, (가격이) 적당한   incomplete 불완전한

2
현재 있는 장비를 수리하는 것은 우리가 예상하는 것보다 훨씬 더 많은 비용이 들 것이다.
(A) exist
(B) exists
(C) **existing**
(D) existed

해설 '현재 있는 장비를 수리하는 것은'이라는 의미가 되어야 자연스러우므로 '현존하는, 존재하고 있는' 이라는 의미의 현재분사인 (C)의 existing이 정답이 된다.

3
새로운 시스템을 채택하는 것에 대한 우려가 점점 커져 왔다.
(A) grow
(B) grew
(C) **growing**
(D) grown

해설 빈칸에는 명사 concern을 수식할 수 있는 단어가 와야 하는데, 보기 중에서는 분사인 growing과 grown이 정답이 될 수 있다. 그런데 '점점 커지는 우려'와 같이 능동의 의미가 되어야 하므로 현재분사인 (C)의 growing이 빈칸에 와야 한다.

4
그 장소에 대한 자세한 정보를 원하시면, 동봉된 지도를 참조하세요.
(A) enclose
(B) enclosure
(C) enclosing
(D) **enclosed**

해설 '동봉된 지도'라는 수동의 의미가 되어야 하므로 과거분사인 (D)의 enclosed가 빈칸에 와야 한다.

어휘 **detailed** 자세한　**location** 장소　**enclosed** 동봉된

5

모든 사람은 Next 로펌에 당신이 기여해온 것들이 특별하다는 데 동의한다.

(A) accessible
(B) exceptional
(C) economic
(D) complimentary

해설 보기 중에서 '당신의 기여 (your contributions)'를 수식하는 데 의미상 적절한 것은 (B)의 exceptional뿐이다.

어휘 **contribution** 기여　**accessible** 접근할 수 있는　**exceptional** 특출한, 특별한　**economic** 경제적인　**complimentary** 무료의; 칭찬하는

6

직업이 없어서, Jessica는 생계를 꾸리는 데 어려움을 겪고 있다.

(A) Being
(B) Is
(C) Be
(D) To be

해설 '직업이 없어서, Jessica는 생계를 꾸리는 데 어려움이 있다'라는 의미의 '이유'를 나타내는 분사구문이다. 'Because she is unemployed ~'에서 접속사와 주어가 생략되고 is를 being으로 바꾸어 분사 구문을 만들 수 있으므로 정답은 (A)가 된다.

어휘 **make ends meet** 겨우 먹고 살 만큼 벌다

7

직원들은 새로 구매된 보호 장비를 착용하기로 되어 있다.

(A) purchase
(B) purchases
(C) purchasing
(D) purchased

해설 보호 장비(protective clothing)는 '구매된 (purchased)' 것이지, 보호 장비가 '구매하는 (purchasing)' 것은 아니기 때문에 정답은 (D)이다.

어휘 **protective clothing** 보호 장비

8

최저 임금의 인상에 대해 들은 후, Brown 사는 전체 직원의 30 퍼센트를 해고했다.

(A) hearing
(B) to hear
(C) heard
(D) been heard

해설 주절의 주어인 'Brown Inc.'가 '최저 임금 인상에 대해 들은 후에'라는 의미가 되어야 하므로, 현재분사인 (A)의 hearing이 정답이 된다.

어휘 **minimum wage** 최저 임금　**lay off** 해고하다

PART 6

[9-12]

우리의 신임 최고 경영자로 Katarina Louis 씨가 임명되었음을 알리게 되어 기쁘게 생각합니다. 그녀는 사업 개발과 마케팅 분야에서 자신의 커리어를 쌓은 후에 여러 사업 분야에 관한 폭넓은 경험을 가지고 우리 회사에서 함께 하게 되었습니다. 우리 회사에 합류하기 전에 그녀는 ESCO 사에서 부사장으로 10년간 근무했으며, 그곳에서 사업 영역을 적극적으로 확장해 왔습니다. Louis 씨는 신사업 모델을 개발하면서 그녀의 능력을 보여 주었습니다. 그녀는 여러 부서와 팀을 관리하는 데 성공을 거두었고, 긍정적인 결과를 이끌어 내는 데 매우 충실했습니다. 저는 그녀가 우리 회사의 미래를 위해 새로운 비전을 가지고 성공적으로 회사를 이끌어 나갈 것이라고 확신합니다. 모두 Katarina Louis 씨를 환영해 주시기 바랍니다.

어휘 **appointment** 임명　**extensive** 폭넓은　**vice president** 부사장　**actively** 적극적으로　**multiple** 다수의　**department** 부서　**commitment** 책무; 헌신

9

(A) please
(B) pleasure
(C) pleased
(D) pleasing

해설 'be pleased to ~'는 '~하게 되어 기쁘다'라는 의미이다. 사람의 감정이 '기쁜, 즐거운'을 나타낼 때에는 과거분사형 형용사인 (C)의 pleased가 알맞다.

10

(A) Spent
(B) To spend
(C) Having spent
(D) Being spent

해설 '자신의 모든 경력을 사업 개발과 마케팅 분야에서 쌓은 후에'라는 의미가 되어야 자연스러우므로 연속 동작을 나타내는 분사구문을 완성해야 한다. 보기에서 분사는 (A)의 spent와 (C)의 having spent (D)의 being spent인데, 수동의 의미는 적절하지 않으므로 (C)가 정답이 된다.

11

(A) Concerning
(B) Prior to
(C) After
(D) As soon as

해설 문맥상 '우리 회사에 오기 전에'라는 의미가 되어야 자연스러우므로 '~ 전에, 이전에'라는 의미인 (B)의 prior to가 빈칸에 와야 한다.

12

(A) Louis 씨는 신사업 모델을 개발하면서 그녀의 능력을 보여 주었습니다.

(B) 20년 동안 헌신한 후, Louis 씨는 우리를 떠납니다.

(C) Louis 씨는 우리 회사에 입사하기를 원합니다.

(D) Louis 씨의 학력은 컴퓨터 공학 분야입니다.

해설 빈칸의 앞과 뒤에서 주로 Katarina가 했던 업적이나 활동들에 대해 설명하고 있으므로, '그녀가 신사업 모델 개발하면서 능력이 있음을 보여 주었다'라는 의미의 문장인 (A)가 빈칸에 오는 것이 흐름상 가장 적절하다.

PART 7

[13-14]

이름	Jennifer Brown
전화번호	808-555-2234
숙박일	1월 1일–3일
객실 번호	307

체류 목적 ■ 휴식 □ 업무 □ 회의

아래의 서비스에 얼마나 만족하셨는지 표시해 주세요.

	매우 좋음	좋음	보통	나쁨
기분 좋은 응대	□	□	■	□
체크인 대기 시간	□	■	□	□
객실 관리	□	■	□	□
객실 제공 물품	□	■	□	□
룸 서비스 식사	■	□	□	□
식당과 바	□	□	□	■

13

Brown 씨가 호텔을 방문한 이유는 무엇인가?

(A) 휴가를 위해

(B) 업무를 위해

(C) 학회 활동을 위해

(D) 자선 행사를 위해

해설 양식의 '체류 목적 (purpose of your stay)' 항목에서 'pleasure (휴식)'에 표시되어 있으므로 정답은 (A)이다.

14

호텔의 식당과 바에 대해 알 수 있는 것은?

(A) 만족스럽지 않았다.

(B) 서비스가 좋았다.

(C) 가격이 합리적이었다.

(D) 기대 이상이었다.

해설 양식에서 '식당과 바' 항목에는 'poor (나쁨)'에 표시되어 있으므로 정답은 (A)이다.

UNIT 08 접속사

01 | 등위접속사 / 상관접속사 p.183

실력 쌓기

A

1 so

2 Both, and

3 either, or

4 not only, but also

B

1 (B)	2 (B)

해설

1 문맥상 '브로셔를 직접 가져 오든지, 아니면 나에게 요청할 수 있다'라고 했으므로, '또는, 아니면'이라는 의미의 or가 빈칸에 알맞다.

2 'neither A nor B'는 'A도 B도 아닌'이라는 의미의 상관접속사이다. 정답은 (B)이다.

02 | 명사절 접속사 p.184

실력 쌓기

A

1 회사 구내 식당 메뉴가 개선되었다는 것이 놀랍다.

2 나는 새로운 시스템이 우리 고객들의 요구를 충족시킬 수 있을지 없을지 궁금하다.

3 우리의 문제는 우리가 이 호텔에 그렇게 많은 사람들을 수용할 수 없다는 것이다.

4 나는 우리가 정수 필터를 정기적으로 점검했는지 하지 않았는지 기억나지 않는다.

B

1 (A)	2 (D)

해설

1 '~인지 아닌지'라는 의미의 명사절 접속사는 whether이므로 정답은 (A)가 된다.

2 '~라는 것을'이라는 의미의 명사절 접속사는 that이므로 정답은 (D)가 된다.

03 | 부사절 접속사 I (시간, 조건)
p.185

실력 쌓기

A

1 After		2 As	
3 since		4 Providing that	

B

1 (D)	2 (C)

해설

1 '~가 아니라면'이라는 의미의 접속사는 (D)의 unless이다.

2 '~할 때까지'라는 의미의 접속사는 (C)의 until이다.

04 | 부사절 접속사 II (이유, 양보, 목적, 결과) p.186

실력 쌓기

A

1 since / 우리는 이번 달에 돈이 부족하기 때문에 소비를 줄여야 한다.

2 Though / 공휴일이기는 하지만, 이 지역 대부분의 편의점들은 24시간 동안 영업한다.

3 so that / 그 팀은 회사가 다음달에 수익을 더 낼 수 있도록 새로운 홍보를 시작할 것이다.

B

1 (D)	2 (C)

해설

1 '~에도 불구하고'라는 의미의 접속사는 (D)의 although이다.

2 이유를 나타내는 '~ 때문에'라는 의미의 접속사는 (C)의 because이다.

실전 연습
p.188

1 (B)	2 (A)	3 (B)	4 (A)	5 (A)
6 (D)	7 (D)	8 (A)	9 (A)	10 (C)
11 (B)	12 (A)	13 (D)	14 (B)	

PART 5

1

지난주에 우리가 했던 주문은 수요일이나 목요일에 도착할 것 같다.

(A) both

(B) either

(C) not only

(D) neither

해설 'either A or B'는 'A 혹은 B'라는 의미의 상관접속사로 either와 or가 짝을 이루어 함께 쓰인다. 따라서 정답은 (B)의 either이다.

2

거의 모든 회사들은 새로 고용된 직원이 회사 환경에 적응 할 수 있을지 없을지 알고 싶어 한다.

(A) whether

(B) when

(C) that

(D) in order that

해설 문맥상 '적응할 수 있는지 없는지를 알고 싶어 한다'라는 의미가 되어야 한다. 그러므로 '~인지 아닌지'라는 의미의 접속사인 (A)의 whether가 빈칸에 와야 한다.

어휘 adjust 적응하다   environment 환경

3

CRI 사는 경쟁력 우위를 확보하기 위해서 혁신하려고 노력하고 있다.

(A) qualified

(B) competitive

(C) suitable

(D) promising

해설 '경쟁력 우위'를 의미하는 형용사 어구인 'competitive edge'를 알고 있다면 쉽게 풀 수 있는 문제이다.

어휘 innovate 혁신하다   qualified 적임의, 적격의   competitive 경쟁력 있는   suitable 적합한, 적절한   promising 전도유망한

4

이 기기에 대해 문제가 있으면 동봉된 매뉴얼을 참고하세요.

(A) if

(B) unless

(C) as long as

(D) as

해설 '기기에 문제가 있으면 동봉된 매뉴얼을 참고하세요'라는 의미가 되어야 자연스러우므로 '만일 ~라면'이라는 의미의 접속사인 (A)의 if가 정답이 된다.

어휘 enclosed 동봉된   manual 설명서   device 기기

5

대부분의 고객들이 비싼 제품에 대해서는 기대가 높다는 것을 이해하는 것이 필요하다.

(A) that

(B) what

(C) whether

(D) because

해설 빈칸 뒤의 내용은 빈칸 앞의 to부정사인 to understand의 목적어 역할을 한다. 그러므로 빈칸에는 '~라는 것'이라는 의미를 만드는 명사절 접속사 that이 와야 한다. 정답은 (A)이다.

어휘 expectation 기대 expensive 비싼

6

그 회사가 아시아에 기반을 두고 있기는 하지만, 대부분의 제품들은 전 세계로 수출되고 있다.

(A) If
(B) When
(C) That
(D) Although

해설 '그 회사는 아시아에 기반을 두고 있다'는 내용과 '대부분의 제품들은 전 세계로 수출된다'는 내용은 서로 상반되므로, 빈칸에는 '~에도 불구하고, ~이지만'이라는 의미의 접속사인 (D)의 although가 오는 것이 가장 적절하다.

어휘 export 수출하다

7

일단 이곳의 규칙과 규정을 알게 되면, 당신은 훨씬 더 편안함을 느낄 것이다.

(A) So that
(B) Whether
(C) In case of
(D) Once

해설 '일단 이곳의 규칙과 규정을 이해하면, 당신은 더 편안함을 느낄 것이다'라는 의미가 되어야 문장이 자연스러워진다. 보기들 중에서는 '일단 ~하면'이라는 의미의 접속사인 (D)의 once 외에는 정답이 될만한 것이 없다. (C)의 in case of는 뒤에 절이 아닌 명사(구)를 취하기 때문에 답이 될 수 없다.

어휘 regulation 규정 comfortable 편안한 in case of ~한 경우

8

세금 문제에 관한 자세한 정보를 위해서, 귀하의 지방 의회에 연락하시기를 바랍니다.

(A) further
(B) high
(C) preferred
(D) numerous

해설 빈칸 뒤의 information 앞에 사용되기에 적절한 형용사 어휘를 고르는 문제이다. 세금 문제에 관한 자세한 정보를 얻기 위해 지방 의회에 연락을 해보라는 의미가 되어야 자연스러우므로 정답은 (A)이다.

어휘 regarding ~와 관련한 local council 지방 의회 preferred 우선의 numerous 많은

[9-12]

Blue Bear 여행사
Remington 거리 342번지
뉴욕, 뉴욕 주 10021

Christopher Lee 씨께,

최근에 지원하셨던 저희 여행사의 자리가 이미 충원되었음을 알리게 되어 유감입니다. 귀하의 자격 사항을 꼼꼼히 검토한 결과 귀하의 경험과 직업 목표가 저희 회사의 방향과는 맞지 않음을 알게 되었습니다. 안타깝게도, 저희에게 더 적절한 지원자에게 기회를 주게 되었습니다. **저희 회사에 관심을 가져 주셔서 감사합니다.** 귀하의 경력에 성공을 기원합니다.

감사합니다.

Deborah Parker
인재 개발 팀장

어휘 thoroughly 철저하게 qualification 자격 direction 방향 appropriate 적절한

9

(A) that
(B) when
(C) which
(D) whether

해설 동사 inform의 목적어 역할을 할 수 있는 명사절을 완성해야 하는 문제이다.' ~라는 것을'이라는 의미를 만드는 명사절 접속사인 (A)의 that이 정답이다.

10

(A) Before
(B) As long as
(C) After
(D) In order that

해설 빈칸이 포함된 문장은 '우리가 귀하의 자격 요건을 면밀히 검토한 후에'라는 의미가 되어야 흐름상 자연스러우므로, '~한 후에'라는 의미의 접속사 after가 정답이 된다.

11

(A) Besides
(B) Unfortunately
(C) Nevertheless
(D) In addition

해설 빈칸 앞에 '당신의 경험과 직업 목표가 우리 회사의 방향과 맞지 않는다'라는 내용이 있고, 빈칸 뒤에는 '더 적절한 지원자에게 기회를 주기로 결정했다'는 내용이 이어지고 있다. 이와 같은 내용들을 연결하기에 적절한 접속사는 (B)의 unfortunately이다.

12

(A) 저희 회사에 관심을 가져주셔서 감사합니다.

(B) 불편하게 해드려서 죄송합니다.

(C) 이 문제와 관련하여 신경 써 주셔서 감사합니다.

(D) 저희를 방문해 주신다면 언제든지 환영합니다.

해설 빈칸 뒤에 이어지는 내용이 '당신의 경력에 성공을 기원합니다'라는 내용인데, 이와 가장 잘 어울리는 문장은 '저희 회사에 관심을 가져 주셔서 감사하다'는 내용의 (A)이다.

PART 7

[13-14]

Peter Johnson	오후 5시 5분

내일 홍콩행 항공편을 위해 몇 시에 체크인해야 하나요?

Sarah Taylor	오후 5시 9분

오전 11시에 출발하니까, 우리가 오전 9시까지는 체크인해야 해요.

Peter Johnson	오후 5시 10분

오전 8시쯤에 일찍 체크인하는 것이 어떨까요? 그렇게 한다면, 우리는 출발하기 전에 프레젠테이션 자료들을 검토할 수 있어요. 홍콩에서는 회의하기 전에 시간이 없을 거예요.

Sarah Taylor	오후 5시 11분

좋은 생각이에요!

Tony Dixon	오후 5시 19분

저는 발표를 위한 모든 것을 다시 확인했어요. 무엇을 검토하고 싶은가요?

Peter Johnson	오후 5시 20분

할인율과 제품 가격을 살펴 보고 싶어요.

Tony Dixon	오후 5시 21분

그 수치들에 잘못된 것이 있나요? 그것들은 모두 제대로 되어 있다고 확신해요.

Peter Johnson	오후 5시 22분

우리가 고객에게 3퍼센트의 추가 할인을 해 주었다고 재무팀의 Davis 씨가 오늘 아침에 저에게 알려 줬어요.

Tony Dixon	오후 5시 23분

그렇군요. 알겠어요.

Sarah Taylor	오후 5시 25분

좋아요! 우리는 출입국 관리소 건너편, 면세점 옆에 있는 카페에 가면 되겠군요.

어휘 depart 출발하다 presentation 프레젠테이션, 발표 double-check 다시 확인하다 discount rate 할인율 figure 수치 finance 재무, 재정 client 고객 immigration 출입국 관리소

13

온라인 채팅의 목적은 무엇인가?

(A) 식사할 식당을 선택하기 위해서

(B) 계약 세부 사항을 논의하기 위해서

(C) 면세점 쇼핑에 대해 문의하기 위해서

(D) 비행 전 회의를 준비하기 위해서

해설 5시 10분에 Peter Johnson이 오전 8시에 체크인하자고 제안한 다음, '그렇게 한다면 출발하기 전에 프레젠테이션 자료를 검토할 수 있다고 (Then, we can go over the materials for our presentation before leaving.)' 말했다. 이어서 왜 회의할 시간이 필요한지를 설명하고 있고, 지문의 마지막 부분에서 Sarah Taylor가 모여서 논의할 장소를 제안하고 있다. 따라서 온라인 채팅의 목적은 비행하기 전에 회의를 준비하기 위해서일 것이므로 정답은 (D)이다.

14

오후 5시 21분에 Dixon 씨가 "그것들은 모두 이상 없어요."라고 작성했을 때 그가 의미하는 것은 무엇인가?

(A) 그는 세부 사항을 변경하는 것을 원하지 않는다.

(B) 그는 수치들이 정확하다고 생각한다.

(C) 그는 회의가 열리는 시간에 대해 확신한다.

(D) 그는 그의 관리자가 결정을 내려야 한다고 생각한다.

해설 Johnson 씨가 탑승하기 전에 만나서 프레젠테이션 자료를 검토하자고 제안하자, Dixon 씨는 무엇을 검토하고자 하는지 물었다. 이에 대해 Johnson 씨는 할인율과 제품 가격을 확인하고 싶다고 했고, 이에 대해 Dixon 씨는 "I'm sure they are all in order"라고 작성한 것이다. 따라서, 수치들이 정확하다는 내용의 (B)가 정답이다.

UNIT 09 전치사

01 | 시간 전치사   p.193

실력 쌓기

A

1 at		2 until	
3 for		4 on	
5 in			

1 미술 전시회가 내일 오후 4시에 열린다.

2 안전 점검이 다음달까지 연기되었다.

3 Nelson's 북카페는 6개월 동안 이윤을 남기지 못했다.

4 그들은 일요일에 출장에서 복귀할 것이다.

5 Morris 씨는 2020년에 최고 재무 책임자로 승진했다.

B

1 (C)	2 (C)

해설

1 의미상 '이번 주 금요일까지 보내져야 한다'가 가장 자연스러우므로, 완료를 뜻하는 전치사 by가 정답이다.

2 '시각'을 나타내는 단어인 noon 앞에는 전치사 at을 써야 한다.

02 | 장소, 방향, 위치 전치사   p.194

실력 쌓기

Ⓐ

1	in	2	throughout
3	at	4	in
5	next to		

1 그 호텔에는 넓은 회의실이 몇 개 있다.
2 질병이 전국에 걸쳐서 빠르게 퍼지고 있다.
3 프로그램에 등록하시려면, BC 학습 센터에서 신청 양식을 작성해 주시기 바랍니다.
4 Morris 씨는 시애틀에서 개최되는 분기 세미나를 준비하느라 바쁘다.
5 당신은 프린터 옆에서 금고를 찾을 수 있다.

Ⓑ

1	(B)	2	(A)

해설
1 Maple 가와 같은 '거리' 이름 앞에는 전치사 on이 사용된다.
2 '빌딩 안으로 걸어 들어가다'는 'walk into the building'으로 표현할 수 있다. 따라서 '~ 안으로'를 뜻하는 방향의 전치사 into가 정답이다.

03 | 기타 전치사   p.195

실력 쌓기

Ⓐ

1	by	2	by
3	with	4	with
5	as		

1 나의 급여는 5퍼센트만큼 상승했다.
2 우리는 이메일이나 팩스로 견적을 보낼 수 있다.
3 사무실에서 나갈 때 열쇠로 문을 잠그세요.
4 Digital World의 최신 카메라 모델에는 추가 렌즈가 함께 들어 있다.
5 Evans 씨는 지난주 화요일에 수석 마케팅 관리자에서 사임했다.

Ⓑ

1	(A)	2	(B)

해설
1 차이를 의미하는 전치사는 by이다. 따라서 '9% 올랐다'는 'rose by 9 percent'로 표현할 수 있다.
2 동반을 의미하는 전치사는 with이다. 이 문장에서 '적절한 안전

장비를 갖추고'라는 표현은 'with the proper safety gear'로 나타낼 수 있다.

04 | 전치사 vs. 접속사   p.196

실력 쌓기

Ⓐ

1 (Despite / In spite of), (Although / Though)
2 (while), (during)
3 (because), (because of / due to / owing to)

Ⓑ

1	(B)	2	(D)

해설
1 빈칸 뒤에 명사구가 있으므로 빈칸에는 전치사가 와야 한다. 보기에서 전치사는 (B)의 because of이다.
2 빈칸 뒤에 「주어 + 동사」가 있으므로 빈칸에는 접속사가 와야 한다. 문맥상 '~함에도 불구하고'를 의미하는 접속사인 although가 오는 것이 가장 자연스럽다. (A)의 despite도 '~에도 불구하고'라는 뜻이지만, 이는 전치사이므로 정답이 될 수 없다.

실전 연습   p.198

1	(A)	2	(A)	3	(C)	4	(C)	5	(B)
6	(D)	7	(A)	8	(D)	9	(D)	10	(B)
11	(A)	12	(D)	13	(C)	14	(A)	15	(B)
16	(D)								

PART 5

1
Evan's 식당은 다음 주부터 9시에 영업을 종료한다.
(A) at
(B) in
(C) on
(D) to

해설 시간 앞에 올 수 있는 전치사는 at이다.

2
여름 휴가를 쓰고자 하는 직원들은 10월 21일까지 인사부서의 Wilson 씨에게 알려야 한다.
(A) by
(B) until
(C) for
(D) as

해설 '인사부서의 Wilson 씨에게 10월 21일까지 알려야 한다'는 의미이다. 즉, 완료의 의미로서 '~까지'를 뜻하는 전치사인 by가 사용되어야 한다.

어휘 inform 알리다   HR Department 인사부서

3
최고 경영자는 다음 주가 지나서야 출근할 것이다.

(A) with

(B) at

(C) until

(D) on

해설 '최고 경영자는 다음 주까지 사무실에 오지 않을 것이다'라는 의미가 되어야 하므로, '~까지'라는 의미를 가지면서 '계속'을 뜻하는 전치사 until이 정답이다.

4
오후 7시 30분에 출발한 베를린행 열차가 곧 도착할 것이다.

(A) arguably

(B) readily

(C) shortly

(D) carefully

해설 빈칸 앞의 동사인 arrive를 수식하기에 가장 적절한 부사는 (C)의 shortly이다.

어휘 depart 출발하다   arguably 주장하건대   readily 손쉽게

5
Toby's 서핑은 Great Beach 로의 경찰서 옆에 있다.

(A) in

(B) on

(C) at

(D) by

해설 '도로' 앞에 올 수 있는 전치사는 on이다.

6
UNESE는 전 세계에 많은 사무실을 두고 있는 대규모 단체이다.

(A) on

(B) at

(C) along

(D) throughout

해설 '전역에 걸쳐, 곳곳에'를 뜻하는 전치사는 throughout이다.

어휘 organization 단체, 조직   along ~을 따라서   throughout 도처에

7
Lake 가의 공사 지연 때문에, 출근하는 데 15분이 더 걸린다.

(A) Because of

(B) Since

(C) As

(D) In spite of

해설 빈칸 뒤에 명사가 있으므로 빈칸에는 전치사가 와야 한다. 의미상 '공사 지연 때문에'가 가장 자연스러우므로 '~ 때문에'를 뜻하는 전치사 because of가 정답이 된다.

어휘 construction 건설   delay 지연   in spite of ~에도 불구하고

8
해외 진출의 결과는 예상보다 아주 약간 높은 수준이었다.

(A) necessarily

(B) permanently

(C) commonly

(D) marginally

해설 빈칸 앞에 only가 있는 것으로 보아, '약간'이라는 뜻의 부사인 (D)의 marginally가 의미상 가장 적절하다는 것을 알 수 있다.

어휘 overseas 해외의   expansion 확장, 팽창   expectation 예상   necessarily 필연적으로   permanently 영구적으로   commonly 흔히   marginally 약간

PART 6

[9-12]

> Homemade 가구는 수리를 완료하고 2월 20일 목요일에 재개장하게 되었다는 소식을 알리게 되어 기쁘게 생각합니다. 저희는 계속해서 도시에서 가장 좋은 품질의 가구를 합리적인 가격에 제공할 것을 약속합니다.
>
> 재개장을 기념하기 위해서, 여러분들을 특별 할인 행사에 초대합니다. 2월과 3월에, 모든 소파와 침대가 30퍼센트 할인됩니다. 또한, 300달러 이상을 구매하시면, 추가로 5퍼센트를 더 할인 받을 것입니다. 지금 (818) 987-0008로 전화해 주세요. 저희는 여러분이 가지고 있는 어떠한 문의 사항에도 기쁘게 답변해 드릴 것입니다.

어휘 be pleased to ~해서 기쁘다   announce 발표하다, 알리다   renovation 수리; 개조   affordable (가격이) 적당한   celebrate 기념하다   additional 추가적인

9
(A) to

(B) in

(C) at

(D) on

해설 요일 앞에 오는 전치사는 on이다. 따라서 정답은 (D)이다.

10
(A) continue

(B) to continue

(C) continuing

(D) continuous

해설 promise는 to부정사를 목적어로 취할 수 있다. '계속하기로 약속하다'는 promise to continue와 같이 표현하는 것이 가장 적절하다.

11

(A) purchase

(B) purchases

(C) purchasing

(D) purchased

해설 주어 역할을 하면서 소유격 뒤에 올 수 있는 품사는 명사이다. 그런데 빈칸 뒤의 동사인 is는 3인칭 단수를 주어로 취하므로 정답은 purchase이다.

12

(A) 반드시 4월 전까지 주문해 주세요.

(B) 특별 선물은 한정되어 있다는 것을 잊지 마세요.

(C) 불편을 드려 죄송합니다.

(D) 저희는 여러분이 가지고 있는 어떠한 문의 사항에도 기쁘게 답변해 드릴 것입니다.

해설 빈칸의 앞 문장이 '전화를 해달라'는 내용이므로, 이어지기에 가장 자연스러운 문장은 '문의 사항에 기쁘게 답변하겠다'는 내용의 (D)이다.

PART 7

[13-16]

국제 Gentle Art 상

9월 15일 – Gentle Art는 비영리 단체로서 지난 8년 동안 국제 디자인 공모전을 주최해 왔다. 이 대회는 젊은 디자이너들에게 창의적인 자세를 가지도록 하며 자신들의 재능을 보여줄 것을 장려하는 것을 목적으로 한다.

올해, 참가자들은 다음의 컨셉을 나타내는 포스터를 디자인할 것이다: "우리는 서로를 존중합니다". 상위 10인의 입상자들은 Gentle Art 상장을 받게 될 것이며, 우승자에게는 10,000달러가 수여될 것이다. 대회는 모든 개인과 단체에게 열려 있다. 참가는 온라인으로만 신청이 가능하다. 웹사이트 www.gentleart.com에 방문하면 된다.

어휘 nonprofit 비영리의   organization 단체   finalist 결승전 진출자, 입상자   entry 응모, 참가

13

기사는 무엇을 언급하고 있는가?

(A) 연례 미술 전시회

(B) 새로운 형식의 건축 양식

(C) 미술 공모전

(D) 업무 연락

해설 신문 기사의 주제를 묻는 질문이다. 제목에서도 알 수 있듯이 국제 Gentle Art 상을 주는 contest(대회)에 대한 내용이다. 따라서 정답은 contest를 비슷한 단어로 바꾼 (C) An art competition이다.

14

기사는 누구를 위한 것일 것 같은가?

(A) 미술을 공부하는 학생들

(B) 여행사

(C) 광고회사

(D) 갤러리 소유주

해설 'This contest is to encourage young designers to be creative and to show their talent (젊은 디자이너들이 창의적인 자세를 갖도록 하며 재능을 발휘할 수 있도록 응원하기 위하여 이 대회를 개최합니다)'라는 내용이 있으므로, 기사의 대상은 (A) Art students일 것이다.

15

참가자들은 무엇을 디자인할 것인가?

(A) 로고

(B) 포스터

(C) 책 표지

(D) 우표

해설 'participants will design a poster (참가자들은 포스터를 디자인할 것입니다)'라고 했으므로 정답은 (B)이다.

16

행사에 참가하려면 사람들은 무엇을 해야 하는가?

(A) 이메일을 보낸다

(B) 신청서를 팩스로 보낸다

(C) 기관에 전화한다

(D) 웹사이트에서 등록한다

해설 응모하는 방법을 묻는 질문이다. 'Entries must be submitted online (출품은 온라인으로 제출되어야 합니다)'라고 했으므로 정답은 (D)의 Register on the Web site이다.

UNIT 10   관계대명사 / 관계부사

01 | 주격 관계대명사   p.203

실력 쌓기

A

1 (who / that), 우리는 대중 연설에 뛰어난 누군가를 고용할 필요가 있다.

2 (which / that), 지질학이란 지구를 형성하는 암석과 입자를 연구하는 학문이다.

3 (which / that), 온라인에서 거래되는 많은 제품들은 정가보다 저렴하다.

4 (who / that), John Cox는 곧 있을 프로젝트를 이끄는 데 관심이 있는 매니저들 중 한 명이다.

B

1 (B)	2 (A)

해설

1 선행사가 programs로 사물이고 빈칸 뒤에 동사가 오기 때문에 주어 역할을 하는 관계대명사가 필요하므로 정답은 which이다.

2 선행사가 linguist로 사람이고, 빈칸 뒤에 동사가 오기 때문에 주어 역할을 하는 관계대명사가 필요하다. 따라서 정답은 who이다.

02 | 목적격 관계대명사   p.204

실력 쌓기

A

1 which / that	2 O
3 O	4 which / that
5 who / that	

1 주문하신 검정색 정장은 현재 재고가 없습니다.

2 Ellis Morris는 내가 함께 일했던 사람들 중 최고의 연구자들 중 한 명이다.

3 내가 토론회에서 봤던 초청 연사는 영어와 프랑스어를 모두 유창하게 말했다.

4 European Dining은 유기농으로 재배된 신선한 야채들만을 엄선한다.

5 내가 함께 근무했던 기술자들은 특별히 재능이 있었다.

B

1 (B)	2 (A)

해설

1 빈칸에는 관계대명사가 와야 하는 자리인데 선행사가 plans로 사물이므로 (A)와 (D)는 정답에서 제외된다. 선행사가 사물이면서 전치사의 목적격으로 쓰일 수 있는 관계대명사는 that이나 which이므로 정답은 (B)이다. 빈칸 앞에 전치사가 있을 경우에는 which만 쓸 수 있다.

2 선행사가 architect로 사람이고, 전치사의 목적격으로 쓰일 수 있는 관계대명사는 who(m)와 that이다. 따라서 정답은 (A)이다. 빈칸 앞에 전치사가 있다면 whom만 쓸 수 있다.

03 | 소유격 관계대명사 vs. 관계대명사 what   p.205

실력 쌓기

A

1 whose	2 what
3 whose	4 What
5 whose	

1 시청에 전시되어 있는 사진들의 작가의 이름이 무엇이었나요?

2 오해는 사무실 내의 지나친 긴장감에서 비롯된다.

3 나는 미국 문학상 최고의 소설 부문에서 우승한 책의 작가를 만났다.

4 그녀가 기자 회견에서 말한 것은 진실이었다.

5 회사는 예산 관리를 포함한 업무를 책임질 회계사를 채용 중이다.

B

1 (A)	2 (B)

해설

1 '컨설턴트가 우리에게 말한 것'이 주어이다. 빈칸 앞에 선행사가 없기 때문에 정답은 관계대명사 what인데, 이는 the thing that으로 바꾸어 쓸 수 있다.

2 '목록에 이름이 없는 직원들'이라는 의미가 되어야 한다. 보기들 중 '직원들의'를 의미하는 것은 소유격 관계대명사인 whose이다.

04 | 관계부사   p.206

실력 쌓기

A

1 where	2 how
3 when	4 why

B

1 (B)	2 (D)

해설

1 선행사가 장소를 뜻하는 place이고 빈칸 뒤에 완벽한 문장이 있기 때문에 관계부사 where가 정답이 된다.

2 '사람들이 서로 의사소통하는 방식'이라는 의미를 완성할 수 있는 단어는 관계부사 how이다. 관계부사 how는 선행사 the way와 함께 사용할 수 없다는 사실에 주의하자.

실전 연습   p.208

1 (A)	2 (B)	3 (B)	4 (A)	5 (C)
6 (B)	7 (A)	8 (B)	9 (B)	10 (A)
11 (B)	12 (B)	13 (A)	14 (D)	

PART 5

1

지원서가 심사 과정에서 통과된 지원자들은 인사과로부터 이메일을 받게 될 것이다.

(A) whose

(B) who

(C) whom

(D) their

해설 '지원서가 심사 과정에서 통과된 지원자들'이 되어야 하므로, '지원자의'라는 의미를 갖는 소유격 관계대명사 whose가 빈칸에 와야 한다.

어휘 applicant 지원자   application 지원서   screening process 심사 과정

2

Anne Lewinski는 3년 동안 연달아 세계 선수권에서 우승한 기량이 뛰어난 피겨 스케이팅 선수이다.

(A) which

(B) who

(C) her

(D) she

해설 선행사가 skater로 사람이고 주어 역할을 하는 관계대명사가 빈칸에 와야 하므로 who나 that이 정답이 될 수 있다. 따라서 (B)가 정답이다.

어휘 accomplished 기량이 뛰어난   in a row 연달아

3

신제품의 대부분이 급하게 만들어져서, 그것들은 고객들로부터 좋은 평가를 전혀 받지 못했다.

(A) carefully

(B) hastily

(C) promptly

(D) thoroughly

해설 고객들로부터 좋은 평가를 전혀 받지 못한 결과를 가져온 이유로서 적절한 내용이 되려면, 제품이 '급하게' 만들어졌다는 의미가 되어야 한다. 따라서 정답은 (B)이다.

어휘 customer 고객   carefully 신중하게   hastily 급하게   promptly 지체 없이   thoroughly 완전히

4

많은 사람들이 IBS 사의 설립자가 태어난 곳에 방문한다.

(A) where

(B) it

(C) that

(D) its

해설 선행사가 place로 장소이고, 뒤에 완벽한 문장이 오기 때문에 빈칸에는 관계부사 where가 와야 한다.

어휘 founder 설립자

5

Smart Process Management Software는 우리 회사가 업무 효율성을 향상시키기 위해 필요한 것이다.

(A) which

(B) that

(C) what

(D) whose

해설 빈칸이 포함된 부분의 내용은 '우리 회사가 필요로 하는 것'을 의미하는데, 선행사가 없으므로 정답은 what이 된다. 이는 the thing that으로 바꾸어 쓸 수 있다.

어휘 improve 향상시키다   efficiency 효율성

6

나는 수입 업무를 전문적으로 하는 회사에서 일하기를 원한다.

(A) who

(B) which

(C) whose

(D) what

해설 선행사가 company이고, 빈칸 뒤에 동사가 있기 때문에 빈칸에 들어갈 단어는 주어 역할을 해야 한다. 따라서 주격 관계대명사 which가 정답이다.

어휘 specialize 전문적으로 다루다   import 수입하다

7

당신이 찾고 있는 잡지들은 인터넷에서 무료로 볼 수 있다.

(A) which

(B) who

(C) when

(D) where

해설 보기들 중 look for 뒤에 올 수 있는 전치사의 목적어 역할을 하면서 선행사 magazines 뒤에 올 수 있는 관계대명사는 (A)의 which이다.

어휘 look for 찾다   available 이용할 수 있는

8

센터에서 인공지능기술 분야에서 널리 알려진 연구원들을 고용하기로 결정했다는 소식을 발표하게 되어 기쁩니다.

(A) precisely

(B) widely

(C) skillfully

(D) abruptly

해설 be동사와 known 사이에 들어가기에 의미상 적절한 부사를 골라야 한다. 특정 분야에서 '~하게' 알려져 있다는 내용이므로, '널리'라는 뜻의 부사인 widely가 가장 적절하다.

어휘 precisely 정확하게   widely 널리   skillfully 교묘하게   abruptly 갑자기

PART 6

[9-12]

전 직원 여러분께,

경영진이 워크샵을 연기하기로 결정했다는 것을 알려 드리고자 하는데, 이는 12월 3일로 예정되어 있었습니다. 여러분도 아시다시피, 우리는 지금까지 받았던 것들 중 최대 규모의 주문을 처리하고 있습니다. 이와 같이 바쁜 때에 행사를 일정대로 진행하는 것은 너무 어려울 것입니다. **새로운 날짜는 아직 정해지지 않았습니다.** 인사과의 Lee 씨가 날짜가 결정되는 대로 여러분께 이메일을 보낼 것입니다. 추가 문의 사항이 있을 경우, (055) 343-6655로 Lee 씨에게 연락하세요.

어휘 management 경영진   postpone 연기하다   deal with 처리하다   arrange 정하다

9

(A) who
(B) **that**
(C) whose
(D) where

해설 사물 선행사인 order 뒤에 오면서 목적어 역할을 할 수 있는 관계대명사는 which와 that이다. 따라서 정답은 (B)이다.

10

(A) **to fit**
(B) fitting
(C) fit
(D) being fit

해설 'too ~ to부정사'는 '너무 …해서 ~할 수 없다'는 의미를 갖는다. '너무 바빠서 우리의 일정대로 행사를 진행할 수 없다'는 내용이 되어야 자연스러우므로 정답은 (A)의 to fit이다.

11

(A) 워크샵을 취소하는 것이 최선입니다.
(B) 새로운 날짜는 아직 정해지지 않았습니다.
(C) 워크샵은 오직 신입 직원들만을 위한 것입니다.
(D) 이번 연기는 심각한 손실을 초래할 것입니다.

해설 빈칸 뒤에 새로운 날짜가 정해지면 이메일을 보낼 것이라는 내용이 언급되어 있다. 따라서 그 전에는 '아직 새로운 날짜가 정해지지 않았다'는 내용이 오는 것이 가장 자연스럽다. 정답은 (B)이다.

12

(A) far
(B) **further**
(C) farther
(D) furthest

해설 '추가의'라는 의미의 형용사의 비교급은 (B)의 further이다.

PART 7

[13-14]

Maliki 지역 센터 유치원

MCC 유치원에서는 어린이들에게 안전한 환경에서 양질의 교육과 돌봄을 제공합니다. 우리는 8개월부터 미취학 연령의 어린이들을 받습니다. 우리는 지난 30년 동안 하와이 주로부터 허가를 받아왔고 아동 발달과 교육을 촉진하기 위해 최선을 다하고 있습니다. MCC는 부모님들이 직장에 있을 때 그들의 어린이들을 잘 돌봄으로써 우리 주의 일하는 부모님들의 요구를 충족시키려고 노력하고 있습니다.

우리는 또한 휴가 기간 동안 아이들이 교육을 계속하기를 원하는 다른 주의 가족들에게도 개방되어 있습니다. MCC는 어린이들이 문화적이고 교육적인 기회에 참가하도록 함으로써 가족들이 하와이에서 휴가를 즐길 수 있도록 하고 있습니다. 우리에 대한 더 많은 정보를 위해서, (808) 223-2223으로 전화해 주세요.

어휘 preschool 유치원 promote 촉진시키다 out-of-state 다른 주의 engage in ~에 참여하다

13

안내문은 주로 무엇에 관한 것인가?

(A) 어린이들을 위한 교육 기회
(B) 부모들을 위한 휴가 프로그램
(C) 어르신들을 위한 자원봉사 프로그램
(D) 하와이에서의 문화 체험

해설 지문의 초반부에서 'MCC Preschool provides children with a quality education and care ~'라는 내용에서 알 수 있는 것처럼, 이 정보는 아이들을 위한 교육 기회에 관한 것임을 알 수 있다. 정답은 (A)이다.

14

다른 주의 가족들에 대해 추론할 수 있는 것은 무엇인가?

(A) 그들은 문화적인 활동들에 주로 관심이 있다.
(B) 그들은 하와이에서 교육 받는 것을 원하지 않는다.
(C) 그들은 하와이로 이주하려고 한다.
(D) 그들은 흔하게 휴가 동안 하와이를 방문한다.

해설 지문의 중반부에서 자신들은 해당 주에 거주하는 사람들이 아닌 이들을 위해서도 '휴가 기간 중에 (while they are still on vacation)'도 교육의 기회를 제공하고 있다는 정보를 전달하고 있는 것으로 보아, 다른 주의 가족들이 휴가 동안에 하와이에 방문하는 경우가 있다는 것을 추론할 수 있다. 정답은 (D)이다.

UNIT 11 가정법

01 | 단순 조건문, 가정법   p.213

실력 쌓기

A

1 knew, would go
2 rains, will be canceled
3 were, would apply
4 back up, will not lose

B

1 (A)	2 (D)

해설

1 if 절의 동사가 현재형이므로 단순 조건문임을 알 수 있다. 따라서 주절의 동사는 미래 시제가 되어야 하므로 정답은 (A)의 will이다.

2 if 절의 동사가 과거형이므로 이는 가정법 과거 문장이다. 그러므로 주절에는 (D)의 would continue가 와야 한다.

실력 쌓기

A

1 would take
2 would have tried
3 were
4 had invited

B

1 (C)	2 (D)

해설

1 가정법 과거완료 문장이다. if절에 과거완료 동사 had attended 가 쓰였으므로, 주절의 동사 형태는 (C)의 would have found 가 되어야 한다.

2 가정법 과거 문장이다. 주절에 would use가 있으므로 if절에는 (D)의 lived가 와야 한다.

03 | 혼합 가정법   p.215

실력 쌓기

A

1 열차가 (과거에) 조금 더 일찍 출발했더라면, 우리가 (지금) 미팅에 늦지 않을 텐데.
2 당신이 (과거에) 이 프로젝트와 관련해서 나를 도와주지 않았더라면, 나는 (지금) 그것을 끝내지 못할 텐데.
3 철도 직원들이 (과거에) 임금 인상을 받지 않았다면, 그들은 (지금) 파업하고 있을 텐데.
4 Bruno 씨가 (과거에) 큰 실수를 하지 않았더라면, 그는 (지금) 승진 대상자일 텐데.

B

1 (D)	2 (B)

해설

1 '과거에 ~했더라면, 지금 …할 텐데'라는 의미를 표현하기 위해서는 혼합 가정법이 필요하다. 혼합 가정법 문장에서 if절에는 'had + 과거분사' 형태를, 주절에는 'would + 동사원형'을 써야 한다. 따라서 정답은 (D)의 had offered이다.

2 해석을 참고해 보면 '과거에 ~했더라면, 지금 …할 텐데'라는 의미이므로 이는 혼합 가정법 문장이다. 혼합 가정법은 if절에는 'had + 과거 분사'의 동사 형태를 쓰고 주절에는 'would + 동사원형'을 써야 한다. 따라서 정답은 (B)의 would이다.

실전 연습   p.217

1 (A)	2 (C)	3 (C)	4 (A)	5 (D)
6 (B)	7 (C)	8 (A)	9 (B)	10 (B)
11 (B)	12 (B)	13 (C)	14 (A)	15 (A)
16 (B)	17 (B)			

PART 5

1
도움이 필요하시다면, 제가 기꺼이 당신을 도와 드릴게요.
(A) need
(B) needed
(C) be needed
(D) had needed

해설 단순 조건문 문장이다. 주절의 동사가 will be이므로 if절에는 현재형의 동사가 필요하다. 따라서 (A) need가 정답이 된다.

2
직장이 내가 있는 곳에서 더 가깝다면 나는 내 일을 더 즐겁게 할 텐데.
(A) enjoy
(B) will enjoy
(C) would enjoy
(D) would have enjoyed

해설 가정법 과거 문장이다. if절에 과거 동사 was가 쓰였으므로 주절에는 (C)의 would enjoy가 필요하다.

3
내가 당신의 직책에 있다면, 나는 상황을 더 자세히 살펴볼 텐데.
(A) took
(B) will take
(C) would take
(D) would have taken

해설 if절의 동사가 were이므로 이는 가정법 과거 문장이라는 것을 알 수 있다. 그러므로 주절에는 (C)의 would take가 와야 한다.

어휘 take a closer look 더 자세히 살펴보다

4
환경 운동가들의 반대에도 불구하고 신규 고속도로를 위한 계획은 진행될 것이다.
(A) in spite of
(B) in terms of
(C) in place of
(D) in charge of

해설 빈칸 뒤의 '환경 운동가들의 반대'는 빈칸 앞의 '신규 고속도로를 위한 계획'에 걸림돌이 되는 내용이다. 그러므로 '~에도 불구하고'라는 의미인 (A)의 in spite of가 정답이다.

어휘 proceed 진행되다　opposition 반대　environmentalist 환경 운동가

5

그들이 소포 제대로 살펴봤다면, 음식이 상하지 않았을 것이다.

(A) gone

(B) going

(C) to go

(D) have gone

해설 if절에 동사가 had checked이므로 이는 가정법 과거완료이다. 따라서 주절의 동사는 (D)의 have gone이 되어야 한다.

6

내일 날씨가 좋다면, 우리는 야외 콘서트를 개최할 수 있을 것이다.

(A) were

(B) will be

(C) would be

(D) would have been

해설 if절의 동사가 현재형인 is이므로 이 문장은 단순 조건문이다. 따라서 정답은 (B)의 will be이다.

어휘 open-air 야외의

7

사직할 계획이라면, 우리에게 3주 전에 미리 통지하는 것이 회사의 규정에 있다는 것에 주의하세요.

(A) prior to

(B) with regard to

(C) in advance

(D) in response

해설 빈칸 앞에 three weeks가 있는데, 보기 중에서 기간 앞에 사용되기에 의미상 적절한 것은 (C)의 in advance이다.

어휘 resign 사임하다　regulations 규칙, 법령　prior to ~에 앞서　with regard to ~에 관해서는　in advance 미리　in response 대응하여

8

여행사에서 웹사이트에 여행 정보를 게시했더라면, 고객은 지금 혼란스럽지 않을 것이다.

(A) be

(B) being

(C) have been

(D) to be

해설 if절의 동사가 「had + 과거분사」 형태이며 주절에 '현재'를 의미하는 단어인 now가 있으므로, 이는 혼합 가정법 문장이다. 따라서 주절의 동사는 「would + 동사원형」 형태가 되어야 하므로 정답은 (A)이다.

PART 6

[9-12]

수신: 부서장들
발신: Jessica Parker
날짜: 12월 15일
제목: 직원들의 포상 휴가

1월 1일에, 우리는 직원들의 연차와 관련된 새로운 회사 규정을 실시할 것입니다. 매년, 각 부서마다 한 명의 직원은 두드러진 성과를 냈을 경우에 포상 휴가를 받게 됩니다. 자격이 있는 직원들은 연간 휴가 일수에 3일을 더 받게 될 것입니다. 우리는 포상 휴가를 받을 자격이 있는 직원들의 목록을 마무리하기 위해 회의를 할 것입니다. **회의는 내일 아침 10시에 있을 것입니다.** 여러분들이 회의 전에 자격이 있는 직원들의 목록을 저에게 제출해 주시면 감사하겠습니다.

모두 회의 때 만나기를 바랍니다.

어휘 bonus leave 포상 휴가　with regard to ~와 관련하여　annual leave 연간 휴가　outstanding 뛰어난, 두드러진　performance 성과　eligible 자격이 있는　grateful 감사하는

9

(A) despite

(B) with regard to

(C) as long as

(D) in contrast to

해설 '우리는 직원 연차와 관련한 새로운 회사 정책을 시작할 것이다'라는 내용이 되어야 글의 흐름이 자연스러우므로 '~와 관련하여'라는 의미의 (B) with regard to가 빈칸에 오는 것이 가장 적절하다.

10

(A) do

(B) does

(C) doing

(D) did

해설 단순 조건문이므로 if절에는 현재 시제를 쓰는 것이 알맞다. 정답은 (B)이다.

11

(A) 우리는 그것 때문에 회의를 취소할 수도 있습니다.

(B) 회의는 내일 아침 10시에 있을 것입니다.

(C) 여러분의 부서에는 포상 받을 자격이 있는 사람이 없습니다.

(D) 지금 회의실은 사용되고 있습니다.

해설 빈칸 앞에 포상 휴가를 받을 자격이 되는 직원들을 정하기 위해 미팅을 할 것이라는 내용이 있다. 따라서 미팅의 일정을 안내하는 문장인 (B)기 자연스럽게 연결이 될 수 있다.

12

(A) will be

(B) would be

(C) would have been

(D) have been

가정법 과거 문장의 형태로 주절에는 'would + 동사 원형'의 형태가 알맞다. 따라서 정답은 (B)의 would be이다.

PART 7

[13-17]

Thunder 인터넷 서비스

필요 정보들은 별표(*)로 표시되어 있습니다.

이름*	Katherine Turner
이메일*	kate80@ohmail.com
날짜*	April 20
전화번호*	(065) 332-5544
주소*	
제목*	인터넷 단선

저는 지난 2년 동안 귀사의 인터넷 서비스를 사용해 왔고, 지금까지 귀사와 관련하여 어떠한 문제도 없었습니다. 사실, 저는 개인적으로 귀사가 국내 최고의 인터넷 서비스 제공 업체라고 생각하고 있습니다. 하지만, 어제, 인터넷 연결과 관련하여 문제가 시작되었고, 오늘, 저는 아예 서비스를 받을 수 없습니다. 당연히, 문제가 발생하자마자, 저는 고객서비스부서에 불만을 제기했고 귀사의 기사들 중 한 명인, Paul Taylor에게 이야기를 했습니다. 안타깝게도, 문제는 아직도 해결되지 않았습니다. 언제쯤 다시 인터넷을 사용할 수 있을지 알고 싶습니다.

수신: Katherine Turner 〈kate80@ohmail.com〉
발신: Jane Davis 〈Davis_1021@thunder.com〉
날짜: 4월 21일
제목: 회신: 인터넷 단선

Turner 씨께,

저희 서비스에 만족하지 못하신 것에 대해 대단히 죄송합니다. Thunder 인터넷 서비스는 고객님들에게 최고 품질의 서비스를 제공하는 것을 자랑스럽게 생각하고 있습니다. 그렇기 때문에, 저희는 이 문제를 신속하게 해결할 것입니다.

저는 기술팀에 이야기했고, 그들은 고객님의 몇몇 장비에 기계적인 고장이 있는 것이 분명하다고 추정하고 있습니다. 우리는 고객님의 장비를 점검하기 위해 내일 기사를 파견하려고 합니다. 고객님과 말씀을 나누었던 기사가 방문 일정을 잡기 위해 내일 아침 일찍 전화 드릴 것입니다. 그의 전화번호는 (312) 667-2211입니다. 내일 일찍부터 전화를 받고 싶지 않으실 경우에는 그에게 직접 전화하실 수 있습니다.

Jane Davis 드림

---

asterisk 별표 **so far** 지금까지 **personally** 개인적으로 **complain** 항의하다, 불만을 제기하다 **terribly** 대단히 **be proud of** ~을 자랑스러워 하다 **settle an issue** 문제를 해결하다 **prompt** 신속한 **manner** 방식 **assume** 추정하다 **equipment** 장비 **mechanical** 기계와 관련된 **malfunction** 고장 **dispatch** 보내다, 파견하다 **technician** 기술자, 기사 **first thing** 일찍

13

양식에 포함되어 있지 않은 정보는 무엇인가?

(A) 이메일 주소
(B) 전화번호
(C) 집의 위치
(D) 서비스의 문제점

온라인 양식에 정보를 기입하게 되어 있는데, 빈칸으로 남겨져 있는 것은 Address(주소) 란이다. 정답은 (C)이다.

14

서비스의 중단은 며칠에 시작되었는가?

(A) 4월 19일
(B) 4월 20일
(C) 4월 21일
(D) 4월 22일

'yesterday, I started to have trouble with my Internet connection (어제, 나의 인터넷 연결에 문제가 시작되었다)'라는 내용이 있다. 그러므로, 서비스가 중단된 날은 양식을 작성한 4월 20일의 하루 전날인 4월 19일임을 알 수 있다. 정답은 (A)이다.

interruption 중단

15

이메일의 목적은 무엇인가?

(A) 기사의 방문을 알려 주려고
(B) 고객에게 환불해 주려고
(C) 늦은 배송에 대해 사과하려고
(D) 제품에 대한 불만을 제기하려고

고객이 인터넷 서비스에 대한 불만 사항을 접수했고, 이메일은 이에 대한 답변이다. 기사가 수리를 위해 집에 방문할 것이라는 내용을 담고 있기 때문에 정답은 (A) 'To inform a person of a technician's visit (기사의 방문을 알리기 위하여)'이다.

16

이메일에서, 두 번째 문단 첫 번째 줄의 "assume"과 그 의미가 가장 가까운 것은?

(A) concur
(B) suppose
(C) present
(D) allow

assume은 '추정하다'의 의미인데, 이와 가장 비슷한 단어는 suppose(추측하다)이다.

concur 동의하다 **suppose** 추정하다 **present** 주다 **allow** 허락하다

17

Paul Taylor에 대해 추측할 수 있는 것은 무엇인가?

(A) 그는 Turner 씨를 방문했다.
(B) 그는 Turner 씨에게 전화로 이야기할 것이다.
(C) 그는 휴가 중이다.
(D) Turner 씨는 그와 이야기를 나누지 않았다.

첫 번째 지문에서 고객은 Paul Taylor라는 기사와 이야기를
나누었다고 했다. 그리고 두 번째 지문인 이메일에서 고객이 이야기를
를 나눈 바로 그 기사가 아침에 전화하고 방문할 것이라고 했다. 따
라서 정답은 (B)이다.

UNIT 12 일치

01 | 시제의 일치와 예외 p.223

실력 쌓기

A

1 사장은 몇몇 직원들을 해고하겠다고 말했다.
2 Jack은 자신의 현재 직업을 매우 즐기고 있다고 말했다.
3 신문에서는 Furnish & Co 사가 며칠 전에 파산했다고
 전했다.
4 의사는 손을 자주 씻는 것이 감염을 예방한다고 말했다.

B

1 (C) 2 (B)

해설

1 주절의 시제가 과거이므로 that절의 시제 또한 과거형으로 일치
 시켜야 한다. 보기에서 동사의 과거형은 (C)의 could purchase
 이다.
2 역사적인 사실은 주절의 시제와 상관 없이 과거 시제를 써야 한
 다. 따라서 정답은 과거 시제인 (B)의 was established이다.

02 | 주어-동사의 수 일치 p.224

실력 쌓기

A

1 are / 선진국의 대부분의 노인들은 많은 사회적 혜택을
 누리고 있다.
2 are / 이 호텔의 우리 직원들은 여러분이 머무는 동안 기
 꺼이 도와 드리겠습니다.
3 need / 허리 통증으로 고생하는 공장 직원들은 사내 의사
 에게 진찰을 받으시기 바랍니다.
4 has / 판매 촉진의 아이디어를 찾는 한 소규모 사업자가
 홍보 사무실을 찾아 왔다.

B

1 (B) 2 (B)

해설

1 주어가 수식어구의 수식을 받을 때에는 주어가 무엇인지 파악해
 서 수를 일치시키는 것이 중요하다. 이 문장에서 주어는 'most
 of the classes'이므로 복수 동사인 (B)의 are가 정답이다.
2 수식어구인 'driving long distances'의 수식을 받는 주어인
 people에 수를 일치시켜야 하므로, 복수 동사인 (B)의 are가 정
 답이다.

03 | 주의해야 할 수 일치 p.225

실력 쌓기

A

1 was / 차량 손상이 우리가 생각했던 것보다 더 심했다.
2 is / 부모님과 함께 일하는 것은 교사들에게 스트레스이다.
3 has / 태양열 에너지에 대한 수요가 증가하고 있다.
4 is / 경험 많은 영업부 직원을 고용하는 것은 상당히 중요
 하다.

B

1 (B) 2 (A)

해설

1 동명사 주어인 'experiencing a high level of stress'는 단수
 동사를 취하므로 (B) causes가 정답이 된다.
2 가주어 it은 단수 동사를 취하므로 (A)가 정답이 된다.

04 | 수량 표현 관련 수 일치 p.226

실력 쌓기

A

1 are / 이 브로셔의 대부분의 세부사항들은 잘못된 것이라
 생각된다.
2 has / 이 돈 중 절반은 사무 용품 구매에 사용되어야 한다.
3 is / 모든 컴퓨터는 기술팀에 의해 신중하게 관리된다.

B

1 (A) 2 (B)

해설

1 'a number of'는 '많은'이라는 의미의 수량 표현으로 복수 명사,
 복수 동사와 함께 쓴다. 따라서 복수 동사인 (A) participate가
 정답이 된다.
2 'the number of ~'는 '~의 숫자'라는 의미로 단수 동사와 함께
 쓴다. 보기에서 단수 동사는 (A), (B)인데, 빈칸 뒤에 been이 있
 으므로 (B)의 has가 정답이 된다.

1 (B)	2 (C)	3 (A)	4 (A)	5 (C)
6 (B)	7 (A)	8 (B)	9 (C)	10 (B)
11 (C)	12 (B)	13 (D)	14 (A)	15 (B)
16 (A)	17 (B)			

PART 5

1

사무실에서의 비용을 줄이기 위한 노력으로 그들은 개인용 프린터들을 치우기로 결정했다.

(A) terms
(B) effort
(C) time
(D) respect

해설 비용 절감을 위한 '노력'으로 개인용 프린터들을 치웠다는 의미가 되어야 자연스러우므로 정답은 (B)이다.

어휘 take away 치우다 individual 개인의 cut cost 비용을 줄이다

2

가정부는 지난주에 집에 있는 모든 싱크대를 청소했다고 말했다.

(A) clean
(B) cleans
(C) cleaned
(D) have cleaned

해설 주절의 동사가 과거 claimed이므로 that절의 동사도 과거가 되어야 한다. 따라서 과거 동사 (C) cleaned가 정답이 된다.

어휘 housekeeper 가정부

3

공장의 몇몇 근로자들은 그들의 근무 환경을 향상시키고 싶어 한다.

(A) want
(B) wants
(C) has wanted
(D) wanting

해설 문장의 주어는 'some of the workers'이므로 복수 동사가 필요하다. 보기에서 복수 동사는 (A)이다.

4

한국을 방문하는 다수의 여행자들은 자신들의 방문 목적이 쇼핑이라고 말한다.

(A) say
(B) says
(C) saying
(D) be said

해설 'a number of'는 '많은'이라는 의미의 수량 표현으로 복수 명사, 복수 동사와 함께 쓴다. 따라서 복수 동사인 say가 정답이다.

5

회사의 새로운 규정에 따라 직원들은 더 이상 20분이 넘는 휴식을 취할 수 없다.

(A) excess
(B) according
(C) accordance
(D) spite

해설 '회사의 새로운 규정에 따라'라는 의미가 되어야 하므로 정답은 (C)이다. 빈칸 앞뒤의 전치사를 단서로 정답을 고를 수도 있는데, 'in _____ with'의 형태를 완성시키기에 적절한 보기는 (C)의 accordance이다.

어휘 break 휴식 in accordance with ~에 따라

6

각각의 호텔 손님들은 도착한 후 무료 비치백과 수건을 받았다.

(A) to be
(B) was
(C) are
(D) were

해설 each는 뒤에 어떤 형태를 취하든 항상 단수 동사를 취하므로 보기에서 단수 동사를 골라야 한다. 보기 중에서 단수 동사는 was 밖에 없으므로 정답은 (B)이다.

7

이 약으로 인한 부작용을 호소한 사람들의 수는 지난달부터 증가했다.

(A) has
(B) have
(C) had
(D) having

해설 'the number of ~'는 '~의 수'라는 의미로 항상 단수 동사와 함께 쓴다. 보기에서는 (A) has가 단수 동사이다.

어휘 side effect 부작용 medicine 약

8

공사장의 대다수의 인부들은 잔업으로 인해 기진맥진했다.

(A) was
(B) were
(C) has
(D) have

해설 'most of the 복수 명사'는 항상 복수 동사와 함께 쓴다. 보기에서 복수 동사는 (B), (D) 인데 수동태를 완성하기 위해서는 be동사가 필요하므로 정답은 (B)가 된다.

어휘 be exhausted 지친

[9-12]

관계자 분께,

저는 지난 3년 동안 당신의 휘트니스 센터의 회원이었습니다. 그리고 저는 그곳에서 운동을 즐겨 해왔습니다. 하지만, 최근에, 스파에 가는 것은 제가 피하고자 하는 일이 되어 버렸습니다. 저는 그것이 매우 불쾌하다는 것을 알게 되었습니다. 대부분의 샤워실은 매우 더럽습니다. 바닥에는 항상 종이가 버려져 있습니다.

저는 센터의 회원 자격을 유지하고 싶습니다. **하지만 저는 금액에 상당하는 충분한 가치를 얻고 싶습니다.** 저는 모든 관계자들에게 이득이 될 수 있도록 이러한 상황들이 개선되기를 희망합니다.

어휘 **work out** 운동을 하다 **avoid** 피하다 **unpleasant** 불쾌한 **litter** 버리다

9

(A) have become
(B) had become
(C) **has become**
(D) having become

해설 동명사 주어는 단수 동사와 함께 쓰이므로 (C)의 has become이 정답이 된다.

10

(A) is
(B) **are**
(C) am
(D) being

해설 most of the shower rooms는 복수 동사와 함께 써야 하므로 (B)의 are가 정답이 된다.

11

(A) reserve
(B) stay
(C) **maintain**
(D) go on

해설 문맥상 '나의 회원 자격을 지속하고 싶다'라는 의미가 되어야 자연스러우므로, '유지하다, 지속하다'라는 의미의 동사인 (C)의 maintain이 정답이다.

12

(A) 그리고 저는 등록을 취소하고 싶습니다.
(B) 하지만 저는 금액에 상당하는 충분한 가치를 얻고 싶습니다.
(C) 그리고 저는 불편함에 대해 유감을 표합니다.
(D) 하지만 저는 전액을 환불 받고 싶습니다.

해설 빈칸의 앞에 제시된 '나는 회원 자격을 유지하고 싶다'라는 말에는 '하지만 나는 내 돈에 맞는 가치를 누리고 싶다'라는 내용이 이어지는 것이 자연스럽다. 정답은 (B)이다.

PART 7

[13-17]

공지: 컨벤션 센터 엘리베이터 가동 중지

다음 주 6월 20일에서 25일까지의 기간 동안 컨벤션 센터의 모든 엘리베이터가 수리 작업으로 인해 가동이 중지될 것이라는 점을 숙지해 주시기 바랍니다. 곧 있을 가동 중단과 관련하여 용무가 있는 분은 officemaintenance@convention. org로 연락해 주시기 바랍니다.

수신: officemaintenance@convention.org
발신: Julia@convention.org
제목: 곧 있을 엘리베이터 보수 작업

저는 다음 주에 엘리베이터 보수 작업이 있을 것이라는 사실을 방금 알았습니다. 저는 귀가가 작업 일정을 조정해 줄 수 있는지 문의하기 위해서 이메일을 쓰고 있습니다. 21일부터 시작하여 이틀 동안 예정되어 있는 중요한 행사가 있기 때문에 이 사안을 정중히 부탁드립니다. 이 행사는 장애가 있는 사람들을 위한 연례 총회입니다. 다수의 장애가 있는 사람들, 대표 기관들, 그리고 정책 담당자들이 이 행사에 참가할 것으로 예상됩니다. 그렇기 때문에, 저는 이 보수 작업 일정이 중대한 문제를 일으킬 것이며 휠체어를 탄 사람들에게 엄청난 불편을 줄 것이라고 매우 확신하고 있습니다.

귀하게 본 행사를 미리 알려 드리지 못해서 유감입니다만, 엘리베이터 보수 작업의 일정을 변경하는 것이 불가피하다고 생각합니다.

Julia 드림

수신: Julia@convention.org
발신: officemaintenance@convention.org.
제목: 곧 있을 엘리베이터 보수 작업

이 문제를 저에게 알려 주셔서 감사합니다. 저는 이 보수 작업을 예정했던 기간에 어떤 일정들이 있었는지에 대해 전혀 모르고 있었습니다. 일정의 조정은 제가 결정할 수 있는 문제가 아닙니다. 저는 유지 보수 업체와 날짜를 변경할 수 있는지에 대해 논의해 보아야 합니다. 그들과 논의한 다음, 제가 귀하의 요청에 대해 무엇을 할 수 있는지를 알 수 있을 것 같습니다.

감사합니다,

Brian

어휘 **upcoming** 곧 있을 **interruption** 중지 **maintenance** 보수 **reschedule** 일정을 조정하다 **disability** 장애 **policymaker** 정책 입안자 **participate** 참가하다 **inconvenient** 불편한 **notify** 알리다 **inevitable** 불가피한

13

공지의 목적은 무엇인가?

(A) 읽는 사람들에게 보수 작업 일정의 변경을 통지하기 위해서

(B) 컨벤션 센터의 개장을 알리기 위해서

(C) 엘리베이터의 고장을 알리기 위해서

(D) 읽는 사람들에게 엘리베이터의 보수 작업에 대해 알리기 위해서

[해설] 공지의 제목인 'Notice: Convention Center Elevators to Be out of Service'에서 엘리베이터의 가동 중지를 알리고 있다는 사실을 파악할 수 있다. 지문의 초반부를 보면 '수리를 위해서 (for repairs)' 가동을 중지한다고 했으므로 정답은 (D)이다.

14

첫 번째 이메일에서, 두 번째 문단 두 번째 줄의 "inevitable"과 그 의미가 가장 유사한 것은?

(A) unavoidable

(B) complicated

(C) describable

(D) optional

[해설] inevitable은 '불가피한'이라는 의미의 단어로 이와 유사한 단어는 (A) unavoidable이다.

[어휘] **unavoidable** 피할 수 없는 **complicated** 복잡한 **describable** 묘사할 수 있는 **optional** 선택적인

15

Julia의 걱정은 무엇인가?

(A) 장애가 있는 사람들이 컨퍼런스에 흥미를 느끼지 않을 것이다.

(B) 컨퍼런스에 참가하는 사람들이 불편을 겪을 것이다.

(C) 보수 작업 일정이 아직 확정되지 않았다.

(D) 보수 작업이 만족스럽지 않았다.

[해설] 첫 번째 이메일에서 '중요한 행사가 있는데 이 행사가 장애인들을 위한 행사이다 (there is an important event planned for 2 days starting on the 21st. The event is an annual convention for people with disabilities)'라고 말한 다음, 그들이 큰 불편을 겪을 것이라는 내용이 이어지므로, Julia의 걱정은 (B)의 컨퍼런스의 참석자들이 불편을 겪게 되는 것임을 알 수 있다.

16

Brian은 무엇을 알지 못했는가?

(A) 총회가 계획되어 있다는 사실

(B) 장애가 있는 사람들이 건물에 자주 방문한다는 사실

(C) 엘리베이터가 작동하지 않는다는 사실

(D) 엘리베이터 보수 작업에 비용이 많이 든다는 사실

[해설] 첫 번째 이메일에서 Julia는 엘리베이터 보수 작업이 예정된 기간에 행사가 있음을 밝히며 공사 일정의 조정을 요청하고 있다. 이에 대해 Brian은 두 번째 이메일에서 'I had no idea about what is scheduled to be happening on those dates when I was organizing this maintenance'라고 말하고 있으므로, Brian은 자신이 보수 작업을 계획했던 기간에 행사가 예정되어 있었다는 사실을 몰랐다는 것을 알 수 있다. 정답은 (A)이다.

17

Brian은 Julia의 문제를 어떻게 처리할 것인가?

(A) 그는 보수 작업 일정을 취소할 것이다.

(B) 그는 유지 보수 업체에 연락할 것이다.

(C) 그는 자신의 관리자에게 이야기할 것이다.

(D) 그는 즉시 보수 작업 일정을 조정할 것이다.

[해설] 두 번째 이메일에서 Brian은 '자신이 보수 날짜를 변경할 수 있는지 보수 업체와 이야기 해야 한다 (I need to talk with the maintenance company to see if I can change the dates)' 고 했다. 따라서, 정답은 그가 보수 업체와 연락을 취할 것이라는 내용의 (B)임을 알 수 있다.

참 쉬운 토익

입문편

LC+RC

토익의 기초를 다져주는 효과적인 학습가이드 !

- LC와 RC가 한 권에 컴팩트하게 구성되어 있어
  포기하지 않고 끝까지 학습할 수 있습니다.

- 꼭 필요한 학습 포인트와 문제들만 간결하게 정리되어 있어
  쉽고 빠르게 학습할 수 있습니다.

- 토익에 반드시 나오는 어휘들이 꼼꼼하게 정리되어 있습니다.

- 교재에 수록된 QR 코드를 스캔하여 음원을 바로 들을 수 있습니다.